墨香财经学术文库

U0674669

"一带一路"倡议下我国制造业ODI网络化发展与价值链升级研究

Research on ODI Networking Development and
Value Chain Upgrading of China's Manufacturing
Industry under the Belt and Road Initiative

苏 杭 著

东北财经大学出版社 大连
Dongbei University of Finance & Economics Press

图书在版编目（CIP）数据

"一带一路"倡议下我国制造业ODI网络化发展与价值链升级研究 / 苏杭著．—大连：
东北财经大学出版社，2023.9

（墨香财经学术文库）

ISBN 978-7-5654-4729-7

Ⅰ.一…　Ⅱ.苏…　Ⅲ.制造工业－产业发展－研究－中国　Ⅳ.F426.4

中国版本图书馆CIP数据核字（2022）第245492号

东北财经大学出版社出版发行

　　大连市黑石礁尖山街217号　　邮政编码　116025

　　网　　　址：http：//www.dufep.cn

　　读者信箱：dufep @ dufe.edu.cn

大连图腾彩色印刷有限公司印刷

幅面尺寸：170mm×240mm　　字数：224千字　印张：15.5　插页：1
2023年9月第1版　　　　　　2023年9月第1次印刷
责任编辑：李　彬　周　慧　　责任校对：慧　心
封面设计：原　皓　　　　　　版式设计：原　皓
定价：78.00元

前言

　　价值链升级是发展中国家通过全球价值链分工获益的重要途径，经过多年的积累，中国已具备从事加工、组装之外的高附加值环节的能力。2008年全球金融危机爆发后，中国进入以方式转变和结构调整为目标的经济发展"新常态"，加快制造业境外转移有助于中国实现从一般产品输出向产业输出提升，推动国内经济结构调整。中国提出的"一带一路"倡议，加强了与部分有条件的"一带一路"沿线国家间的产业对接，有利于优化东道国的资源配置能力，有助于中国企业推动区域范围或者全球范围的价值链形成，可以在构建新价值链的过程中激活中国与沿线国家间的经贸关系，为中国引领区域价值链发展创造条件。在"一带一路"生产网络中，中国将扮演全球价值链中的重要角色，推动中国产业向中高端化发展。尤其是在国内国际双循环背景下，中国制造业对"一带一路"沿线国家直接投资网络化发展不仅有助于提高中国在全球价值链分工中的地位，而且有助于实现中国制造业产业链、供应链安全稳定和现代化，为构建新发展格局筑牢基础。

　　2020年新冠肺炎疫情在全球范围内暴发，世界经济由此遭受重创。

疫情后全球供应链出现"断裂",作为全球"供应中心"的中国制造业发展也受到了很大的冲击。虽然依托中国经济的韧性和中国市场的规模优势,中国制造业很快摆脱了困境实现正增长,但是疫情的出现,已经彻底改变了中国制造业发展的国际国内环境,将中国制造业发展推进了一个新阶段。从国际环境看,逆全球化的趋势更加明显,以美国为代表的发达国家大力推动与中国产业链"脱钩",不断出台政策吸引制造业产业链回流,导致全球供应链出现了区域化、本土化的重构趋势。不仅如此,美国还对中国制造业发展所需的核心原材料和关键零部件进行限制,导致中国制造业的空间布局和稳定发展面临严峻挑战。

面对如此严峻的形势,中国在2020年7月提出加快形成以国内大循环为主体、国内国际双循环相互促进的新发展格局。在"双循环"新发展格局中,"一带一路"沿线国家和地区是中国对外开放的重要区域,也是中国构建自主的区域生产网络的重要载体,在此过程中,中国制造业对外直接投资网络化发展将发挥关键性作用。本书揭示了中国制造业对外直接投资网络化发展的内在逻辑。现有的研究虽然论证了制造业对外直接投资有助于构建区域生产网络,却没有揭示其内在生成过程,基于此,本书从纵向分离与横向重组两个层面阐述了制造业对外直接投资网络化与区域生产网络的形成,揭示了中国制造业面向"一带一路"沿线国家和地区构建区域生产网络的内在逻辑。此外,本书还考察了基础设施互联互通在"一带一路"生产网络形成中的作用,运用案例分析从微观视角考察园区平台在生产网络构建以及价值链功能升级中的作用,运用社会网络理论分析中国制造业企业如何利用"结构洞"获取信息收益和控制收益,进而实现价值链升级,丰富了现有制造业境外转移与价值链升级研究的视角和方法。

不仅如此,本书围绕制造业面向"一带一路"沿线国家境外转移与价值链升级的分析还可以为具有行业优势的制造业企业参与构建区域生产网络,实现价值链升级提供指导,而且有助于政府相关部门出台相关政策,为制造业对外直接投资网络化发展与价值链升级提供政策支持。"一带一路"沿线大多是发展中国家和地区,与中国在产业发展上存在明显的级差和互补性,中国制造业企业在构建区域生产网络的过程中会面临空间障碍、经济差距和制度差异等挑战，需要企业和政府共同参与、积极应对。本书对相关国际经验的比较借鉴以及生产网络的研究将为相关政府部门出台措施深化中国与"一带一路"沿线国家和地区间的国际产能合作提供参考，并从宏观层面指导和扶持制造业对外直接投资的网络化发展，进而实现价值链升级。

2013年秋，中华人民共和国主席习近平提出共建"一带一路"倡议，旨在传承"丝绸之路"精神，携手打造开放合作平台，为各国合作发展开创新机遇，谋求新动力，拓展新空间。"一带一路"倡议源于中国，但机会和成果属于世界。截至2022年7月底，全球已有149个国家和32个国际组织与中国签署了200多份关于"一带一路"建设的合作文件，形成了3 000多个合作项目，投资规模近1万亿美元。"一带一路"倡议实施以来，中国始终坚持共商共建共享原则，把基础设施"硬联通"作为重要方向，把规则标准"软联通"作为重要支撑，把同共建国家人民"心联通"作为重要基础，推动共建"一带一路"高质量发展，取得了丰硕的成果。2023年，"一带一路"倡议迎来提出10周年，中国制造业企业在"一带一路"沿线的国际化发展也持续深化，希望本书围绕制造业面向"一带一路"沿线国家境外转移与价值链升级的分析可以为具有行业优势的制造业企业更好参与构建区域生产网络，实现价值链升级提供指导。当然，本书在这方面的研究也仅仅是一次努力的尝试，欢迎同仁们批评指正！

本书在出版过程中得到东北财经大学出版社李彬老师的悉心指导，东北财经大学国际经济贸易学院的于芳、刘佳雯、王晨宇、孙爱华同学也积极参与了本书的编写，在此一并表示感谢。

作　者

2023年9月

目录

第一章　绪论

第一节　研究背景及意义

一、研究背景

2020年，新冠肺炎疫情在全球大暴发，各国出于疫情防控而采取的封锁措施抑制了全球贸易和跨境投资的发展，然而，中国对"一带一路"沿线国家的直接投资却逆势扩张，达到177.9亿美元，增长18.3%，占中国对外直接投资的比重上升到16.2%，其中尤以装备制造业增长最为引人注目，达21.9%[①]。实际上，自2013年"一带一路"倡议提出以来，"一带一路"沿线国家和地区已成为中国制造业对外直接投资增长最快的地区。"一带一路"沿线国家和地区成为中国制造业通过对外直接投资构建区域生产网络、提高全球价值链分工地位、推动"新型"区域经济合作发展的重要目标区域。

---

① 佚名. "十三五"我国对外直接投资存量翻番［N］. 人民日报，2021-01-30.

改革开放以来，中国通过对外开放不断融入世界经济体系，在成为全球贸易大国和投资大国的同时，逐渐成为全球价值链网络中的核心枢纽。2008年全球金融危机爆发后，随着发达国家制造业回归战略的提出以及新兴经济体工业化的快速推进，中国制造业在规模扩张的同时面临着前所未有的挑战，原有的成本优势难以为继，产品附加值低、缺乏核心技术等发展瓶颈凸显，中国制造业实现全球价值链升级已迫在眉睫。

特朗普执政后，美国对外贸易政策的单边主义和保护主义色彩增强，尤其是2018年后随着美国对华贸易摩擦愈演愈烈，美国对中国高科技企业实施打压，与此同时，部分企业出于规避风险和降低成本的考虑，将产业链尤其是劳动密集型加工组装环节从中国迁出，中国制造业同时面临高端环节"断供"和低端环节"外迁"的挑战。面对新变局，通过开展对外直接投资，充分利用全球市场和全球要素实现全球价值链升级已经成为中国制造业打破危局、实现高质量发展的关键一环。

2020年新冠肺炎疫情的暴发使世界经济遭受重创。疫情后全球供应链出现"断裂"，作为全球"供应中心"的中国制造业的发展也受到了很大的冲击。虽然依托中国经济的韧性和中国市场的规模优势，中国制造业很快摆脱了困境实现正增长，但是疫情的出现，已经彻底改变了中国制造业发展的国际国内环境，将中国制造业发展推进了一个新阶段。从国际环境看，逆全球化的趋势更加明显，以美国为代表的发达国家大力推动与中国产业链"脱钩"，不断出台政策吸引制造业产业链回流，导致全球产业链、供应链呈现出区域化、本土化的重构趋势。不仅如此，美国还对中国制造业发展所需的核心原材料和关键零部件进行限制，导致中国制造业的空间布局和稳定发展面临严峻挑战。面对如此严峻的外部环境，中国在2020年7月提出加快形成以国内大循环为主体、国内国际双循环相互促进的新发展格局。在"双循环"新发展格局中，"一带一路"沿线国家和地区是中国更高水平对外开放的重要区域，也是中国构建自主区域生产网络的重要载体，在此过程中，中国制造业对外直接投资的网络化发展将发挥关键性作用。

价值链升级是发展中国家通过全球价值链分工获益的重要途径

（UNCTAD，2013），经过多年的积累，中国已具备从事加工、组装之外的高附加值环节的能力（Kaplinsky 和 Farooki，2011）。2008年全球金融危机后，中国进入以方式转变和结构调整为目标的经济发展"新常态"，加快制造业境外转移有助于中国实现从一般产品输出向产业输出提升，推动国内经济结构调整（张梅，2016）。中国提出的"一带一路"倡议，加强了与部分有条件的沿线国家间的产业对接，有利于优化东道国的资源配置能力，有助于中国企业推动区域范围或者全球范围的价值链形成（冯宗宪，2017），可以在构建新的价值链过程中激活中国与沿线国家间的经贸关系，为中国引领价值链发展创造条件（苏庆义，2016）。在"一带一路"生产网络中，中国将扮演欧美国家在全球价值链中的角色，推动中国产业向中高端化发展（魏龙、王磊，2016），实现价值链升级的发展目标。尤其是在国内国际双循环背景下，中国制造业对"一带一路"沿线国家直接投资的网络化发展不仅有助于提高中国在全球价值链分工中的地位，而且有助于实现中国制造业产业链、供应链安全稳定和现代化，为构建新发展格局筑牢基础。

二、研究意义

本书具有很强的学术价值。一方面，本书揭示了中国制造业对外直接投资网络化发展的内在逻辑。现有研究虽然论证了制造业对外直接投资有助于构建区域生产网络，却没有揭示其内在生成过程，基于此，本书从纵向分离与横向重组两个层面阐述了制造业对外直接投资网络化与区域生产网络的形成，揭示了中国制造业面向"一带一路"沿线国家和地区构建区域生产网络的内在逻辑。另一方面，本书丰富了中国制造业面向"一带一路"沿线国家和地区产业转移进而实现价值链升级的相关研究。"一带一路"倡议包含产能合作、互联互通、园区平台等内容，为此，本书考察了互联互通在"一带一路"生产网络形成中的作用，运用案例分析从微观视角考察园区平台在生产网络构建以及价值链功能升级中的作用，运用社会网络理论分析中国制造业企业如何利用"结构洞"获取信息收益和控制收益，进而实现价值链升级，丰富了现有制造业境外转移与价值链升级研究的视角和方法。

本书具有很强的应用价值。一方面，本书有助于制造业企业嵌入区域生产网络，实现价值链升级。伴随中国制造业对外直接投资规模的扩张，能否有效利用全球市场和境外资源，归根结底取决于制造业企业能否有效嵌入区域及全球生产网络。通过区域生产网络的构建，制造业境外分支机构之间可以更好地开展分工合作、知识共享和信息互通，这已经得到发达国家跨国企业的经验验证。中国制造业企业需要在国际化经营中构建起有效的网络形式，通过获得信息和控制优势来提升其在境外市场的竞争力。本书围绕制造业面向"一带一路"沿线国家境外转移与价值链升级的分析可以为具有行业优势的制造业企业参与构建区域生产网络，实现价值链升级提供指导。另一方面，本书有助于政府出台相关政策，为制造业对外直接投资网络化发展与价值链升级提供政策支持。"一带一路"沿线大多是发展中国家和地区，与中国在产业发展上存在明显的级差和互补性，中国制造业企业在构建区域生产网络的过程中会面临空间障碍、经济差距和制度差异等挑战，需要企业和政府共同参与、积极应对。本书对相关国际经验的比较借鉴以及生产网络的研究将为相关政府部门出台措施深化中国与"一带一路"沿线国家和地区间的国际产能合作提供参考，并从宏观层面指导和扶持制造业对外直接投资的网络化发展，进而实现价值链升级。

第二节　研究现状与综述

一、"一带一路"背景下中国制造业对外直接投资区位选择的研究综述

自2003年起，中国企业开始加大对外直接投资力度，发展中国家成为主要投资目的地。2013年，中国政府提出共建"一带一路"倡议，为国内各行业开展对外直接投资带来了新的机遇。中国企业通过对"一带一路"沿线国家的直接投资，充分利用东道国的要素禀赋，延伸国内产业链，融合区域生产网络，有助于实现全球价值链升级的目标（杨丽

丽、刘利，2016；刘友金等，2020）。然而，"一带一路"沿线国家国情差异显著，区位选择就成为中国制造业对外直接投资过程中优先考虑的因素（路宁，2017），相关研究也以此展开。

（一）制度环境

影响企业对外直接投资区位选择的东道国制度环境因素主要包含两个方面：一是制度距离，二是制度质量。

1.制度距离

制度距离是企业对外直接投资区位选择的重要影响因素（岳咬兴、范涛，2014），会对企业对外直接投资决策起负向调节作用（邓明，2012）。如果中国企业对外直接投资是基于市场寻求动机和基于战略资源寻求动机，那么在区位选择时会倾向于选择与本国制度距离较小的国家（邵宇佳等，2020），以便能够较快地融入当地市场，开展经营（薛求知、帅佳旖，2019）。但制度距离并不是越小越好，Xu 和 Shenkar（2002）指出，基于东道国要素禀赋入驻的企业，应该选择制度距离较大的国家，因为较大的制度距离往往意味着存在比母国优势更大的要素禀赋。

制度距离可以分为正式制度距离与非正式制度距离。企业在进入他国前首先必须适应所在国的制度环境，经营和拓展行为必须遵守东道国政治、经济等各项法律和政策的规定，这些规定就属于正式制度。而非正式制度则包括东道国的社会风俗习惯、人际关系、道德规范等。正式制度距离对企业对外直接投资区位选择的影响，结论并不一致。正式制度的主要功能是创建有序的市场环境，保障经济活动的顺利进行（Williamson，1985），一些企业更愿意投资于发达国家，是基于中国与发达国家之间存在如知识产权制度等较大的制度距离（Luo，2012）。Witt 和 Lewin（2007）也曾经提出，发达国家与发展中国家的市场制度差异是导致发展中国家企业国际化的重要影响因素。但是 Kang 和 Jiang（2012）认为中国企业投资发展中国家对于制度距离的偏好与上述研究截然不同。如果东道国与中国正式制度距离越大，制度越不完善，越容易吸引中国企业的投资，这在很大程度上是因为企业权衡东道国要素禀赋优势和正式制度距离的影响后，更愿意选择较大的制度距离，承担"制度距离风险"（杨娇辉等，2016）。

综上可以发现，中国企业对于东道国正式制度距离的选择差异来源于投资目标的不同。投资发达国家的企业通常以技术获取和组织生产为目的，往往希望东道国有完善的法律规定和行政措施来保护他们"买"来的技术、品牌和专利，维护他们正常的生产经营活动，进而维持在世界市场的竞争力。而投资于发展中国家的企业通常以资源获取和组织生产为目的，虽然企业在当地也要组织生产，但通常是从国内将部分低端分工环节转移至此，生产技术含量较低，对于技术保护要求不高。另外如果东道国的资源保护措施比较严格也会对中国企业基于资源获取的对外直接投资产生不利影响，因此中国企业在投资发展中国家时对于正式制度距离的要求会略微降低。

非正式制度距离较大的国家在价值观、风俗习惯、宗教信仰以及语言方面往往存在较大差别，导致企业在跨国投资时面临沟通障碍、管理困难以及难以建立相互信任的关系等问题（李琳、郭立宏，2021）。非正式制度在每个国家都广泛存在于社会结构中，难以量化也难以在短时间内改变（North，2005），但是在经济个体活动中占据重要地位（Mayo，1933）。最典型的非正式制度，如人际关系，是通过人与人之间的交往形成不同的关系进而交织成网络作用于经济活动，甚至可以在正式制度失效的情境下作为替代制度发挥作用。Gao（2003）的研究发现，分散于全世界的华侨华人网络，基于华人在当地社会的融入拉近了当地与中国的非正式制度距离，可以有效帮助中国企业降低对外直接投资风险，促进中国企业的投资流入。吴群峰和蒋为（2015）通过经验研究也发现中国企业的对外投资更倾向于华人分布密集、与中国非正式制度距离较小的地区，从而规避投资风险。

2.制度质量

多数研究表明东道国制度质量越高，越能吸引更多的企业投资入驻。中国企业也倾向于投资制度质量较好（负向制度距离较小）的东道国（刘凯、张文文，2018）。更多的文献则是基于东道国制度质量的三个层面——政治制度、经济制度和法律制度（李建军、孙慧，2016）来剖析东道国制度质量对企业对外直接投资的影响。

首先是政治制度质量。有研究表明东道国政治制度质量对中国跨境投资的区位选择影响不显著（王军、黄卫冬，2016），同样对中国企业对外直接投资的规模也没有显著的影响（刘敏，2016）。但是闫大颖（2013）基于上述结论，分行业进行实证研究发现，东道国政治制度质量对中国企业对外直接投资区位选择的影响存在异质性，尤其对研发类企业影响巨大。总体而言，中国企业对东道国政治制度环境存在偏好扭曲，大部分企业对政治制度环境较差的国家投资偏好较高（曹悦，2018）。这一研究结论似乎与一些主观判断相违背，根据经验分析，大多数企业在进行对外直接投资区位选择时，应该偏好拥有稳定和规范的政治制度环境的国家和地区，因为这是企业入驻后开展业务、正常经营的基础保证。

出现这一反差，可能是出于以下几个原因：

第一，母国与东道国的投资相关协定数量对企业对外直接投资具有指导意义。贾玉成和张诚（2016）、李霞和廖泽芳（2017）都认为双边投资协定对我国企业对外直接投资具有促进作用。签订双边贸易、投资等协定可以为企业创造良好的投资政策环境，而良好的投资政策环境有助于我国企业在当地投资意愿的增加（刘晓光、杨连星，2016；王金波，2019；张倩等，2019）。郭晨曦（2019）利用2006年至2015年中国上市公司对"一带一路"沿线国家的具体投资数据进行实证分析，证明在上述时期东道国与中国签订双边协定的数量与我国企业对外直接投资区位选择偏好相吻合。但是杨丽君（2017）通过研究发现这种正向影响可能会受到其他因素干扰，例如，东道国投资审查力度以及我国企业抵御潜在投资风险的能力都可能改变双边协定对国际直接投资的影响机制。同时，东道国的制度环境对双边协定发挥作用存在明显的门槛效应，双边协定吸引国际直接投资的作用只有东道国的制度环境在门槛值以下才会凸显，反之相反（邓新明、许洋，2015）。另外，良好的双边政治关系可以优化东道国的制度环境，为其提供有利的外部条件，而双边政治关系等外部因素会使制造业内的企业面对经济政策不确定性时具有更敏感的投资决策（杜群阳等，2020）。

第二，东道国政府稳定性、腐败程度或者民主程度等政治风险因素影响企业对外直接投资区位选择。黎绍凯和张广来（2018）、王金波

（2019）、赵奇伟等（2019）、Wang等（2019）认为我国企业对外直接投资的区位选择应尽可能避免政治风险较高的国家。但也有学者认为东道国政治风险影响不大，但是政府效率、监管质量和腐败控制对我国企业对外直接投资的影响较大（王永钦等，2014）。另外，在一些行业，基于优质东道国无法与发达国家企业进行竞争的现实情况，我国企业被迫选择在一些政府稳定性差、法规不健全的国家投资（付韶军、张璐超，2019）。就东道国的民主程度而言，陈兆源（2016）指出东道国的民主程度越高，我国制造业对其投资的可能性就越低。魏景赋和金瑞（2019）综合东道国政治稳定性、民主程度和东道国的政府规模等方面考察，提出东道国与母国相近的政府管理模式可以吸引更多的外国企业投资发展。一方面企业适应成本较低，另一方面东道国较高的行政效率有利于企业运营。

第三，东道国国家形象影响一国对外直接投资区位选择。一国的国家形象是一个抽象的概念，是一个国家软实力的表现，包括外界对本国的看法和态度，正面的国家形象可以提高国际影响力（薛新红、王忠诚，2016），并且激励出口、吸引投资、旅游和移民等（Fetscherin，2010）。拥有积极国家形象的投资来源国有助于降低企业在东道国的"外来者劣势"，减少价值观念冲突，增加"认同感"，进而降低投资成本，提高投资效率（王新生，2005；杨娇辉等，2015）。拥有积极国家形象的投资东道国也存在类似的"反向"吸引外国直接投资的效应。东道国的国家形象与我国企业对外直接投资流入存在明显的正相关关系，因为东道国较好的国家形象可以在企业进行投资决策时释放安全信号，推动企业降低风险感知，提升价值感知（孙国辉等，2019）。

其次是经济制度质量。由于制造业发展与多数东道国经济制度指标存在明显的正向关系（刘凯、邓宜宝，2014），因此东道国的经济自由度、市场规模、金融生态环境、营商环境等均会对我国企业的投资区位选择产生影响。

一国的经济自由度可以体现一国的经济发展水平和经济增长动态，有利于促进出口贸易的发展（Compton，2011；邓晓虹，2014；陈继勇，2017）。杨波和朱洪飞（2018）通过研究发现美国企业在高收入国家进行跨国并购时，更侧重于考察东道国经济自由度，而跨国并购作为企业对外直接投资的一种重要方式，主要是基于技术获取和资源获取等投资目的（Ruckman，2005；Bass，2014）。我国对"一带一路"沿线国家的跨国并购通常是基于资源获取目的，因此，东道国的经济自由度越高，贸易壁垒越低，就越有利于中国投资的流入（王雪辰、李锦生，2019）。此外，东道国的财政、货币和投资等自由度指标的提高也会吸引中国的投资（王博君，2019）。东道国市场规模的大小直接关系到母国的投资量。黎绍凯和张广来（2018）、Wang和Pan（2017）运用扩展引力模型，证明我国企业对"一带一路"沿线国家投资区位选择会受到东道国市场规模的影响，东道国市场规模的扩大有利于促进中国企业对其投资（赵瑜嘉等，2014；王博君，2019；盖冠祎、李玉娟，2020）。张秀华和王子祺（2020）在研究中发现东道国金融生态环境指标与中国对外直接投资有极大的正相关性，往往经济发展水平越高的国家和地区，其金融生态环境越优越，越能吸引中国企业的投资。国家不同区位特征的金融生态环境也会影响中国企业在当地的投资效率（胡冰、王晓芳，2019）。东道国优良的营商环境能吸引中国投资者的进入，因为企业在该国投资建厂可以简化流程，获得有力的保障，降低运营成本和风险（钟锋，2019；张秀华、王子祺，2020），东道国基础设施作为营商环境的一部分，也在中国对外直接投资区位选择中发挥着不可忽视的作用。潘素昆和杨雅琳（2020）指出中国对"一带一路"沿线发达国家和发展中国家投资区位选择时，会受到通信基础设施的影响，即通信基础设施越完善，越有利于吸引中国的投资。东道国优越的经济制度质量和健全的金融环境，可以有效拉动国外的投资（王军、黄卫冬，2016；文淑惠等，2019），好的经济制度质量还会促进国家之间的贸易联系，进而影响中国企业对外直接投资区位选择（戴冠，2019；葛璐澜等，2020）。有研究显示，中国企业在对外直接投资区位选择过程中，更偏好于经济制度质量较好、与中国经济距离较小的发展中国家（钟寻，2016）。

最后是法律制度质量。对中国对外直接投资区位选择影响最大的因素是法律制度环境（左思明，2019）。基于部分企业对外直接投资存在避税和获取资源的动机（王永钦等，2014），在对外直接投资时会尽可能避开法律制度质量较好的东道国，因为这些国家或者地区的劳动和环境保护等多方面领域的法律法规较为完备，无疑会增加企业的投资成本（王军、黄卫冬，2016）。同时，鉴于法律制度比较完善的国家或地区的市场大多已被发达国家占据，中国企业也有可能被迫选择法律制度质量相对较差的国家（王永钦等，2014）。此外，产权保护度也会影响法律制度质量（谢孟军、郭艳茹，2013），中国企业更偏向选择产权保护较好的东道国（曹悦，2018）。

（二）资源禀赋

1. 自然资源禀赋

东道国的自然资源禀赋主要包括自然资源的丰裕度和地理位置距离，这两个方面都属于客观因素，并且直接影响该国国内制造业企业的生存和发展。"一带一路"沿线国家大多自然资源丰富，中国企业对于这样的东道国存在一定的投资偏好（Wang、Pan，2017；黎绍凯、张广来，2018）。盖冠祎和李玉娟（2020）利用中国对东盟各国 15 年的直接投资存量等相关数据进行实证研究，进一步印证了上述观点。资源消耗型企业大多趋向于投资资源较为丰富的国家（张纪凤，2013），当然中国企业在进行资源寻求型投资时，也会考虑东道国的制度质量因素（王培志等，2018）。

很多学者通过研究发现地理距离对中国对外直接投资区位选择存在或大或小的影响。魏景赋和金瑞（2019）在研究中发现，东道国与中国之间的地理距离与我国企业对外直接投资呈正向关系。邸玉娜和由林青（2018）、刘晓凤等（2017）指出东道国与中国的地理距离会影响中国企业对其进行投资，若两国的地理距离较大，则会抑制中国企业的投资（陈伟光、郭晴，2016；程衍生，2019）。Flores 和 Aguilera（2014）认为东道国和母国的地理距离会导致两国间的语言文化差异和心理距离，尤其对于制造业，较大的地理距离意味着企业投资的管理成本、运输成本以及投资风险都会相应地增加。现有研究大都认为地理距离在很大程度上不利于对外直接投资的发展，但是也有部分文献提到有些国家虽然距离中国较远，中国企业仍然赴当地开展投资。这可能是因为虽然两国之间的贸易成本随地理距离增大而增大，但对外直接投资可以帮助企业利用东道国的资源和产能弥补运输成本，换言之，地理距离对于企业对外直接投资区位选择的影响存在基于生产和贸易成本的门槛效应。

2.技术禀赋

技术设备、创新能力以及专利等均属于代表东道国技术禀赋的指标。对高技术禀赋国家的投资可以提高中国企业的技术水平，增加管理经验（Kogut、Chang，2013；Luo、Tung，2014）。因此，东道国的技术禀赋越丰富，中国企业对该国的直接投资就越多（张吉鹏、衣长军，2014），尤其以专利为代表的东道国技术资源会直接影响中国企业对外直接投资的区位选择（祁春凌等，2013）。不过东道国与母国之间的文化距离会影响技术吸收程度，进而间接影响中国企业对外直接投资区位选择，文化距离越大，越不利于吸引企业投资。Wang 和 Pan（2017）经研究发现单纯基于东道国技术禀赋角度考察中国企业对外直接投资的区位选择，将无法做出正确判断。结合技术禀赋与政治风险两方面综合考虑，会发现中国企业更青睐于政治风险低、技术禀赋丰富的国家（张纪凤，2013）。

3.劳动力禀赋

东道国的劳动力禀赋也会影响企业对外直接投资的区位选择。研究发现，中国企业偏好劳动力要素丰富的东道国（黎绍凯、张广来，2018；葛璐澜等，2020）。还有学者将劳动力禀赋与其他要素禀赋结合起来，考察企业对外直接投资区位选择的影响因素，尹美群等（2019）指出相对于技术要素禀赋，中国企业更愿意投资自然资源禀赋和劳动力禀赋丰裕的东道国，并且不介意通过对外直接投资帮助东道国实现技术水平的提升。王璐雯等（2017）将东道国制度环境和资源禀赋因素结合，发现制度质量对资源禀赋存在投资影响门槛值，一旦跨过这个门槛值，制度质量对投资的抑制作用将大于资源禀赋的吸引作用。

综上所述，国内外学者研究中国制造业对外直接投资区位选择的影响因素多数是基于宏观视角或者基于制度环境和要素禀赋视角进行分析，基于网络化视角研究中国制造业对外直接投资区位选择的文献还比较少见。

二、"一带一路"背景下中国制造业对外直接投资与价值链升级研究综述

近年来，中国制造业对外直接投资规模逐步扩大，投资遍布全球并且涉及多个行业。对外直接投资提升了中国与其他国家间的价值链关联度（戴翔、宋婕，2020），对东道国产生经济推动效应，对母国产生逆向推动效应，双向推动效应对于东道国和母国的全球价值链升级具有积极影响。学者们基于推动效应展开研究，一方面有利于中国企业提高对"一带一路"沿线国家的投资质量，另一方面为中国企业后续向沿线国家投资提供重要指导。本部分将对东道国的经济推动效应和母国的逆向推动效应按照效果分为技术溢出效应、产业结构升级效应、经济增长效应和贸易效应展开分析。

（一）技术溢出效应

对外直接投资的技术溢出效应可以划分为对东道国的技术溢出效应以及对母国的技术溢出效应两部分。对于多数"一带一路"沿线国家而言，技术水平薄弱是各国发展的短板，中国在产业和贸易结构、制造业技术储备等方面存在明显的比较优势，承接中国产业转移可以学习先进的技术和管理经验，通过不断吸收、消化和再创新，将更多创新技术反馈到产品上（刘友金等，2020），最终提高东道国的生产技术和产品技术复杂度（刘泽胜，2020），推动东道国全球价值链升级（王恕立等，2018）。中国企业在不同地区的对外直接投资产生的逆向技术溢出效应存在较大差异（杨连星、罗玉辉，2017），大部分研究中国企业对外直接投资对母国的逆向技术溢出效应通常聚焦于发达国家的对外直接投资，其作用机制在于通过跨国技术并购直接吸收国外先进技术，推动国内企业实现全球价值链升级（陈俊聪、黄繁华，2013；刘雪娇，2017；王恕立等，2018）。中国企业在发展中国家的对外直接投资同样存在逆向技术溢出效应。刘景卿等（2019）的研究发现，在向发展中国家"低水平"的投资转移时，中国资本的流入为当地企业提供资金支持，并通过在产品设计、生产技术、生产经营与管理模式、营销服务等多个方面

对该国企业进行引领和示范，倒逼国内企业在技术、管理和销售等方面不断实现提升，进而促进其实现全球价值链攀升（毛其淋等，2014；杨连星等，2017；李建军等，2019）。

（二）产业结构升级效应

在"一带一路"背景下，中国对沿线国家的直接投资可以有效促进国内产业结构改革、生产率提升、产业链扩张，提升国内生产附加值，进而提升中国企业在全球价值链的分工地位。首先，中国对"一带一路"沿线国家的直接投资可以扩大市场，回笼资金，促进国内产业结构升级（汪孙达，2015；程仕英，2016；黄迪、胡麦秀，2018；尚涛、尚德强，2019；韩佳书，2020）。其次，中国企业通过对外直接投资提升国内制造业中高端技术水平，推动国内全要素生产率增长，促进国内产业结构升级（唐未兵等，2014；贾妮莎、申晨，2016；戴翔等，2018）。再次，中国企业通过对外直接投资扩张并完善国内产业链，转移产业链末端生产环节，优化国内资源配置，促进国内产业结构升级（彭支伟，2017）。最后，中国企业通过对外直接投资，细化产品生产分工，实现规模经济，降低企业生产成本，进而助推全球价值链升级（Kam，2013；Li，2015）。研究还发现，不同行业的对外直接投资对该行业产业结构升级的作用有所差异，其中作用最为显著的是技术密集型产业（迟歌，2018）。

（三）经济增长效应

大多数文献对企业对外直接投资带来的国内国外经济增长效应都持肯定态度。经济增长效应推动全球价值链升级主要是通过转变经济增长方式来实现的（李华、何芹，2018）。对于经济发展基础薄弱、自主发展能力较差的国家，外国直接投资是刺激经济快速发展的"催化剂"，可以在短时间内提升国内全要素生产率，扩大产能，促进社会就业，提高工资福利水平。孔群喜等（2019）在研究中发现，从总体上来看企业对外直接投资会使东道国经济增长质量水平得到有效提升，接收中国企业直接投资较多的"一带一路"沿线国家的经济增长更为明显（乔敏健，2019）。

对于经济发展较快、国民收入水平较高的国家来说，它们更愿意将资本投资于产业生产能力和技术输入能力较强的东道国（Hallak 等，2011），找到新的经济增长点，增加生产效率，优化国内资源配置，实现国内经济的稳步增长。中国企业的对外直接投资不仅有助于国内经济保持常态增长，而且有助于转变中国的经济增长方式，提高经济增长的质量（孔群喜等，2018）。与此同时，中国企业对外直接投资带来的国内经济增长效应属于长期效应（霍忻、刘黎明，2017），可以持续推动中国实现价值链升级。随着中国企业对外直接投资规模的扩大，中国与各国间的经济联系不断增强，中国企业通过扩大境外市场来实现规模经济，进而形成国内经济持续性增长与价值链持续性升级的良性循环（盛斌等，2020）。

（四）贸易效应

在经济全球化背景下，产品的生产过程在全球范围内分解配置，企业根据国家和地区禀赋优势的不同，将各个生产环节匹配到各地从而形成全球生产价值链。匹配过程通过企业对外直接投资的方式实现，而全球范围内的贸易构成了企业对外直接投资的基础。反之，企业的对外直接投资也会通过替代、创造和互补等效应机制促进国际贸易的发展。

中国制造业企业对外直接投资的一个重要目的就是扩大市场，企业将生产、销售等环节分散布局到东道国，可以基于地理优势占据更多的当地市场份额，但生产过程会与国内形成平行生产链，进而缩减国内出口贸易额，由此产生直接投资对国际贸易的替代效应。有学者对这种替代效应表示担忧，如覃达美（2019）就指出，中国相对于"一带一路"沿线国家来说技术比较充裕，而沿线国家劳动力较为丰富，故中国企业向沿线国家开展直接投资时可以利用当地便宜的劳动力，减少生产境外产品的成本，形成独特的竞争优势，但也会挤占母国同类产品的出口，这样的出口替代效应可能会造成国内经济利益的损失。然而，如果剖析贸易替代效应的本质，就会发现出口贸易额实际上是被企业设立的当地分厂替代，只要国外分厂的生产活动仍然是基于国内产业链体系，是国内产业链、供应链的延伸，那么这种贸易替代效应就不是真正的"竞争式替代"，而是企业不同产业链之间的生产和销售转移。

对于企业对外直接投资的贸易创造效应，唐礼智和章志华（2015）

基于2003年至2013年中国30个省份的对外直接投资和贸易统计数据研究发现，这一时期中国企业的对外直接投资对中国整体出口贸易存在微弱的正向影响，对外直接投资会促进整体贸易量的增加，但是增加量较小。余振岳和常志有（2020）通过研究发现，中国对东盟国家的直接投资有显著的贸易创造效应，双边贸易和双边投资之间存在着正向关系（林创伟等，2019），这是基于企业对外直接投资的产业转移，是以中间品的贸易量扩大为代表的贸易创造效应。

中国企业通过对外直接投资带动资本、技术等生产要素在国际流动，可以平衡国家之间的生产比较优势。霍忻（2016）发现中国对非洲直接投资存在贸易互补效应，这使得生产要素在国际流动，形成企业间的优势互补。黄荣斌和陈丹敏（2019）认为中国对"一带一路"沿线国家直接投资的进出口贸易互补效应比较显著，沿线发展中国家不仅是生产所需的原料供应地，还是消费所需的销售市场，因此，中国对其投资可开拓境外营销市场，推动国内企业延长产业链，以更优质的质量进入国外市场。

三、"一带一路"境外经贸合作区的发展与企业对外直接投资研究综述

在"一带一路"背景下，中国企业对沿线国家直接投资最重要的方式就是"园区式""集聚型"投资。企业与东道国共建境外经贸合作区可以促进当地经济发展、提升东道国国际分工地位，也为入驻企业提供了基础设施和经营保障（张寅，2018）。境外经贸合作区既是企业发展的有效载体，也是"一带一路"背景下国家间经贸合作的重要抓手（李嘉楠等，2016；孔孝云等，2020）。与此同时，基于"硬环境"和"软环境"的综合优势，境外经贸合作区还可以大规模吸引园区周边的要素资源，实现以点带面、聚点成片（梅冠群，2017），带动区域整体经济发展。

"一带一路"沿线境外经贸合作区的建设对中国企业对外直接投资的作用主要包括园区平台效应、园区产业集聚效应以及园区协同效应。

（一）园区平台效应

境外经贸合作区为国内各行业企业带来了广阔的市场（张晓涛，2018）。园区为产业运作提供了良好的环境，境外产业园区成为国家之间产业的集合地，各类产业在同一区域内生产运营（荀克宁，2015），逐渐成为沿线国家互联互通的交流平台，企业可以通过园区进行文化交流、技术交流、信息交流等（梅冠群，2017）。大石头工业园区（中国与白俄罗斯）、罗勇工业园区（中国与泰国）等都是中外企业建立的共享产业园区的代表（郭建民、黄柏钧，2019），这些产业园区的设立为各国企业扩大境外业务提供了便利，产生的经济效益和社会效益被众多国家所接受和认可（张崴，2017；赵胜波等，2018）。随着中外合办产业园区在数量上和质量上的稳步提升，产业园区的内部空间布局优化，以点带面，协调区域经济发展，已经成为中国企业参与全球制造业价值链分工的重要平台，有效降低了中国企业境外投资的风险，保障了区域分工网络的正常运营（刘佳骏，2019）。2020年新冠肺炎疫情期间，境外产业园区还充当了"信息传递通道"，由于境外大部分产业园区是中国政府与东道国政府联合开发建设的，所以中国企业通过园区可以更快地掌握所在国的疫情发展状况以及各国采取的防疫政策，进而保证企业安全运营以及有序复工复产（祁志军，2020）。

（二）园区产业集聚效应

中国与东道国在投资、贸易等领域的合作成为产业园区顺利建成以及运行的基本保障（郝旭等，2016）。园区运营企业可以为当地创造经济利益，东道国基于经济发展的考虑，通常会给予一定的政策性优惠措施，在园区为企业提供优质的营商环境（沈正平等，2018）。例如，在罗勇工业园区中国企业就可以享受前八年免交企业所得税，后五年企业所得税减半征收的优惠税收政策，有助于降低企业境外运营的成本（路红艳，2013）。境外产业园区良好的政策环境和营商环境可以有效减轻企业境外运营的外部成本压力，解除企业对外投资的后顾之忧（荀克宁，2015），成为越来越多的企业对外投资的首选平台。林毅夫和王燕（2016）指出，产业集聚有利于增强企业的竞争力，加快企业发展的步伐。境外产业园区集综合性和多元性为一体，具有容纳不同产业集群的优势，有利于深化现代产业价值链专业化经营模式（荀克宁，2015）。基于园区产业群合作模式，企业不再是"单打独斗"地入驻，产业链"片段式"地"组团"入驻可以为一些中小型企业增强投资信心，抵御外部风险。例如，在中埃合建的苏伊士运河合作区，基础设施建设非常完善，拥有道路、供水、供电、排水、通信等配套设施，已入驻企业58家，园区内已形成围绕国内国外龙头的专业园区，可以为将来中小型企业的入驻提供行业指导和供应保障，在很大意义上帮助了中国企业的境外成长（胡江云，2017）。中国企业通过投资入驻境外产业园区，与当地企业以及其他国家的企业在园区形成专业化和多样化的企业集群，还有助于实现生产和销售的规模经济（荀克宁，2015）。这种"抱团式"的直接投资，不仅有利于国际产能合作，还有利于实现企业在全球价值链整体的升级（刘佳骏，2016），进而提升中国在全球产业链中的"话语权"（王建华，2018）。

（三）园区协同效应

在"一带一路"背景下，中国与沿线国家建立了大量的产业园区，园区内企业相互协作，共享资源，建立了互惠互利的合作关系，进而增进各国之间的友好关系，产生外部协同效应（刘英奎、敦志刚，2017；黄玉沛，2018）。此外，境外产业园区的协同效应还有助于推动中国企业全球价值链升级，主要体现在以下三个方面：

1.资源共享

中国企业在"一带一路"沿线国家合作建设产业园，可以通过双边投资和双边贸易实现资源互补、优化配置（张波、周芳，2018），为企业减少重复费用的支出，增强了产业发展活力（荀克宁，2015）。另外，其他国家的企业通常也面临资源寻求问题，因此拥有政策红利和良好营商环境的产业园区也是这些国家对外直接投资的重要载体。入驻中国境外产业园区的各国企业，开展"混合"经营，将以中国企业为核心实现产业链纵向融合、横向合作，进而有效降低经营成本（张保仓等，2017）。如果园区入驻初始企业经营成功，园区会吸引更多国家的企业争相入驻，进而成为国家间互联互通的交流渠道，最终推动各国企业资源共享（梅冠群，2017），提升园区内企业的整体竞争力。

2.辐射带动作用

作为产业集聚的重要载体，境外经贸合作区在规模效应等多重因素影响下，发挥辐射带动作用，带动"一带一路"区域经济发展（王建华，2018；余晓钟、刘利，2020）。在产业园区建设过程中，中国在东道国投资建厂，一方面，可以为当地企业带来技术溢出效应（杨成玉，2017；杨连星、胡舜杰，2018；陈培如、冼国明，2020），帮助当地企业提升技术水平，强化产业链建设。另一方面，在园区建设和企业经营过程中可以为当地提供大量的工作岗位，缓解当地就业问题，增加当地居民的可支配收入，整体提高当地居民的生活水平（李金叶、沈晓敏，2019）。

3.促进国家间友好合作

境外产业园区还推动了中国与"一带一路"沿线国家间的友好合作，加强了中国与沿线各国的经贸往来（郭百红，2018）。Alden和Alve（2018）通过研究发现，中国通过产业园区将更多发展经验传递给有需要的发展中国家，一方面为其国家建设、经济发展提供参考，另一方面增强了中国与东道国之间的人文交流。以中亚地区为例，新建的"一带一路"能源产业园区，基于政府政策支持、园区的高开放度和强稳定性等优势，吸引了大量国内外能源企业入驻（余晓忠、刘利，2020），逐步以企业间良好的合作关系为基础向上提升到国家层面的友好合作。

四、简要评述

通过文献梳理可以发现，随着"一带一路"建设的推进，围绕中国对"一带一路"沿线国家直接投资的文献大量涌现，取得了丰硕的研究成果，并且这些研究成果具有鲜明的问题导向，即聚焦中国对"一带一路"沿线国家直接投资发展中的现实问题，如区位选择、价值链升级以及产业集聚等展开。随着中国与"一带一路"沿线国家间制造业合作的持续加强，中国与沿线国家构建区域生产网络、谋求价值链升级面临着新机遇。然而，目前有关中国制造业面向"一带一路"沿线国家直接投资的研究主要集中在对外直接投资的纵向分离，对横向重组即网络化发展研究不足，相关理论建构及研究方法仍有待完善。为此，本书基于现有的研究成果，探讨中国制造业面向"一带一路"沿线国家直接投资的网络化发展，并运用全球价值链理论和社会网络理论阐释对外直接投资网络化发展与价值链升级的内在机理，不仅有助于拓展有关"一带一路"生产网络与价值链升级的研究，而且可以为企业和政府制定对外直接投资相关政策提供参考依据。

第三节　研究内容与方法

一、研究内容

本书共分为七部分。第一部分为绪论，介绍了研究背景和研究意义，梳理了相关文献，并说明本书的内容安排、创新与不足。第二部分刻画了中国制造业在"一带一路"沿线国家直接投资的发展概况，并探究了境外经济贸易合作区在中国对沿线国家制造业直接投资以及"一带一路"国际产能合作中的作用。第三部分运用倍差法论证了"一带一路"倡议对中国制造业在沿线国家直接投资的促进作用，并探究了中国制造业在"一带一路"沿线的区位选择及产业链拓展情况。第四部分探讨了对外直接投资网络化发展的效应并运用社会网络分析刻画了"一带一路"区域生产网络的结构以及中国的核心枢纽地位。第五部分对"一带一路"国际产能合作进行了解析，分析了其在中国制造业价值链升级过程中的角色和作用，并通过实证分析论证了中国对"一带一路"制造业直接投资的价值链升级效应。第六部分从区域价值链整合者和区域价值链引领者两方面分别论证了中国对"一带一路"制造业直接投资网络化发展的价值链升级效应以及中国在全球价值链中的角色升级。第七部分是研究结论和政策建议。

二、研究方法

本书主要采用了以下几种研究方法。

1.比较分析法

境外转移与区域生产网络构建是美日等发达国家制造业企业实现价

值链升级的重要途径，尤其是日本制造业企业在亚洲区域生产网络中构建的网络化的价值增值体系，这些经验都值得我国制造业企业参考借鉴。为此，本书运用了比较分析法对其展开分析，以期为中国制造业通过对外直接投资实现价值链升级开拓思路并提供参考。

2.案例分析法

本书采用案例分析法对中国制造业企业在"一带一路"沿线国家开展对外直接投资情况以及"一带一路"沿线境外合作区的园区发展情况进行了分析，切实考察境外经贸合作区在中国制造业企业面向"一带一路"沿线国家开展直接投资以及中国制造业对"一带一路"直接投资的网络化发展中的作用。

3.网络分析法

本书依据经济社会学中的结构洞理论（Burt，1992），把"一带一路"沿线国家多元化的制造业产业发展视为占据"结构洞"的过程，探讨中国制造业对外直接投资如何进行有效的网络连接，如何增强从网络结构位置中获取"洞效应（Hole Effects）"的能力，如何通过信息收益和控制收益的获取来整合网络资源，进而逐步形成以中国为核心的"一带一路"区域生产网络。

4.理论与实证分析相结合的方法

在理论分析中，本书运用全球价值链理论探究了中国制造业对外直接投资在"一带一路"沿线国家的网络扩展以及制造业对外直接投资的价值链升级效应，探究了中国制造业如何改变自身在全球价值链网络中的角色，实现由模块供应商向系统集成商、规则制定商的升级，提出在面向"一带一路"沿线投资过程中，中国制造业企业需要通过横向重组，与"一带一路"沿线当地企业构建起国际化网络，通过资源补充效应、规模经济效应、能力提升效应以及网络经济效应获取网络价值，进而确立起国际化竞争新优势。

在实证分析中，运用倍差法验证了"一带一路"倡议对中国制造业对沿线国家直接投资的促进作用，引入 UNESCAP ISCC 指数等能反映中国与潜在东道国实现制造业生产环节链接的变量作为影响中国制造业向"一带一路"沿线国家投资过程中区位选择的可能因素，构建不同年度

对外直接投资混合样本，使用条件 Logit 模型来探究中国制造业面向
"一带一路"沿线国家直接投资纵向分离的区域分布。运用面板数据模
型检验了中国制造业对"一带一路"沿线国家直接投资的价值链升级效
应以及中国制造业对"一带一路"沿线国家直接投资网络化发展的价值
链升级效应。

第四节　研究创新与不足

一、主要创新点

本书尝试在以下几个方面进行探索：

第一，揭示中国制造业面向"一带一路"沿线国家构建区域生产网
络的内在逻辑。随着中国在"一带一路"沿线制造业直接投资规模的扩
大，有关加强区域生产网络构建进而提升中国制造业全球价值链地位研
究的迫切性凸显，本书有关制造业对外直接投资网络化发展的研究丰富
了现有的以对外直接投资纵向拓展为主体的研究。

第二，将制造业价值链升级的研究从宏观层面延伸至微观层面，本
书运用社会网络理论分析阐释了企业通过构建生产网络实现价值链升级
的机理，为提升中国制造业全球价值链地位研究提供了新的视角。

第三，探讨了"一带一路"倡议下中国制造业如何通过国际产能合
作提升制造业在全球价值链中的地位，提出制造业在按照自身产业发展
意图主动塑造新的区域产业空间疆域的同时，还要强化横向联系，从资
源补充效应、规模经济效应、能力提升效应以及网络经济效应 4 方面获
取网络价值，以此来构建以中国为核心的制造业价值网络。

第四，探讨了如何充分发挥"一带一路"沿线境外合作区在价值链
网络构建中的作用，并从国际政治经济学视角探讨了如何通过互联互通
提升中国制造业的资源配置效率和网络构建能力。

二、不足之处

一方面，"一带一路"倡议提出的时间还比较短，围绕中国制造业

对外直接投资的价值链升级效应的理论和实证研究仍处于完善的过程之中，尤其是对外直接投资横向重组的网络效应，相关研究还比较少，本书在上述领域所做的探索性研究还比较粗浅，仍需进一步完善。另一方面，受数据获取的制约，本书对"一带一路"区域生产网络的结构刻画停留在图形分析上，尚缺少实证分析的支撑与论证。

第二章 中国对"一带一路"制造业直接投资发展现状

自"一带一路"倡议提出以来，中国对"一带一路"沿线国家的直接投资就保持了快速增长，对外直接投资已经成为推动沿线国家经济增长以及中国制造业企业构建"一带一路"区域生产网络的重要载体。2020年伊始，新冠肺炎疫情在全球蔓延，对全球贸易和跨境投资活动造成冲击，但中国对"一带一路"沿线国家的直接投资仍然保持了稳步增长。根据商务部、国家统计局和国家外汇管理局联合发布的《2020年度中国对外直接投资统计公报》，中国对"一带一路"沿线国家实现直接投资225.4亿美元，同比增长20.6%。其中，对"一带一路"沿线国家制造业直接投资76.8亿美元。中老铁路、柬埔寨双燃料电厂等一批重点项目稳步推进，中国与"一带一路"沿线国家间的制造业投资合作为战胜疫情，恢复全球产业链、供应链提供了强大推动力。制造业国际投资合作已成为共建"一带一路"的重要构成和推动力。

第一节 中国对"一带一路"制造业直接投资发展概况

一、中国对"一带一路"沿线制造业直接投资规模

"一带一路"倡议提出以来，中国对"一带一路"沿线国家的直接投资保持了稳定增长。《2020年度中国对外直接投资统计公报》显示，近3年中国对"一带一路"沿线国家制造业直接投资流量分别为58.8亿美元、67.9亿美元及76.8亿美元，总体呈上升态势。①制造业已成为中国对"一带一路"沿线绿地投资最主要的投资行业，其中，在独联体和中东欧国家制造业投资份额更是高达70%。②中国对"一带一路"沿线制造业直接投资尤其是绿地投资的快速增长与沿线国家参与全球价值链分工能力的增强密不可分。以往，由于沿线国家贸易便利化水平相对较低、工业化发展相对滞后，中国与大多数沿线国家之间主要采取产业间、产业内贸易和分工的合作方式，产品内贸易发展缓慢。如今，伴随"一带一路"基础设施建设和互联互通的推进，沿线发展中国家工业化进程的加快，中国与"一带一路"沿线国家开展全球价值链分工和贸易的条件越来越成熟，这直接推动了中国制造业对沿线国家直接投资的增长。

从企业层面看，截至2020年末中国境内投资者在"一带一路"沿线的63个国家设立境外企业超过1.1万家，涉及国民经济18个行业大类，其中流向制造业的直接投资同比增长13.1%，占中国对外直接投资总额的34.1%③。通过观察企业层面的投资规模可以发现（参见表2-1），2013—2019年，中国对沿线国家制造业直接投资不仅规模扩张较快，在中国对外直接投资中的占比也从10.1%快速提升至31.4%。由此可见，"一带一路"倡议的实施，为中国与沿线国家分工联动性的增强提

---

① 根据2018—2020年度《中国对外直接投资统计公报》整理而成。
② 王永中，李曦晨. 中国对"一带一路"沿线国家直接投资的特征分析［D］. IIS Working Paper No.201703，2017-05-27.
③ 根据2018—2020年度《中国对外直接投资统计公报》整理而成。

供了基础，各种中间品的生产和贸易也有了物质载体和充分的资源支持，有力提升了中国制造业对"一带一路"沿线国家的直接投资水平，在带动"一带一路"沿线国家和地区整体发展水平的同时，也会进一步促进"一带一路"国际产能合作的发展。

表2-1　　**中国对"一带一路"沿线国家制造业的投资规模**[①] 金额单位：万美元

年份	2013	2014	2015	2016	2017	2018	2019
沿线国家	118.2	193.2	198.9	225.4	315.2	326.7	380.5
占比（%）	10.1	22.3	23.1	29.2	29.8	31.3	31.4

数据来源：根据中国企业国际化蓝皮书《中国企业国际化报告》整理而成。

二、中国对"一带一路"沿线制造业直接投资地区分布

中国对"一带一路"沿线制造业直接投资的地区分布差异较大，呈现出既分布广泛又相对集中的特点。其中，东盟国家是中国制造业面向"一带一路"沿线直接投资最为集中的区域，远超沿线其他地区（参见表2-2）。中国对"一带一路"沿线直接投资集中在东盟国家，主要是基于以下几方面原因：一方面，中国-东盟自由贸易区对中国制造业企业对这一地区的直接投资起到了辐射拉动作用。自2010年1月1日正式启动以来，中国与东盟国家双边经贸合作不断深化。中国-东盟自由贸易区的建设降低了双边关税水平，减少了非关税壁垒，降低了贸易成本，释放了潜在的比较优势，推动了双边贸易投资自由化、便利化水平的提升。中国-东盟自由贸易区的建设和升级还显著增强了中国制造业企业对中国-东盟双边经贸合作的预期和信心，有助于推动中国企业尤其是制造业企业扩大面向东盟国家的直接投资。另一方面，产业转移也是推动中国制造业企业尤其是劳动密集型企业扩大对东盟国家直接投资的重要因素。伴随中国劳动力成本的上升，东盟国家因与中国在地理位

---

① 表2-1是根据投资事件的企业数据整理而来的，具有参考意义。在数据整理过程中，我们首先对非制造业样本进行了剔除；其次有些企业投资有次数，但是没有金额，我们把没有金额的样本也剔除了；还有些样本存在一条投资数据同时对应多个东道国的情况，无法区分该条投资信息到底投向了哪个国家，所以将此类样本剔除。最终留下的样本进行加总就得到表2-1的结果。

置上邻近且劳动力成本相对低廉而成为中国对外直接投资尤其是制造业对外直接投资的重点地区。

表2-2　　　中国对"一带一路"沿线制造业投资流量的区位分布　　单位：万美元

年份	西亚北非	南亚	独联体	中亚	中东欧	东盟
2012	79.1	19.5	9.7	10.3	21.1	115.5
2013	71.4	89.5	—	—	1.4	53.3
2014	63.3	57.2	68.4	32.6	10.6	94.6
2015	79.0	67.4	45.8	11.6	16.8	89.2
2016	126.07	71.7	9.2	10.8	27.8	135.0
2017	26.4	57.2			11.8	22.8
2018	21.0	50.6	—	9.7	37.4	68.8
2019	22.3	38.0	18.0	9.7	9.2	94.6
合计	488.57	451.1	151.1	84.7	136.1	673.8

数据来源：根据中国企业国际化蓝皮书《中国企业国际化报告》整理而成。

　　从对"一带一路"沿线投资的国家分布情况来看，中国制造业企业在"一带一路"沿线的投资分布并不均衡，表2-3列出了截至2019年末中国制造业企业对"一带一路"沿线直接投资存量排名前十位的国家。可以看出，投资主要集中在巴基斯坦、印度、以色列、伊朗四国，约占中国对"一带一路"沿线直接投资总量的33.7%。其中，巴基斯坦是我国制造业企业对"一带一路"沿线投资最集中的国家，其掌握着"一带一路"六大经济走廊之一的中巴经济走廊，吸引了大量中国制造业企业对其进行投资。同时，随着"一带一路"倡议的持续推进，中巴两国的合作愈发密切。"一带一路"倡议提出10年来，中国制造业企业在巴基斯坦的电力、水利、港口建设、能源资源建设开发领域均取得了重要成果。值得关注的是，中国大型国有企业为巴基斯坦的基础设施建设提供了极大的助力，例如，由中国中建集团承建，合同金额约合28.89亿美元的巴基斯坦PKM高速公路就是中巴经济走廊最大的交通基础设施项目，也是巴基斯坦南北交通大动脉，该项目于2019年11月在巴基斯坦正式落成①。除了陆上建设，还有海上基础设施的建设，其中瓜达尔港已成为中巴经济走廊的一颗璀璨明珠②。

表2-3　　　截至2019年末中国对"一带一路"沿线制造业
直接投资存量排名前十位的国家

排名	国家	直接投资存量（亿美元）	所属区域
1	巴基斯坦	159.5	南亚
2	印度	151.3	南亚
3	以色列	132.7	西亚
4	伊朗	118.0	西亚
5	印度尼西亚	115.6	东南亚
6	沙特阿拉伯	101.8	西亚
7	俄罗斯	83.4	独联体
8	埃及	76.4	非洲
9	马来西亚	75.2	东南亚
10	哈萨克斯坦	72.7	中亚

数据来源：根据历年中国企业国际化蓝皮书《中国企业国际化报告》整理而成。

三、中国对"一带一路"沿线制造业直接投资的主体

在"一带一路"建设早期，国有企业是投资的主力军，随着更多资本介入和国家配套政策的完善，民营企业对"一带一路"沿线制造业直接投资的数量和规模也呈增长态势，中国企业对"一带一路"沿线制造业直接投资呈现出"国企开路、民企跟进"的双轮驱动格局③。

---

① 中国经济网. 中巴经济走廊最大交通基础设施项目PKM高速公路落成 [EB/OL]. [2023-02-22]. http://intl.ce.cn/specials/zxgjzh/201911/06/t20191106_33543151.shtml.
② 国家国际发展合作署. 瓜达尔港——中巴经济走廊的璀璨明珠 [EB/OL]. [2023-02-22]. http://www.cidca.gov.cn/2018-08/28/c_129941571.htm.
③ 波士顿咨询公司，中国发展研究基金会. 多元共生型"一带一路"倡议促进全球化发展 [EB/OL]. [2018-03-01]. https://image-src.bcg.com/Images/BCG-CDRF_The-Belt-and-Road-Initiative_Mar-2018_CHN_tcm55-192948.pdf.

(一)"一带一路"沿线上的中国国有企业

在"一带一路"建设中,国有企业不仅在产业规模方面实力强劲,而且在推进各产业国际化发展以及国际合作等方面也起着带头作用,是中国对"一带一路"沿线国家直接投资的"主力军"和"领头羊"[①]。"一带一路"建设的基础是基础设施建设,由于建设周期长、收益低,私人资本与民营企业通常不愿意进入基础设施建设领域。相比之下,国有企业在发挥自身规模优势和资金优势的基础上积极投入"一带一路"基础设施建设,不仅是贯彻国家发展战略的体现,也是转移国内制造业产能的一个重要方式。"一带一路"基础设施建设领域的标志性项目——亚吉(埃塞俄比亚首都亚的斯亚贝巴至吉布提)铁路,就是由中国中铁和中国铁建两家央企组织施工的,这是中国企业在境外建设的第一条全产业链"走出去"的铁路,其作为东非地区首条现代化电气铁路,将两地之间的陆路交通周转时间从原来的一周缩短至1天以内,大大提升了当地的交通便利化水平。在国际产能合作领域,国家电网在俄罗斯等周边国家建设了10条输电线路,三峡集团、中国电建、中核集团建设的中巴经济走廊重点电力项目也顺利实施。由此可见,国有企业在"一带一路"建设中的投资引领作用十分突出。

(二)"一带一路"沿线上的中国民营企业

自中华人民共和国主席习近平提出"一带一路"倡议以来,中国民营企业积极响应,参与"一带一路"建设的意愿和能力不断增强,国际化程度和国际竞争力不断提高。与此同时,民营企业在走出去参与"一带一路"建设的过程中也积极履行社会责任,践行可持续发展理念,用实际行动推动了"政策沟通、设施联通、贸易畅通、资金融通、民心相通"的"五通"理念。

在制造业对外直接投资中,民营企业表现十分活跃。民营企业立足自身在国内的成功发展,有效对接"一带一路"沿线当地不同的资源禀赋,及时对接差异化需求,帮助"一带一路"沿线国家解决制约经济发

---

① 王林."一带一路"上国企怎么当好"主力军"和"领头羊"[N].中国青年报,2015-08-02.

展和工业化建设的约束和瓶颈，进而带动当地产业链的发展①。

2019 年 4 月到 6 月，由全国工商联牵头、各省市区工商联、各直属商会联动，917 家中国民营企业参与了"2019 年'一带一路'沿线中国民营企业现状问卷调查"。调查显示，从企业的盈利状况来看，半数企业（50.9%）目前处于盈利状态。其中，当年即实现盈利的企业占 19.1%，3 年内实现盈利的累计占 27.7%，5 年内实现盈利的累计占 47.9%。分行业来看，"一带一路"沿线投资中，制造业的利润空间较大。仅有 16.8% 的一般制造业企业利润率低于 10%，同时有 35% 的受访企业表示企业利润率介于 40%~50%②。

在制造业对外直接投资中，民营企业表现出较强的国际化竞争力，主要分布在计算机/通信及其他电子设备制造、汽车制造、专用设备制造、食品制造、化学原料及化学制品制造、其他制造等领域。以通信行业为例，华为公司、中兴通讯等民营企业在自主创新的基础上开拓市场，和当地主流的通信龙头企业合作，并为东道国各地通信运营商等需求者提供硬件、软件需求以及网络方面的解决方案，已成为中国制造业对外直接投资的标杆。在推进当地工业化进程的同时，民营企业已成为推动构建"一带一路"区域生产网络的重要参与力量。

从投资模式看，并购成为民营企业开展对外直接投资的主要形式。在 2020 年，中国企业对"一带一路"沿线国家实施并购项目 84 起，并购金额达 31.5 亿美元，占并购总额的 11.1%，其中中国企业在阿曼苏丹国、印度尼西亚、新加坡、斯里兰卡和菲律宾的并购投资均超过 1 亿美元③。由于民营企业大都来自加工制造业，所以并购也是集中在加工制造业，占并购总数的六成左右，目的在于扩大市场规模，延伸制造业产业链。典型并购案例包括吉利汽车收购马来西亚路特斯汽车公司、卓尔航空工业收购捷克空中领袖飞机公司、上海复星医药股份有限公司收购印度 Gland Pharma 有限公司等。

---

① 联合国开发计划署. 中国民营企业"一带一路"可持续发展报告 [EB/OL]. [2019-04-24]. https：//www. cn. undp. org/content/china/zh/home/library/south - south - cooperation/report - on - the-sustainable-development-of-chinese-private-owned-e.html.
② 第一财经. "一带一路"投资地图：投资累计超千亿美元，半数民企盈利 [EB/OL]. [2019-11-21]. https：//new.qq.com/omn/20191121/20191121A0OTAV00.html.
③ 数据源于《2020 年度中国对外直接投资统计公报》，第 11 页。

在共建"一带一路"的过程中,中国民营企业逐步探索出具有中企特色的国际化发展路径。首先,部分民营企业在"一带一路"沿线国家设立工业园区,实现上下游产业和东道国产业协同和集群式发展。如华立集团在泰国建设的泰中罗勇工业园已吸引了超过100家企业入驻,形成规模式协同发展。其次是投资建厂,开展国际产能合作。如河北长城汽车公司在俄罗斯设立汽车整车工厂,在保加利亚、马来西亚等国建立散件组装厂,在解决当地就业的同时也把产业链延伸至境外。最后是通过承包工程,助力中国制造业技术走出去。如新疆特变电工股份有限公司在塔吉克斯坦、巴基斯坦等国承接电网、火电站、太阳能光伏电站等工程,把电力建设的自动化、智能化技术和标准推广到"一带一路"沿线国家和地区。

在面向"一带一路"的制造业直接投资中,一方面,民营企业更多的是发挥国有企业补充者的作用,一般会进入一些国有企业不太愿意进入、不符合国有企业发展战略要求的领域。另一方面,由于缺乏国际化经营能力和全面收集分析国际市场信息的能力,相对于国有企业,民营企业在"一带一路"沿线国家的制造业投资面临更大的风险,并且受资本限制,民营企业的投资范围也相对较小,因此更需要政府政策的扶持和引导。

实际上,国有企业和民营企业各有优势,国有企业具有雄厚的实力,且国际化经验比较丰富,而民营企业机制灵活,在科技、服务等领域拥有比较优势,两者之间互相配合,可以更好地推动中国制造业在"一带一路"沿线对外直接投资的发展。

共建"一带一路"让更多的中国优质企业走出去,开展国际投资合作,并成为中国对外展示自身发展的一张张"名片"。汽车制造业是中国制造业发展的代表,共建"一带一路"以来中国汽车制造商不断开拓"一带一路"沿线市场,从整车出口向更深层次的本土组装、技术合作、境外并购等方向延伸,出现了一批对外直接投资的成功案例。

作为率先走出国门、最早探路"一带一路"市场的中国汽车制造商,奇瑞汽车最早的出口对象就是"一带一路"沿线国家——叙利亚,此后,奇瑞汽车陆续在"一带一路"沿线的乌克兰、俄罗斯、伊朗和埃及等国布局产业链。目前，奇瑞汽车的国际化足迹已覆盖"一带一路"沿线46个国家，在"一带一路"沿线国家的销量已占到奇瑞汽车出口总量的75%左右。①

不仅是奇瑞汽车，其他自主汽车品牌如吉利汽车、长城汽车、力帆汽车等制造商也积极布局"一带一路"沿线市场。2017年5月24日，吉利汽车与马来西亚DRB-HICOM集团签署协议，收购该国宝腾汽车有限公司49.9%的股份，双方围绕人才、渠道、成本、质量、产业链、工厂改造以及新产品开发等七方面制定了推动宝腾品牌全面复兴的"北斗七星"战略。2018年12月，由吉利汽车和宝腾汽车共同开发的首款车型——宝腾X70在吉隆坡上市，连续3个月成为马来西亚最畅销的SUV车型。②不仅如此，吉利汽车还与宝腾汽车联手开拓第三方市场合作，与巴基斯坦的阿吉哈汽车公司开展生产技术许可协议交换，双方将在巴基斯坦的卡拉奇建设境外全散装件组装工厂，以助力宝腾汽车进军南亚市场。该项目还获得中国建设银行18.88亿马来西亚林吉特（折合约31亿元人民币）的贷款，用于工厂扩建和技术研发。可见，在"中国制造"进军"一带一路"沿线市场的同时，"中国资本"也加入第三方市场合作，成为"一带一路"共建过程中的合作新模式。

2018年2月，吉利汽车在莫斯科发布了新款博越车型，这款车由吉利汽车白俄罗斯工厂生产，是中国与白俄罗斯之间首个汽车合资项目，成为"中国制造"进军"一带一路"沿线市场的又一张"名片"。吉利（白俄罗斯）汽车有限公司是吉利汽车首个境外建厂项目，这一项目的投产，填补了白俄罗斯在民用乘用车生产领域的空白。不仅如此，吉利汽车还在项目中输出了自己的技术标准、管理标准，这不仅对吉利汽车未来开辟欧亚汽车市场具有重要意义，而且对所在国产品质量、技术水平、管理能力的提升发挥了重要作用，有利于在提升东道国产业链发展水平的基础上推动中国与"一带一路"沿线国家制造业国际产能合作的发展。

---

① 新华网. 中国汽车的国际化之路——"一带一路"上的奇瑞印记 [EB/OL]. [2019-05-09]. https://baijiahao.baidu.com/s? id=1633046904065661917&wfr=spider&for=pc.
② 车家号. 吉利携手宝腾，中、马、巴合作打造"一带一路"共建典范 [EB/OL]. [2019-04-28]. https://chejiahao.autohome.com.cn/info/3706921.

第二节 境外经贸合作区与中国对"一带一路"制造业直接投资

制造业是中国对"一带一路"沿线直接投资的重点领域，肩负着拓展产业链和实现价值链升级的重要使命。为降低投资成本和投资风险，中国制造业企业在面向"一带一路"投资时倾向于入驻境外经济贸易合作区（以下简称境外经贸合作区），境外经贸合作区因而成为共建"一带一路"、深化制造业国际产能合作的重要平台和载体。

一、中国对"一带一路"制造业直接投资的重要载体——境外经贸合作区

境外经贸合作区是以"引进来"和"走出去"为主题的经贸投资与开发区发展模式相结合的产物。改革开放以来，作为中国经济高速发展成功经验之一的开发区，越来越受到发展中国家和新兴经济体的关注，甚至世界银行也高度关注中国的开发区在推动发展中国家经济发展中可能发挥的作用，并试图将其作为一种模式推广至发展中国家，以解决当地贫困和落后地区的经济社会发展。1994年，时任埃及总统穆巴拉克访问中国，惊叹于中国的改革开放成就，特别是深圳经济特区的高速发展，随即向中国政府提出希望中国帮助埃及建设开发区。1998年初，中国国务院正式决定由天津经济技术开发区代表中国承担帮助埃及建设苏伊士西北经济区的任务，于是就有了中埃·泰达苏伊士经贸合作区。目前，分布于"一带一路"沿线的34个重点境外经贸合作区已成为共建"一带一路"、深化制造业国际产能合作的重要平台和载体。

（一）境外经贸合作区的内涵及发展

"一带一路"沿线国家数量众多，国情差异明显，经济发展水平参差不齐，为更好地推动中国企业尤其是制造业企业开展对外直接投资，"走出去"的中国企业确立起境外经贸合作区这一创新性的对外投资合作模式，有力地推动了中国与所在国经济的开放性包容发展，成为"一

带一路"建设中的亮点。

1.境外经贸合作区的内涵

所谓境外经济贸易合作区，是指在中华人民共和国境内（不含香港、澳门和台湾地区）注册、具有独立法人资格的中资控股企业在境外设立中资控股的独立法人机构投资建立的基础设施完备、主导产业明确、公共服务功能健全、具有集聚和辐射效应的产业园区。

2006年商务部公布了《境外中国经济贸易合作区的基本要求和申办程序》，提出要设立50个国家级境外经贸合作区，鼓励企业在境外建设或参与建设各类经济贸易合作区，包括开发区、工业园区、物流园区、自由贸易区、自由港、工业新城以及经济特区等，为中国企业对外投资搭建平台，提供经济可靠的境外发展场所，形成贴近市场的产业链和产业集群，降低企业的投资成本和经营风险。

2.境外经贸合作区的发展

从20世纪90年代开始，中国企业就开始尝试在境外建立园区，自此开始中国企业建设境外经贸合作区大致经历了三个发展阶段。第一阶段（1995—2005年），为企业自发建设时期。这一时期的境外经贸合作区主要是境外先行开发的企业为自身提供服务而建立的境外合作区，如部分外贸和国际合作公司克服重重困难创建的巴黎"中国城"、美国"锦绣中华"等大型商贸、文化项目，为日后境外园区的建设和运行积累了经验。1998年"埃及苏伊士西北经济区"的设立标志着境外园区建设的开始，这一时期境外园区的数量比较少，分布也相对分散，主要是企业基于自身的发展需求，在境外建设的服务自身发展或相关企业发展的生产、贸易、服务基地①。

第二阶段（2006—2012年），为政府扶持发展时期。伴随企业境外开办园区的先行探索和国际贸易投资形势的发展，中国政府对设立境外经贸合作区给予了政策和资金等方面的扶持。2005年底，商务部提出建立境外经贸合作区的合作举措，标志着境外园区的发展进入调整发展期。2006年，商务部公布《境外中国经济贸易合作区的基本要求和申

---

① 曾刚，赵海，胡浩."一带一路"倡议下中国海外园区建设与发展报告（2018）[M].北京：中国社会科学出版社，2018.

办程序》，以此为契机，境外园区的数量和质量都实现了较快增长。在发展路径上，境外园区的建设和发展呈现出政府推动+公共平台建设的新模式，政府的政策扶持成为境外园区快速发展的重要推动力。

第三阶段（2013年至今），为加速发展时期。2013年"一带一路"倡议提出后，商务部、财政部联合颁布了《境外经济贸易合作区确认考核和年度考核管理办法》，对原有的19个境外园区重新审核，其中8个园区被取消补贴。与此前的两个阶段相比，"一带一路"倡议提出后境外园区建设进入快车道，仅2013—2017年间，中国的境外园区就增加了41个，超过了此前发展阶段的总和[①]。尤其值得一提的是，在新增的境外园区中，综合开发型园区的增长超过加工贸易型园区的增长，园区的产业结构渐趋多元化，境外园区在国际产能合作中的作用日渐凸显。在推进"一带一路"建设和加强制造业国际产能合作的背景下，境外经贸合作区开始承载起新的历史使命和功能，合作区的类型不断增加，包括加工制造型、资源利用型、农业加工型、商贸物流型以及科技研发型等。

表2-4列示了2019年重点境外经贸合作园区。

表2-4　　　　　　　2019年重点境外经贸合作园区一览表

序号	区域	园区名称	主导产业	入驻企业数量
1	亚洲地区	泰国罗勇工业园	汽摩配件及零部件、新能源新材料、机械、电子	120
2		越南龙江工业园	电子、电器类产品、机械、木制品、轻工业、建材、食品、生物制药业、农林产品加工、橡胶、包装、化妆品、纸业、新材料、人造纤维	45
3		柬埔寨西哈努克港经济特区	前期以纺织服装、箱包皮具、木业制品等为主要发展产业，后期将发挥临港优势，重点引入五金机械、建材家居、精细化工等产业	153

---

① 曾刚，赵海，胡浩. "一带一路"倡议下中国海外园区建设与发展报告（2018）[M]. 北京：中国社会科学出版社，2018.

续表

序号	区域	园区名称	主导产业	入驻企业数量
4		巴基斯坦拉沙卡伊特别经济区	农产品加工、家电、家居建材、电动车、汽车及零部件、新能源、纺织服装、生物医药	在建中
5		巴基斯坦海尔-鲁巴经济区	海尔家电业务（冰箱、冷柜、洗衣机、空调、商用空调、厨电）及上下游配套	3
6		中国印尼综合产业园区青山园区	就地将镍资源优势转化为经济优势，逐步构建镍铁和不锈钢生产、加工、销售的产业链	22
7		老挝万象赛色塔综合开发区	能源化工、电子产品制造、生物医药、农产品加工、纺织品加工、仓储物流、商贸服务、总部经济、大健康产业	72
8	亚洲地区	中国印尼经贸合作区	汽配制造、机械制造、农产品精深加工、建材、仓储物流、保税物流、精细制造、智能制造、商业餐饮及酒店配套	34
9		中国印尼聚龙农业产业合作区	农业种植开发、农产品初加工、精深加工、配套发展仓储、物流	17
10		文莱大摩拉岛境外经贸合作区	发展炼油和化工品上下游产业链，配套物流、码头、贸易、信息等	82
11		阿治曼中国城	全天候超大型中东中国商品批发采购交易中心	2 105
12		越南（深圳-海防）经贸合作区	聚焦轻工制造，重点引进电子、机电行业的企业	20
13		华夏幸福印尼卡拉旺产业新城	汽车及零部件、绿色建材、都市食品、消费电子、现代物流以及中小企业创新	10

续表

序号	区域	园区名称	主导产业	入驻企业数量
14		中埃·泰达苏伊士经贸合作区	新型建材、石油装备、高低压设备、机械制造	77
15		埃塞俄比亚东方工业园	建材、鞋帽、纺织服装、汽车组装和金属加工	100
16		赞比亚中国经济贸易合作区	谦比希园区：形成有色金属矿冶产业群延伸有色金属加工产业链 卢萨卡园区：商贸物流、增值加工、现代办公、自由贸易区	62
17		尼日利亚莱基自贸区	商贸物流、产品加工制造业、房地产	141
18		吉布提国际自贸区	物流、商贸、家居建材、电器、汽车及配件、机械设备、家具、电工电气等	60
19	非洲地区	乌干达境外农业经济贸易合作区	"研、种、养、加、贮、贸"全产业链	6
20		毛里求斯晋非经济贸易合作区	文化旅游、金融商务	40
21		塞拉利昂国基工贸园区	由生产加工区、商品保税区、商品展览中心、生产办公区等组成的加工制造型产业园区	17
22		南非海信工业园	冰箱、电视	7
23		坦桑尼亚环维多利亚湖资源综合利用产业园	科研、采矿、选矿、化验测试分析、贵金属冶炼、机械设备加工、物流贸易、旅游	4
24		坦桑尼亚江苏新阳嘎农工贸现代产业园	棉花产业链的建设及其价值链的提升	4

续表

序号	区域	园区名称	主导产业	入驻企业数量
25	非洲地区	中国建材赞比亚工业园	余热发电、水泥窑协同处置等项目和硅酸钙板、水泥制品及其他高科技建材产品、建材产品国际贸易	1
26		摩洛哥穆罕默德六世丹吉尔科技城	汽车、电子商务、电子通信、可再生能源、交通设备制造、家电、医药器材、应用材料生产、农产品加工	在建中
27	中东欧地区	白俄罗斯中白工业园	电子信息、机械制造、精细化工、新材料、生物医药、仓储物流、电子商务、大数据储存与处理，社会文化活动和研发	43
28		匈牙利中匈宝思德经贸合作区	以MDI、TDI及PVC等塑料原料为核心业务的一体化大型化工制造	13
29		匈牙利中欧商贸物流合作园区	机械电子、建材家居、轻工纺织、电子商务、境外仓储	172
30		乌兹别克斯坦鹏盛工业园	建材、五金制品、皮革、制鞋、现代设施农业、温室大棚、草莓大棚和现代化植棉技术和农机推广	16
31		格鲁吉亚华凌国际经济特区	商贸城	429
32		俄罗斯中俄托木斯克木材工贸合作区	森林资源开发、采伐、加工、运输、销售	20
33		俄罗斯莫斯科格林伍德国际贸易中心	智能办公、商务咨询、营销广告、物流通关、仓储配送、法律支持、财会税务、金融支持、商旅会展、企业孵化	300
34		塞尔维亚中国工业园	工业园区、国际商贸城和高新科技园	在建中

数据来源：中国机电产品进出口商会。

（二）境外经贸合作区的创新意义

境外经贸合作区作为中国企业对外投资合作的创新模式，日益发挥深化产业投资合作、实现"产业联通"抓手的重要作用，[①]已经发展成为共建"一带一路"的生动实践。

1.中国企业集群式"走出去"的重要平台

在"一带一路"框架下，境外经贸合作区成为共建"一带一路"倡议的重要载体和中国企业国际化布局的重要平台。境外经贸合作区为企业提供信息咨询服务、运营管理服务、物业管理服务以及突发事件应急服务四项服务，合作区通常围绕园区主导产品，引入相互关联的产业或者同一条产业链条中的上下游企业，形成集群式对外投资。同一品类的企业集聚，可以在信息、设施、市场等方面形成效益共享、风险分担效应，发挥产业集聚的优势；同时在经营上形成一定程度的竞争和促进机制，提高效率，产生规模经济效益。因此，境外经贸合作区在中国企业尤其是中小企业"走出去"的过程中发挥着显著的平台作用和集聚效应。以赞中合作区为例，在中国有色矿业集团的带动下为国内有色金属矿业行业和相关产业搭建了一个集群式走出去的平台，园区以有色金属矿冶炼为主，加工、机械、建材等配套产业为辅的产业集群已初见规模，对中国装备制造业走出去发挥了独特的作用。

2.中国企业提升品牌境外影响力的重要载体

品牌建设是"走出去"的中国企业在东道国市场能否"立得住"的关键一环。中国有很多高新技术的行业领军企业，在国内拥有广泛的影响力，希望顺应市场需求和企业自身发展的需要，开拓国际市场，参与国际竞争。然而，这些企业在国际化过程中面临品牌知名度不强、无法尽快进入东道国市场的挑战。境外经贸合作区恰恰为中资企业走出去，辐射周边市场提供了支点作用。通过入驻境外经贸合作区，中资企业获得了向东道国市场宣传自己、展示自己的机会，为提升自身的品牌影响力创造了条件。以浙江富通集团为例，作为中国光纤预制棒、光纤和光缆全产业链的领军企业和中国光纤预制棒技术标准的制定者，富通集团

---

① 邹昊飞，杜贞利，段京新."一带一路"战略下境外经贸合作区发展研究 [J]. 国际经济合作，2016（10）：41-45.

在开拓东南亚市场的过程中，通过入驻泰中罗勇工业园很快在泰国市场得到认可，其光纤光缆的生产为泰国解决了技术空白，在泰国光缆市场的占有率已达40%。泰国最主要的三家移动通信运营商 AIS、DTAC 和 True Move 均成为富通集团的客户。

3.中国企业开展国际产能合作的重要支点

通过境外经贸合作区，部分制造业产能转移至境外，不仅可以有效利用当地丰富的生产要素，而且可以改变产品的原产地，有助于规避贸易摩擦，扩大境外市场。如柬埔寨是尚未遭遇发达国家"双反"贸易限制的国家，享受欧美国家特殊优惠的贸易政策及额外的关税减免，欧盟新的普惠制也向柬埔寨放宽了条件①。通过向境外经贸合作区集聚，中国企业将产业园区的建设模式和成功经验带到相关国家和地区，为当地输送了先进的理念、技术和人才，促进了当地从依赖外部投资"输血"向自我"造血"跨越。柬埔寨为加快工业化发展进程，出台了《2015—2025工业发展战略》，希望通过优惠政策吸引制造业企业投资西哈努克省，使其成为柬埔寨制造业最发达的地区。在西哈努克港经济特区，入驻企业用于生产的机械设备、原材料都可以免费进口，企业可以获得6—9年的所得税免税期，免税期过后的所得税税率为20%。优惠政策吸引了一批中国制造业企业的入驻，为柬埔寨提升生产制造能力，融入全球产业链创造了有利条件。

境外经贸合作区不仅是连接中国与东道国之间产能合作的平台，也是传承丝路精神的重要载体。商务部国际贸易经济合作研究院、联合国开发计划署驻华代表处共同发布的《中国"一带一路"境外经贸合作区助力可持续发展报告》显示，境外经贸合作区建设已成为中国与有关国家开展经贸合作的重要载体，有力地推动了东道国的工业化进程和轻纺、家电、钢铁、建材、化工、汽车、机械、矿产品等重点产业的发展和升级。在促进产业发展的同时，境外经贸合作区的生产经营还为当地创造了就业、税收，改善了当地的收入水平。合作区及入区企业还积极

履行企业社会责任。①境外经贸合作区的建立和运营，在密切双方人员往来的同时促进了中国民众与东道国民众的文化交流和民心相通。

（三）"一带一路"境外经贸合作区里的中国制造业投资

"一带一路"沿线境外经贸合作区的设立，有利于中国制造业优势产业在"一带一路"沿线地区形成集聚效应，降低了中国制造业企业"走出去"的风险与成本②。对于中国企业而言，境外经贸合作区为其开拓境外市场、参与国际资源配置提供了良好机遇。对于"一带一路"沿线的东道国而言，经贸合作区的设立为其引入制造业产能尤其是优势产能提供了支点，为其提升制造业生产能力、嵌入全球价值链创造了条件，这也从一个侧面解释了"一带一路"沿线境外经贸合作区快速发展的原因。

20世纪70年代以来，迪克西特和斯蒂格利茨（1977）将规模报酬递增和厂商垄断竞争引入区位理论，推翻了前人关于初始要素禀赋造成产业集聚的观念，强调产业集聚是一个自组织和演化的过程。此后，藤田昌久等（1999）和鲍德温等（2003）从集聚演化过程、机制、国际贸易对于内部经济地理和知识溢出的有限性、政府税收竞争以及福利问题等方面进一步拓展了新地理经济学的研究范围。从中国境外经贸合作区的发展实践看，早期的园区有的选择靠近消费市场（如海尔美国工业园）、有的选择靠近原材料市场（如俄罗斯乌苏里斯克经贸合作区）、有的选择靠近劳动力密集市场或出口便利地区（如越南龙江工业园），符合古典区位经济理论的认识。随着境外经贸合作区的不断发展，越来越多的中国企业乃至国际企业入驻园区，园区的产业结构不断丰富和完善，形成园区内产业链的协同发展，逐步形成了发展的内生动力。在此基础上，园区发展逐渐摆脱了对地理区位和要素禀赋的依赖，逐步展现出自组织和演化的特征。

园区自组织和演化形成的产业集聚对中国制造业对外直接投资形成吸收效应，境外经贸合作区内的企业入驻园区除了能享受税收优惠外，

---

① 商务部国际贸易经济合作研究院、联合国开发计划署驻华代表处：《中国"一带一路"境外经贸合作区助力可持续发展报告》，第2页。
② 沈铭辉，张中元. 中国境外经贸合作区："一带一路"上的产能合作平台 [J]. 新视野，2016（3）：110-115.

园区还能为企业提供全方位的投资配套设施及服务。绝大多数境外经贸合作区还建立了一站式服务中心，有助于入驻企业降低建设成本和难度，缩短投资周期，提高投资效率。《中国"一带一路"境外经贸合作区助力可持续发展报告》显示，有93%的境外园区设有合作区管委会办公室及会议室，88%建设了员工宿舍，73%建立了一站式服务中心，63%配备了医疗、教育、银行及餐饮等基本公共服务，还有49%的园区设立了员工职业培训中心①。东道国政府的政策支持也促进了企业在园区的集聚。84%的中国境外经贸合作区表示，东道国政府支持或非常支持合作区模式，一直为合作区的开发和运营提供支持。

境外经贸合作区还推动了中国制造业企业更好地利用国际资源和国际市场。在调查取样的42个合作区中，19个合作区内的企业生产的产品，同时销往东道国、中国和第三国，表明中国境外经贸合作区主要在东道国建设生产基地，服务于国际市场。园区内企业生产的原材料来源相对多元化，42个园区中，98%从东道国采购，86%从中国国内采购，64%从第三国采购，可见园区内中国制造业对外直接投资的发展有效拉动了东道国上游产业的发展。但与此同时，受访园区内企业在实施本土化采购时，也会面临一系列问题和挑战，如当地产品价格较高、没有符合要求的产品、产品品质较低、数量不足等，分别占受访企业的67%、62%、43%和38%②。

二、"一带一路"经贸合作区与制造业国际产能合作

中国与"一带一路"沿线国家工业化发展水平的差异为各国间的制造业产能合作提供了基础，为更好地推进中国与沿线国家间的产能合作，中国于2015年发布了《关于推进国际产能和装备制造合作的指导意见》，对国际产能合作的区域、行业、扶持政策等做出了顶层设计，为国际产能合作的发展指明了方向。随着"一带一路"建设走向深入，中国企业走出去设立境外经贸合作区迎来发展的高峰，而境外经贸合作

---

① 商务部国际贸易经济合作研究院、联合国开发计划署驻华代表处：《中国"一带一路"境外经贸合作区助力可持续发展报告》，第11页。
② 商务部国际贸易经济合作研究院、联合国开发计划署驻华代表处：《中国"一带一路"境外经贸合作区助力可持续发展报告》，第12页。

区也成为中国与"一带一路"沿线国家制造业产能合作的重要载体和平台。

国际产能合作是推进"一带一路"建设的优先领域，境外经贸合作区已成为中国企业在境外开展汽车、摩托车、机械、电子、纺织服装等优势制造业产能合作的集聚式发展平台。"一带一路"沿线国家大多处于工业化进程初期，利用外资发展本国制造业的意愿强烈。作为中国开展国际投资合作的重要方式之一，境外经贸合作区建设日益成为中国与有关国家开展经贸合作的重要载体和中国企业"走出去"集聚发展的平台。目前，境外经贸合作区已经形成加工制造、资源利用、农业产业、商贸物流、科技研发等多类型，产业集聚效果明显。

"一带一路"沿线有14个国家的工业化水平高于中国，另有44个国家的工业化水平低于中国，相对而言中国在"一带一路"沿线国家中工业化水平处于上游位置。沿线国家处于不同的工业化阶段，形成了不同的优势产业类型，而这些产业也形成了三种不同梯度，即技术密集与高附加值产业、资本密集型产业和劳动密集型产业。第一梯度产业国家的产业升级必将带动第二、第三梯度产业国家的产业升级，从而形成以"互补合作"为主导的制造业产能合作模式。

境外经贸合作区作为中国企业在境外的集群式发展基地，有效促进了中国与东道国的产能合作，尤其是东道国当地产业的发展。如埃塞俄比亚在指导其经济发展的《增长与转型计划》中将境外经贸合作区确定为工业化手段之一，由江苏永元投资有限公司全资设立的东方工业园是埃塞俄比亚政府"可持续发展及脱贫计划（SDPRP）"的组成部分，被列入国家工业发展计划项目。园区的设立，大大提升了埃塞俄比亚的工业化水平，埃塞俄比亚也因此被认为是非洲最有望成为下一个制造业中心的国家，最有希望成为像中国一样发展的国家。东方工业园的成功让埃塞俄比亚政府认识到工业园区在经济发展中的重要促进作用，埃塞俄比亚开始以东方工业园为蓝本，开发建设自己的园区。

作为企业"走出去"的重要平台，境外经贸合作区为中国企业国际化发展营造了安全可靠的"小环境"，发挥了产业集聚效应，提高了企业组织化程度，为拓展中国经济发展空间、加快企业国际化进程提供了持续动力，助力中国对外开放水平的提升。境外经贸合作区内企业间产业链合作的发展使得境外经贸合作区不仅充当中国企业对外投资纵向一体化的平台，从点到面带动更多优质企业"走出去"，深化国际产能合作，而且成为中国制造业对外直接投资横向重组的重要基地，有助于实现优势产业在特定空间的有效聚集，为中国制造业在境外形成具有国际竞争力的产业链网络创造条件。[①] 尤其是2008年全球金融危机后，发达国家纷纷推动制造业回归本国，加大了在高科技领域与中国制造业开展国际竞争的力度，与此同时，伴随中国经济的发展和劳动力成本的上升，中国制造在低成本环节面临来自新兴市场国家越来越激烈的成本竞争。面对前所未有的压力和挑战，实现产业链的整合和重塑，已成为中国制造实现价值链升级的必由之路。

"一带一路"为中国制造业企业重塑产业链提供了重要平台。通过向"一带一路"沿线国家投资，一些领先的中国制造业企业可以在更广阔的范围配置资源，一方面有利于中国企业获取有效而稳定的资源及市场，另一方面也帮助一些"一带一路"沿线国家嵌入全球制造业产业链，提升其制造业发展水平。随着"一带一路"区域产业链的形成，"一带一路"倡议下的贸易关系可以从传统的基于比较优势的产业间贸易升级为更加动态的、基于直接投资的现代产业内贸易。随着"一带一路"国际产能合作的深入，中国与"一带一路"沿线国家的制造业产业链网络将不断延伸，最终建立起"一带一路"区域生产网络。作为东亚生产网络和欧洲生产网络的连接通道，"一带一路"区域生产网络不仅会全面激发沿线国家的发展潜力，而且会赋予两大区域生产网络新的发展动能。

（一）"一带一路"经贸合作区发展的典型案例：中白工业园

中白工业园位于白俄罗斯首都明斯克市郊，占地总面积112.5平方千米，是中国在"一带一路"沿线规划面积最大、建设规模最大、合作层次最高的境外经贸合作区。2015年5月12日，中华人民共和国主席习近平和白俄罗斯总统卢卡申科视察中白工业园，成为园区发展的重要

---

① 胡必亮. 推动"一带一路"境外经贸合作区高质量发展［N］. 光明日报. 2019-07-28.

里程碑。当天，两国元首见证了第一批8家入园企业注册入园，并提出要把工业园建设成为丝绸之路上的标志性工程。8年多以来，工业园作为中资企业赴白俄罗斯投资的重要空间载体，从建设期迈向高质量发展期，已成为中国和白俄罗斯两国经贸合作的最大平台。

在开发机制上，中白工业园借鉴了苏州工业园的开发经验，建立起三级管理架构：第一级，由中白两国政府设立协调委员会，统筹园区事务；第二级，在行政层面由白方建立中白工业园管委会，为企业提供从注册到项目审批的"一站式"服务；第三级，在运营层面由中外股东出资组建园区开发公司，作为园区开发运营主体，负责基础设施建设、招商引资、为入园企业提供服务等。截至2020年5月12日，园区累计引进企业79家，其中居民企业（即可享受园区优惠政策的企业）61家，非居民企业18家。目前园区已投产企业23家，开工建设12家。居民企业中生产类40家、研发类17家、仓储物流类2家、其他类2家①。

与其他增加值比较低的境外经贸合作园区不同，中白工业园以"产业化、国际化、数字化和生态化"为方向，以科技研发和高端产业制造为重点发展方向，目标是发展成为"一带一路"境外科技研发基地和高端生产制造基地，在高端装备制造业、物流产业、中医药产业、康养产业、环保产业、创新产业等重点领域形成产业集聚效应，完善上下游配套形成完整产业链。产业发展的高端化大大提升了园区的吸引力，中白工业园已先后吸引70余家企业入驻。其中，中资项目34个，白方独资项目11个，来自美国、奥地利、立陶宛、德国、瑞士、俄罗斯等其他国家的项目15个，主导产业涵盖了电子通信、制药、精细化工、生物技术、机械制造、电子商务、大数据储存与处理等领域。

2020年园区已被白俄罗斯政府列为该国首个5G试验区和首个无人车试验区，园区中资企业生产的高科技测温防疫智能机器人也被用于明斯克机场等公共场所，为白俄罗斯新冠肺炎疫情防控发挥了作用。中白工业园高端制造业的发展是"一带一路"沿线境外经贸合作区升级的集中体现，境外经贸合作区功能从商贸、低端制造向高端制造的发展，既

①　陈奥.中白工业园l未来五年将着力打造成为"一带一路"海外科技研发和高端生产制造基地［EB/OL］.［2020-05-18］. http://d.drcnet.com.cn/eDRcnet.common.web/DocDetail.aspx? chnid=5865&leafid=23321&docid=5847713&uid=8012&version=YDYL.

是对境外经贸合作区在中资企业克服投资壁垒、开拓境外市场过程中发挥作用的充分肯定，又标志着"一带一路"沿线境外经贸合作区进入提质增效的新阶段。

（二）借力园区实现国际化发展的中国制造业企业案例：华坚鞋业

华坚鞋业成立于1996年，集团总部位于广东省东莞市，以专业生产高中档真皮女鞋为主。旗下拥有广东东莞、江西赣州和非洲埃塞俄比亚三大事业群，以及东莞华瑞世界鞋业总部基地等十多家子公司，形成了集研发、贸易、成品加工、皮革制造、乳胶生产、鞋材制造、鞋机配套、物流配送、教育培训、鞋业总部基地、工业园于一体的国际化集团公司[1]。华坚鞋业是埃塞俄比亚东方工业园的代表性企业，通过入驻园区，华坚鞋业不仅加快了自身国际化发展进程，而且提升了当地制造业发展水平，助力埃塞俄比亚嵌入全球产业链和价值链。

华坚鞋业开拓非洲市场要追溯到2011年8月，时任埃塞俄比亚总理的梅莱斯到深圳参加世界大学生运动会开幕式，在经济学家林毅夫的建议下，他专程前往东莞考察了华坚集团，并邀请华坚集团董事长张华荣赴埃塞俄比亚投资。9月，张华荣飞往埃塞俄比亚做了为期一周的考察，11月张华荣便决定投资建设华坚（埃塞俄比亚）国际鞋城，作为华坚女鞋非洲代工制造基地。2012年1月5日，第一双GUESS品牌女鞋顺利下线。华坚（埃塞俄比亚）国际鞋城开工投产仅仅3个月，就让当地皮革产品出口增长57%，创造了埃塞俄比亚的"华坚速度"。

2015年4月，为响应"一带一路"倡议，华坚鞋业在埃塞俄比亚的第二个重大投资项目——"华坚（埃塞俄比亚）国际轻工业城"开工建设，时任埃塞俄比亚总理海尔马利亚姆到场剪彩。2017年9月1日，埃塞俄比亚政府授予张华荣"埃塞工业之父"的荣誉称号，以此感谢他对该国工业发展的贡献。

华坚鞋业所入驻的埃塞俄比亚东方工业园位于埃塞俄比亚首都亚的斯亚贝巴附近的杜卡姆市，于2007年11月中标商务部境外经贸合作区，2015年4月得到财政部和商务部确认。埃塞俄比亚政府非常重视工

---

[1] 华坚鞋业网站，http://www.huajian.com/about/about6.html。

业园在其工业化发展中的作用，将工业园作为其"持续性发展及脱贫计划（SDPRP）"的一部分，重点发展适合埃塞俄比亚及非洲市场需求的纺织、皮革、农产品加工、冶金、建材、机电产业。工业园以外向型制造加工为主，辅以贸易、资源开发、保税仓库、物流运输、仓储分拨、商品展示等功能。

制鞋业是典型的劳动密集型产业，近年来随着国内生产成本的上升，制鞋业的利润不断被摊薄，通过国际产能合作，并降低生产成本，成为包括制鞋业在内的劳动密集型产业的共同选择。华坚鞋业选择埃塞俄比亚东方工业园作为国际化的载体，主要是基于以下考虑：

第一是成本优势。埃塞俄比亚拥有充足的青年劳动力，月工资水平约为 300—500 元，仅为国内的十分之一，而人力成本占到制鞋业总成本的 30% 左右，人工成本的降低可大大增加制鞋业的利润。尽管埃塞俄比亚的劳动生产率低于国内，但经过培训可以让非洲工人的制鞋效率达到中国工人的 70%，即中国工人 1 小时可以做 10 双鞋子，非洲工人可以做 7 双。这样折算下来埃塞俄比亚的人工成本大概占到总成本的 3%，相较于中国 22% 的人工成本，可节约 19%。由于非洲没有中国那么成熟的产业集群，因此所有原材料都需要从中国进口。在中国物流成本占到总成本的 2%，埃塞俄比亚几乎 100% 的原材料都要从中国进口，需要支付 4 倍以上的成本，占比从 2% 上升到 8%。19% 的成本节约减去 6% 的额外物流成本，仍然有 13% 的利润空间，相比之下一般中国劳动密集型制造业的利润率只有 5%~10%，13% 的利润率已经非常可观了。

第二是市场进入优势。埃塞俄比亚是非洲大陆低收入国家，可以享受欧美市场对其产品出口免关税的优惠政策。为支持非洲的发展，美国与非洲国家签署了非洲增长和机遇法案（AGOA），欧盟与非洲国家间存在 EBA（除武器外一切都行，everything but not arms）协定，所有在非洲生产的产品出口到欧美市场都享受零关税、零配额。但如果产品是在中国生产再出口到美国，那么贸易商就需要支付进口关税。以一笔 Toms 帆布鞋订单为例，在中国生产再出口到美国需要支付 37.5% 的关税，而在非洲生产则是零关税。在美国单边主义和贸易保护主义愈演愈烈的背景下，非洲国家作为中国制造业"出口基地"的重要性正变得越来越突出。东方工业园中的华坚国际鞋城，不仅承担埃塞俄比亚华坚鞋厂自身扩大生产的任务，也将承接国内纺织服装、鞋帽、电子等劳动密集型产业转移，争取将国内面向欧美出口但综合成本较高的生产制造环节转移到非洲。

第三是供应链优势。2008年全球金融危机之前，欧洲贸易商的买货战略是"2-8战略"，即20%的产品在欧洲周边国家生产，80%的产品在亚洲的中国、孟加拉国等国生产。由于距离遥远，在中国生产需要提前6个月下大批量的订单。然而，全球金融危机的爆发导致全球购买力下降，货品滞留没有销路。因此欧美国家的大贸易商开始把"2-8"分配改为"4-6"分配，产业链最上游已经开始把订单向周边国家转移。未来随着中国人均收入的提高，中国会逐渐从制造大国转变成消费大国，届时东南亚国家将会为中国市场提供供应链支持，美国会把拉美国家作为制造基地，而非洲因距离欧洲较近会成为欧洲的生产基地。华坚鞋业在非洲设立生产基地，便于其就近跻身欧洲市场。

第四是时间优势。伴随快时尚（fast fashion）在全球的风靡，能否在最短的时间内将产品送达消费者的手中已经成为考验企业市场反应能力的重要标准。每年3月米兰举办时装周，两星期后设计师就会做好设计，6月产品就要上架，生产中心与消费中心的距离、物流速度等直接影响着企业的市场反应能力。在非洲设立生产基地，可以赋予华坚鞋业对欧洲市场做出快速反应的能力。

就华坚鞋业自身而言，把生产链中劳动密集型的加工组装工序转移之后，也有利于华坚鞋业向"微笑曲线"的两端即产品研发和品牌营销转型，促进产业升级。为了进一步扩大国际产能合作，华坚集团在埃塞俄比亚首都亚的斯亚贝巴市郊又投资兴建了埃塞俄比亚-中国东莞华坚国际轻工业园，以服装、鞋帽、电子等轻工业制造为主，将带动一批轻工制造企业入驻园区，形成产业链集聚区。

当然，向非洲转移也面临诸多不利因素。埃塞俄比亚的基础设施落后，行政效率低下，物流成本较高。为克服不利因素的制约，华坚鞋业选择入驻埃塞俄比亚的东方工业园。作为中国在埃塞俄比亚建设的境外经贸合作区，入园企业享有投资政策优惠与"一站式"服务的便利。借助东方工业园这一平台，从 2011 年 10 月至今，华坚鞋业已顺利实现从"中国制造"向"非洲制造"的跨越。目前，埃塞俄比亚华坚鞋业拥有当地员工 4 200 人、6 条生产线及鞋材厂，平均利润率为 10%，年出口女鞋达到 240 万双，占埃塞俄比亚鞋业出口份额的 50% 以上，已成为埃塞俄比亚最大的出口企业。

第三章 "一带一路"倡议下中国制造业对外直接投资的纵向分离

第一节 "一带一路"倡议推动中国制造业对沿线直接投资

改革开放以来，中国利用外商直接投资取得实效，相比之下，中国对外直接投资则起步较晚，发展也相对较慢。然而，进入21世纪以来，以加入世界贸易组织为契机，中国对外开放进程加速，中国政府采取措施鼓励企业"走出去"，中国企业国际化步伐加快，对外直接投资规模也随之不断扩大。与此同时，为简化企业对外直接投资的行政审批程序，中国政府在制度层面推行备案制，助推中国逐渐走上对外直接投资大国的道路。相较于发达国家，包括新兴市场国家，中国政府对企业对外直接投资的宏观调控力度更大，政府政策的执行度更高（冯华、辛成国，2015），因此，政府政策被认为是中国企业对外直接投资快速发展的重要推动因素。

2013年中国政府顺应国际经济贸易发展格局的新变化，提出了"一带一路"倡议，旨在提高沿线国家和地区的政治和经济交流与合作，以促进沿线地区经济的持续发展和共同繁荣。"一带一路"倡议提出后，中国对外直接投资尤其是面向"一带一路"沿线国家的投资不断增加（参见图3-1）。

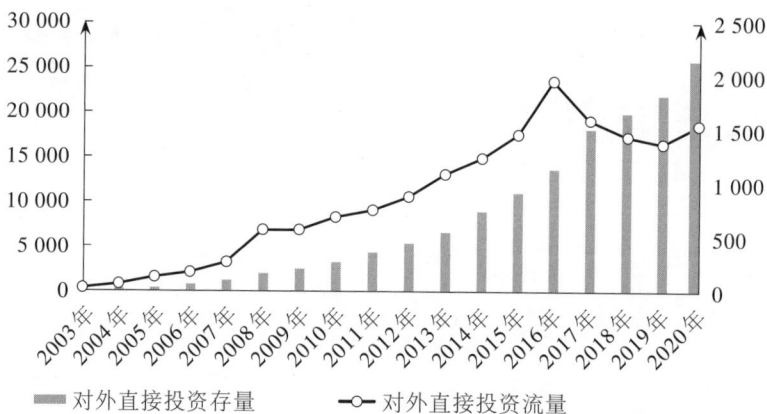

图3-1 中国对外直接投资存量和流量变化图（单位：亿美元）

资料来源：《2020年度中国对外直接投资统计公报》。

中国对外直接投资的快速发展使得针对中国等新兴市场国家对外直接投资的研究成为国际直接投资领域的热点研究话题（Luo、Xue 和 Han，2010；Wang、Hong、Kafouros 和 Wright，2012）。垄断优势理论、内部化理论、生产折衷理论、小规模技术理论、技术地方化理论、技术创新产业升级理论等分别从不同角度解释了一国对外直接投资发展的动因，但是这些理论都忽视了特定历史条件下母国政策因素对新兴市场国家对外直接投资所起的作用。尤其是像中国这样对企业对外直接投资采取积极推动政策的国家，母国的政策因素更不容忽视（裴长洪、樊瑛，2010；Amighini 等，2011；冀相豹、葛顺奇，2014）。母国的政策因素为国际化企业提供了一种情境，解释了中国企业在缺少国际化知识、资源和经验的条件下，为什么能够快速开展对外直接投资。

Peng（2001）指出，"哪种因素决定了企业跨国活动的成败"将是国际商务研究的基础性问题。就中国企业国际化发展而言，在政府"走出去"政策和"一带一路"倡议等鼓励性政策的推动下，中国企业对外直接投资增长迅速，基于这一事实的理论解释不断涌现（崔新健，2001；刘晓凤、葛岳静、赵亚博，2017；齐晓飞、关鑫，2017）。但现有研究或者以母国作为研究对象，或者以国际化企业作为研究对象，将两者连接起来的研究相对较少。事实上，母国的政策因素会影响企业的国际化行为，而企业的国际化行为也需要依托母国特定的政策环境。以中国制造业企业在"一带一路"沿线市场的直接投资为例，"一带一路"倡议从构想走向实施无疑为制造业企业赴"一带一路"沿线市场投资提供了良好的政策环境，在此政策环境下，有的企业积极谋求境外布局，加快实施国际化，而有的企业国际化进展则相对缓慢，中国企业尤其是制造业企业针对"一带一路"沿线市场投资表现出明显的差异性。基于此，与已有研究相比，本书尝试分析母国政策（即"一带一路"倡议）对中国制造业企业对外直接投资的影响，并从企业特性的视角刻画"一带一路"背景下不同企业开展对外直接投资的差异性。

一、理论分析

对于国际化企业而言，国际化知识即企业参与国际化所需的资源、能力和条件以及利用这些资源条件组织、管理和发展国际化经营所需的知识的学习与积累十分重要（Eriksson 等，1997）。内部化理论、国际化过程理论以及国际化网络理论都突出了企业国际化过程中知识获取的重要性。其中，内部化理论运用交易成本的比较分析方法，强调了国际化企业独特知识的"内部"拥有与转移。国际化过程理论基于 Cybert 和 March（1963）的企业行为理论与企业成长理论（Penrose，1959），以企业的有限理性、非完全信息为假设，强调了企业在国际化过程中知识学习和积累的重要性（Bilkey 和 Tesar，1977；Johanson 和 Vahlne，1977）。国际化过程理论将国际化知识区分为客观知识和经验知识，并将只能通过"干中学"获得的经验知识作为主要解释变量。国际化过程理论发展了心理距离（Psychic Distance）和发展链两个核心概念，认为企业国际化发展会按照心理距离的远近由低级阶段向高级阶段演化，而这种发展链演化的关键就在于企业国际化知识的获取和积累。国际化网络理论则主张，随着组织网络化、企业边界模糊化趋势的发展，企业越来越依赖不断的学习和知识创造获取竞争优势（Larsson，1999）。

基于国际化知识的相关研究为企业国际化发展提供了一个分析视角，然而，相较于发达国家，新兴市场国家的企业在国际化知识获取和积累上都不占据优势，然而这并未阻挡新兴市场国家企业开展对外直接投资的步伐，那么，新兴市场国家企业是凭借什么实现了国际化的快速发展呢？

一些研究认为新兴市场国家企业所具有的战略灵活性，即以快速、低成本的调整来适应未来预期变化的能力，是其国际化快速发展的推手（Luo，2000；Nadkarmi 和 Herrman，2010）。还有学者从新兴市场国家企业的组织能力（Organizational Capabilities）入手，认为组织能力帮助企业通过吸收、整合和改造内部与外部的知识，进而确立起国际化的竞争优势（Amit 和 Schoemaker，1993；Sirmon 等，2007）。上述研究旨在刻画出新兴市场国家企业所具有的独特优势，以解释其在国际化知识缺乏的情况下仍能大规模开展对外直接投资的行为。然而，只关注企业自身国际化知识获取的研究范式忽视了企业与其他网络实体间的联系。基于此，Johanson 和 Mattsson（1988）从关系网络角度探讨了企业国际化过程中的知识学习，他们将跨国市场看成企业间相互联系的关系网络，这一网络包括企业与商业伙伴以及所在国政府间的关系。伴随新兴市场国家对外直接投资的发展，新兴市场国家政府在其企业国际化过程中所扮演的角色开始引发学者们的关注（Luo 和 Tung，2007；Cui 和 Jiang，2012；Wang 等，2012）。

与来自发达国家的企业相比，来自新兴市场国家的企业普遍缺少对外直接投资的经验、知识和资源，需要辅之以制度上的支持（Scott，1995），换言之，源自母国政府的政策支持对于新兴市场国家企业获取国际化的资源和知识、抵御国际化风险至关重要（Luo 和 Tung，2007）。部分研究已经肯定了政府政策在新兴市场国家企业对外直接投资中的作用（Luo 等，2010）。网络可以被视为一种交换关系，企业在网络中可以获得经济利益之外的其他支持，包括服务、社会信息以及伙伴关系等（周小虎，2006），因此，接近或嵌入关系网络的企业更倾向于开展国际化。与母国政府间的关系网络是一种补充资源，有助于帮助新兴市场国家的企业克服制度缺失的劣势,弥补其竞争劣势和组织低效率(Buckley 等,2010;Luo 和 Tung,2007),获取制度性资源和支持,进而推动企业国际化发展。自"走出去"战略提出以来,中国政府陆续出台了一系列促进对外直接投资的政策,这些政策不仅在经济理性上必要,而且在制度理性上也有助于补充中国企业抵消其在国际化发展中的竞争劣势(Luo 和 Han,2010)。"一带一路"倡议提出后,中国政府先后在制度、金融、信息、服务等方面推出了一系列促进政策,为中国企业尤其是制造业企业提供了良好的制度上的支持,有助于提升中国企业面向"一带一路"沿线市场对外直接投资的意愿和能力。由此可以推断:"一带一路"倡议推动了中国制造业面向"一带一路"沿线直接投资的发展。

而且,知识的占有并不必然导致企业国际化的发展,企业利用国际化知识和资源的能力才是企业在动态复杂的经济环境下成功实现国际化的根本(王国顺、郑准,2008)。对于企业而言,不仅需要能够高效地利用战略性知识和资源来实施国际化,而且需要具备创造使用这种战略性知识和资源的能力(Madhok,1997)。我国企业国际化起步相对较晚,国际化资源相对有限,但这并未妨碍我国企业有效运用国际化资源,形成所谓"资源杠杆效应",这种效应产生的条件便是中国企业对外直接投资快速发展的关键所在。资源杠杆效应产生的条件首先是企业家自身的特质。Oviatt 和 McDougall(1994)就指出,创立者的经历、国际视野与动机对国际企业国际化的发展影响很大。其次是企业的机会识别能力、网络发展能力与资源整合能力。再次就是企业所嵌入的各层次关系网络,可以为企业国际化发展提供重要的知识和资源来源,这也是企业运用更多知识和资源的核心杠杆机制(Reuber 和 Fischer,1997)。与对内投资不同,企业开展对外直接投资常常会面临更多与投资环境相关的制约(Peng 等,2008),因此,国际化企业更需要通过所嵌入的各层次关系网络,以便运用更多的知识和资源,降低国际化和交易失败所导致的不确定性(Duanmu,2012),成功实现国际化。在国际化发展实践中,企业与政府间关系网络的构建意味着企业可以获得更多政府政策上的支持,提升企业整合现有国际化知识和资源的能力,激发

"资源杠杆效应",从而加快国际化发展的步伐。

企业自身的特点、资源和能力决定了企业是否进行对外直接投资。对此,Hijzen 等(2011)在研究中发现,企业规模是其选择投资市场的重要影响因素之一,随后 Chen 和 Tang(2014)的文章也证明了这一观点。学者们还针对不同省份、规模不同的企业的对外直接投资情况进行了研究(田巍、余淼杰,2012;洪联英等,2012)。此外,企业的所有制也会影响企业与关系网络中各行为主体之间的关系,尤其是企业与政府之间的关系,进而影响企业整合现有国际化知识和资源的能力以及对外直接投资的选择。从企业所在的位置上看,新经济地理学中所描述的向心力和离心力循环作用会影响地理位置不同的企业的对外直接投资行为。企业所处的地区开放度越高,经济活动越发达,这一地区的企业就越倾向于嵌入各层次关系网络,以便运用更多的知识和资源,开展国际化经营。由此可以推断:企业自身的特性,包括企业成立年限、企业性质以及企业在我国所处的地理区位等都会影响中国制造业企业对"一带一路"沿线国家和地区的直接投资。

二、政府政策与中国制造业对沿线直接投资

(一)模型设定

2013 年是中国制造业面向"一带一路"沿线市场进行投资的关键时点,此后中国制造业企业面向"一带一路"沿线国家的投资快速增加。为考察作为政府政策的"一带一路"倡议的提出对中国制造业面向"一带一路"沿线国家直接投资的影响,本部分引入准自然实验对该问题进行研究。我们将 2013 年"一带一路"倡议的提出视为一次准自然实验,将处于"一带一路"沿线的国家设定为处理组,其余的国家设定为对照组,继而构建如下基准 DID 模型:

$$\ln \text{ofdi}_{ct} = \alpha_c + \beta \text{Treat}_c \times \text{Post13}_t + \lambda_t + \gamma X + \varepsilon_{ct} \tag{3-1}$$

其中,下标 c 和 t 分别代表投资东道国和年份。$\ln \text{ofdi}_{ct}$ 表示我国制造业企业在 t 年对 c 国的投资金额(取对数);Treat_c 为分组虚拟变量,若是位于"一带一路"沿线的国家,则 Treat_c 取值为 1,若是位于非"一带一路"沿线的国家,则 Treat_c 取值为 0;Post13_t 是时间虚拟变量,

如果是2013年及其之后的年份,则Post13_t取值为1,否则设定为0。α_c为国家固定效应,用于控制不随时间变化的国家特征因素对我国向其投资的影响;λ_t为年份固定效应,用于控制宏观经济波动等共同时间冲击对我国向其投资的影响;ε_{ct}为随机干扰项。

在这里,我们重点关注交互项 $Treat_c \times Post13_t$ 的估计系数β,它刻画了"一带一路"倡议提出前后对中国制造业企业对外直接投资的因果效应。具体而言,若$\beta > 0$,表明在"一带一路"倡议提出前后,流向"一带一路"沿线国家的投资金额的提升幅度大于流向非"一带一路"沿线国家的投资金额的提升幅度,即"一带一路"倡议的提出推动了我国制造业企业对"一带一路"沿线国家的投资。

(二)变量选取及数据说明

1.被解释变量

中国制造业企业对外直接投资(lnofdi)。本部分利用中国制造业企业对外直接投资事件数据刻画中国制造业企业的对外直接投资行为。其中,选取的研究区间为2011—2016年,数据来源为中国企业国际化蓝皮书《中国企业国际化报告》中的中国企业对外直接投资事件,根据《中国企业国际化报告》中的行业分类筛选出制造业对外直接投资企业。

2.控制变量

为了更有效地识别"一带一路"倡议的提出对中国制造业企业对外直接投资的影响,综合现有文献的做法,我们在控制变量的集合中考虑了如下因素:

(1)prir,用于衡量东道国自然资源禀赋水平,以矿石、金属出口占该国商品出口的百分比表示。中国国内产能的扩张加大了对自然资源的消耗,资源能源等供求缺口逐渐变大,因此,东道国自然资源丰富与否也会成为中国制造业企业进行对外直接投资时考虑的因素。

(2)snet,用于衡量基础设施建设情况,本部分参考胡浩等(2017)的做法,使用每百万人安全网络服务器的使用数量来衡量。基础设施建设情况是企业决定是否对东道国进行投资的前提条件。良好的基础设施建设能够减少企业在生产时由商品流通带来的交易成本,同时也能够节约收集信息等耗费的信息费用。因此,基础设施建设良好的国家更容易吸引中国制造业企业开展对外直接投资。

（3）lnpgdp，作为东道国经济发展水平的代理变量，使用东道国人均GDP对数测度。东道国经济发展水平同样是制造业企业进行对外直接投资时主要考虑的因素（马述忠、刘梦恒，2016）。通常情况下，东道国的经济发展水平越高，东道国所具有的市场开发潜力就越大，也就越能吸引企业对其开展对外直接投资。

（4）regular，用于表示东道国的制度质量，用世界银行WGI数据库发布的WGI指数加以衡量。关于制度对对外直接投资影响的研究存在不同的结论，有的认为制度质量对对外直接投资有正向影响，但也有研究发现，中国对外直接投资更偏好于制度质量相对较低的国家（Subasat，2009；Fung，2012），即所谓的风险偏好。

（5）exchangerate，用于反映双边汇率水平，用间接标价法下一单位本币为标准计算的若干单位外国货币来衡量。当汇率下降，即本币相对于外币升值时，本国企业对外直接投资的投资成本会相对下降，进而促进企业对该国的对外直接投资。反之，则会抑制企业对该国的对外直接投资。

（6）scorei，用于测度东道国的科技创新水平，用世界知识产权组织（WIPO）发布的历年全球创新指数来衡量。由于制造业企业对外直接投资的动机也包括获取东道国先进的技术和管理经验，因此，企业在进行对外直接投资时，会倾向于拥有先进技术和管理经验的国家。表3-1给出了主要变量的描述性统计结果。

表3-1 主要变量的描述性统计

变量	观测值	平均值	标准差	最小值	最大值
lnofdi	549	11.116	1.581	5.011	14.052
prir	530	23.111	24.808	0.127	99.961
regular	538	0.634	0.940	-1.609	1.862
lnpgdp	535	9.767	1.344	6.321	11.550
scorei	526	47.455	12.683	16.800	63.570
snet	538	2 977.637	3 758.841	0.162	24 041.330
exchangerate	538	90.221	384.817	0.077	3 484.160

（三）实证结果分析

1.基本结果

本部分首先估计"一带一路"倡议的提出对中国制造业企业对外直接投资的直接影响，以检验假设1。利用2011—2016年中国对外直接投资涉及的国家层面的面板数据，对上述模型（3-1）进行回归，回归结果见表3-2。其中，第（1）列为没有加入其他控制变量的结果，第（2）列是加入其他控制变量的结果。研究发现，无论是否加入其他控制变量，在以中国对各国制造业对外直接投资作为被解释变量时，本部分重点关注的 $Treat_c \times Post13_t$ 的回归系数均显著为正，这表明"一带一路"倡议促进了中国制造业对外直接投资的发展。在控制了其他影响中国制造业对外直接投资的因素之后，$Treat_c \times Post13_t$ 的回归系数有小幅下降，但仍然显著为正，表明了"一带一路"倡议对中国制造业面向"一带一路"沿线市场的直接投资具有正向的促进作用，也说明政府政策对促进中国企业"走出去"有着积极的影响。这表明，"一带一路"倡议提出以来，中国政府务实推进对"一带一路"沿线地区的投资促进政策，加强科学规划和引导，推进投资管理制度改革，加强政策支持和服务保障，促进国际协调与沟通，为中国制造业企业进军"一带一路"沿线市场创造了良好的制度环境，这为中国制造业企业"走出去"提供了极为有利的制度环境。

表3-2　　"一带一路"倡议推动制造业对外直接投资：基准回归

项目	（1）	（2）
被解释变量	lnofdi	lnofdi
$Treat_c \times Post13_t$	0.919***	0.788**
	（0.296）	（0.322）
年份固定效应	Yes	Yes
国家固定效应	Yes	Yes
控制变量	No	Yes
观测值	549	519
R^2	0.696	0.721

注：（1）括号中为聚类稳健标准误；（2）*、**、***分别表示显著性水平为10%、5%和1%。

2.DID 设定的有效性检验

（1）平行趋势检验

DID 有效估计的一个重要前提是平行趋势，即政策发生之前，处理组与对照组企业的结果变量具有较为一致的变化趋势。为此，本部分借鉴已有研究（范子英、田彬彬，2013；刘瑞明、赵仁杰，2015），通过改变政策执行时间来进行平行趋势检验。除了"一带一路"倡议会推动中国制造业对外直接投资向"一带一路"沿线国家和地区偏移这一政策因素之外，一些其他的政策或随机性因素也有可能推动中国制造业对外直接投资向"一带一路"沿线国家和地区偏移，而制造业对外直接投资的这种发展与"一带一路"倡议的提出没有关联，最终导致前文的结论不成立。为排除此类因素对制造业对外直接投资的影响，我们假设将真实的"一带一路"倡议提出的时间提前一年、两年或者三年，如果此时我们所关注的核心解释变量（即前文中的交互项 $Treat_c \times Post13_t$）系数仍显著为正，则表明中国制造业对外直接投资的增长很有可能来自其他政策冲击或者随机性因素，而并非来源于"一带一路"倡议的实施；反之，如果该系数并不显著为正，则说明"一带一路"倡议确实对我国制造业对外直接投资具有显著的促进作用。结果参见图 3-2。

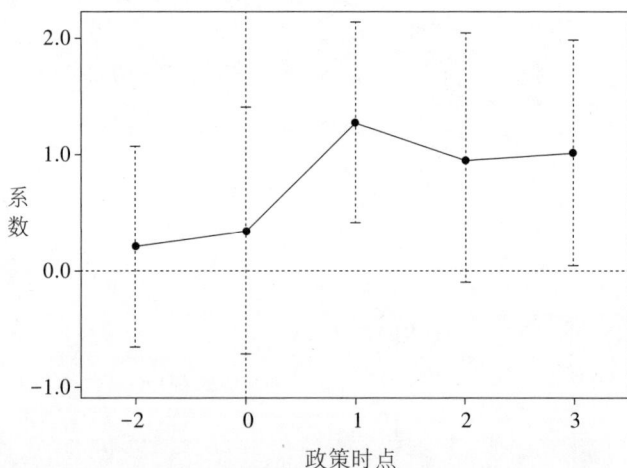

图 3-2 平行趋势检验

从平行趋势检验图的结果看，政策前期，我们所关注的核心交互项的系数在 95% 的置信区间内并不显著，而政策时点后，其效应逐渐增强，这从另一方面验证了中国制造业面向"一带一路"沿线国家和地区直接投资的增加来自"一带一路"倡议的推动作用。

（2）安慰剂检验

本部分采用同时改变政策分组和政策发生时点的方式对基准DID模型进行安慰剂检验，即随机将国家设定为处理组和对照组，同时任意设定政策发生时点，这样做可以同时在时间维度和空间维度进行安慰剂检验，比以往的单独改变政策分组和单独改变政策发生时点更具有随机性和一般性。图3-3展示了1 000次随机抽样的虚假估计值分布情况，从中可以看出，随机抽样的虚假估计值集中分布在0附近。此外，图3-3中的基准估计值即图中的虚线垂直线明显超出了安慰剂检验的虚假估计值。因此，上述结果可进一步支持本书DID模型设置的合理性。

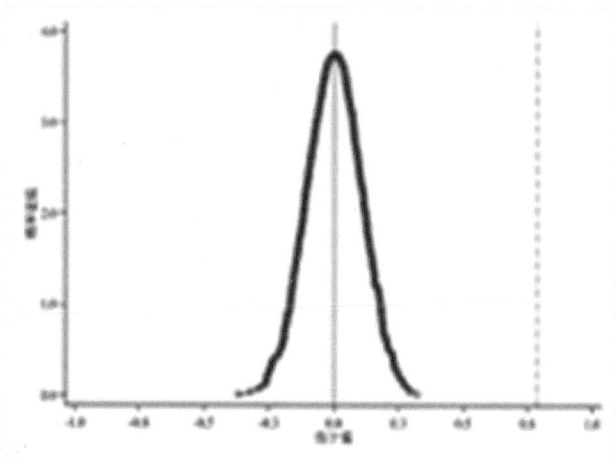

图3-3　安慰剂检验的核密度分布

三、企业特性与中国制造业对沿线直接投资

前文从政府政策的视角，探究了"一带一路"倡议的提出对中国制造业对外直接投资的影响。接下来本部分将从企业微观数据入手，刻画"一带一路"倡议的提出对微观企业对外直接投资的具体影响。由于企业所有权的不同、企业所在地的不同以及企业成立时长的不同，其制造业对外直接投资水平对"一带一路"倡议的反应可能也有所不同，其中按企业所有权分类，我们将企业分为两种类型，分别是国有企业与非国

有企业，其中非国有企业包含民营企业与外资企业；根据企业注册地不同，我们将企业分为三类，分别为东部地区（包含东北地区）的企业、中部地区的企业以及西部地区的企业；此外，我们还根据企业年龄，将企业分为成长期企业（企业成立年限为3—10年）、发展期企业（10—20年）、成熟期企业（20—30年）以及稳定期企业（30年以上）四类。接下来将考察"一带一路"倡议的提出对不同类型企业的差异性影响。

（一）区分企业所有权

考虑到国有企业与非国有企业的投资行为存在显著差异，我们按企业所有权将企业划分为国有企业与非国有企业，使用基准模型进行估计。表3-3报告了相应的估计结果。

表3-3 按企业性质回归

项目	国有企业		非国有企业	
	（1）	（2）	（3）	（4）
$Treat_c \times Post13_t$	1.629***	1.331***	0.851*	0.682
	(0.413)	(0.475)	(0.455)	(0.468)
控制变量	No	Yes	No	Yes
企业固定效应	Yes	Yes	Yes	Yes
年份固定效应	Yes	Yes	Yes	Yes
R^2	0.792	0.820	0.749	0.769
N	156	150	393	369

注：（1）括号中为聚类稳健标准误；（2）*、**、***分别表示显著性水平为10%、5%和1%。

表3-3中的第（1）和第（2）列为"一带一路"倡议的提出对国有企业制造业对外直接投资的影响，其中第（1）列是未加入任何控制变量的结果，第（2）列为进一步引入各控制变量的结果。我们发现核心解释变量的系数均显著为正，说明"一带一路"倡议的提出促进了国有制造业企业对外直接投资的发展。第（3）列和第（4）列为"一带一路"倡议的提出对非国有企业制造业对外直接投资的影响，$Treat_c \times Post13_t$系数虽然为正值，但在加入控制变量之后不再显著。这一结果表明国有制造业企业对外直接投资相较于非国有企业对外直接投资受"一带一路"倡议的影响更突出。一个可能的原因在于，尽管近年来《中国

对外直接投资统计公报》显示民营及外资企业的对外直接投资流量在逐年增长，但目前国有企业作为中国的重要物质基础和政治基础仍然是中国制造业对外直接投资规模扩张的主力军。得益于雄厚的资本和优惠政策，国有企业相较于非国有企业对外直接投资范围更广，其在面对境外投资时抵御和应对风险的能力也更强，因此"一带一路"倡议的提出更有利于中国国有制造业企业进行对外直接投资。

（二）区分企业所在地区

我们按企业注册地区将企业所在地划分为东部地区（包含东北地区）、中部地区和西部地区，分别进行回归，表3-4为相关回归结果。第（1）列和第（2）列为东部地区的结果，我们发现，无论是否加入控制变量，核心解释变量的估计系数均在1%的水平上显著为正，而中部和西部地区的结果却不显著，显然"一带一路"倡议对东部地区制造业企业对外直接投资的影响更大。究其原因，主要是东部地区背靠大陆，面临海洋，凭借其优越的地理位置，开放程度较中部和西部地区更高；尽管近年来中央政府不断扩大西部大开发战略，促进了西部地区的经济增长，但东部地区由于其开放历史悠久，劳动者素质较高且技术力量较强，使其制造业基础雄厚，在整个经济发展中发挥着龙头作用。由此导致"一带一路"倡议提出后东部地区的制造业企业更倾向于开展对外直接投资，参与国际产能合作。

表3-4　　　　　　　　　　按企业所在地回归

项目	东部地区		中部地区		西部地区	
	（1）	（2）	（3）	（4）	（5）	（6）
$Treat_c \times Post13_t$	1.201*** (0.343)	0.996*** (0.349)	1.017 (0.701)	1.017 (0.693)	0.872 (1.305)	0.680 (2.229)
控制变量	No	Yes	No	Yes	No	Yes
企业固定效应	Yes	Yes	Yes	Yes	Yes	Yes
年份固定效应	Yes	Yes	Yes	Yes	Yes	Yes
R^2	0.691	0.713	0.971	0.969	0.809	0.841
N	418	389	47	46	55	53

注：（1）括号中为聚类稳健标准误；（2）*、**、***分别表示显著性水平为10%、5%和1%。

（三）区分企业成立年限

"一带一路"倡议的投资效应可能会受到企业成立年限的影响。一般来说，成立时间越久、工厂规模越大的企业就越可能具备更高的生产率（刘志成、刘斌，2015），进而推动进行更多对外投资活动。我们使用企业当年与成立年的差值来表示企业成立时间，删除了企业成立年限小于3年，以及企业状态为非存续的企业样本，回归结果见表3-5。

表3-5 按企业成立年限回归

项目	$3 \leqslant$ 成立时长 <10		$10 \leqslant$ 成立时长 <20		$20 \leqslant$ 成立时长 <30		$30 \leqslant$ 成立时长	
	（1）	（2）	（3）	（4）	（5）	（6）	（7）	（8）
$Treat_c \times Post13_t$	-3.385***	-3.250***	1.604***	1.355***	1.126	0.425	0.270	-0.283
	(0.898)	(0.811)	(0.459)	(0.507)	(0.867)	(0.935)	(0.996)	(1.123)
控制变量	No	Yes	No	Yes	No	Yes	No	Yes
企业固定效应	Yes	Yes	Yes	Yes	Yes	Yes	Yes	Yes
年份固定效应	Yes	Yes	Yes	Yes	Yes	Yes	Yes	Yes
R^2	0.961	0.978	0.827	0.849	0.771	0.802	0.883	0.891
N	50	49	210	205	167	153	108	106

注：（1）括号中为聚类稳健标准误；（2）*、**、***分别表示显著性水平为10%、5%和1%。

从表3-5可以发现，无论是否引入控制变量，对于成立年限为3—10年的企业，核心变量系数均显著为负；而对成立年限在10—20年间正处于发展期的企业产生了显著的正效应；对成立年限在20年以上的"老字号"企业并不显著。这一结果说明企业的年龄并不是决定制造业企业是否响应"一带一路"倡议、开展对外直接投资的主要因素。对于新成立企业，由于缺乏丰富的市场知识与经验，在激烈的市场竞争中面临生存与发展的威胁，因此面对"一带一路"倡议的提出，新成立企业尚不具备参与国际化竞争的知识和能力，这是新成立企业回归结果为负的重要原因。而对于成立年限较长的"老字号"制造业企业，其在多年的发展过程中不免受到历史遗留因素与体制转换因素的影响，与新兴企业相比，老企业存在技术管理体制落后、市场开发力较弱等问题，发展动力和后劲不足；而且"干中学"效应以及不断降低的销售和生产成本，使得新企业比老企业更有效率，因此"一带一路"倡议对处于发展期的制造业企业的对外直接投资促进效应更明显。

本部分采用双重差分方法对政府政策（即"一带一路"倡议）是否促进了中国制造业对外直接投资发展这一问题进行了验证。研究发现，（1）从政策实施效果来看，"一带一路"倡议显著促进了中国制造业企业面向"一带一路"沿线市场的投资，这一发现肯定了中国通过推动对外直接投资实现制造业转型升级的做法，具有重要的政策含义。（2）从异质性分析来看，"一带一路"倡议对国有、东部地区以及处于发展期的制造业企业对外直接投资发展的促进作用更突出。（3）从实证检验方法来看，本部分的识别框架在进行模型识别条件、遗漏解释变量等检验之后，基准回归结果的研究结论依然是稳健的，验证了"一带一路"倡议对我国制造业对外直接投资的促进作用。

第二节　中国制造业对"一带一路"直接投资的纵向推进

"一带一路"倡议提出以来，中国坚持共商共建共享原则，推动共建"一带一路"高质量发展。"一带一路"已成为构建人类命运共同体的重要实践平台，为各国开拓出一条通向共同繁荣的发展之路。疫情暴发后，"一带一路"经贸合作逆势前行，中国对沿线国家直接投资逆势上扬，合作平台建设稳步推进，中国与"一带一路"沿线国家间的投资合作展现出强劲韧性和勃勃生机。《2020年度中国对外直接投资统计公报》显示[1]，2020年中国企业在"一带一路"区域内实现直接投资225.4亿美元，同比增长20.6%，流向制造业投资占比达34.1%，投资主要流向印度、俄罗斯、新加坡、印度尼西亚、泰国、越南等国，"一带一路"沿线已经成为中国制造业企业对外直接投资的重要目标区域。

"一带一路"沿线国家分处于工业化的不同阶段，这给中国通过国

---

[1]　中华人民共和国商务部、国家统计局、国家外汇管理局.2020年度中国对外直接投资统计公报［M］.北京：中国商务出版社，2021.

际产能合作实现产业链拓展提供了广阔的市场空间。中国如果在为沿线国家提供工业化发展所需的产品的同时，提供售后服务并加快技术升级，就能够建立自身主导的产品价值链。随着"一带一路"区域生产网络的延伸，中国有望通过对外直接投资的纵向推进构筑起以中国为主导的东亚区域价值链分工体系。

为从微观层面考察中国制造业在"一带一路"沿线直接投资的纵向推进情况，本书合并BVD-zwphyr全球跨国并购数据库和fDiMarket全球绿地投资数据库中2006年12月31日至2020年12月31日期间中国制造业企业对"一带一路"沿线63个国家的制造业并购项目和绿地投资项目数据[①]，共获得506家企业（包括114家国有企业和392家非国有企业）在"一带一路"沿线国家的922次投资行为，具体分布见表3-6。

表3-6 2006—2020年中国制造业企业在"一带一路"沿线投资分布

国家	次数	国家	次数	国家	次数	国家	次数
阿富汗	1	菲律宾	19	孟加拉国	5	乌克兰	1
阿联酋	8	格鲁吉亚	1	缅甸	7	乌兹别克斯坦	25
阿曼	7	哈萨克斯坦	29	尼泊尔	2	新加坡	42
阿塞拜疆	3	吉尔吉斯斯坦	3	塞尔维亚	15	匈牙利	22
埃及	31	柬埔寨	16	沙特阿拉伯	9	叙利亚	1
爱沙尼亚	1	捷克	21	斯里兰卡	3	亚美尼亚	1
巴基斯坦	20	克罗地亚	6	斯洛伐克	7	伊朗	9
巴林	1	拉脱维亚	2	斯洛文尼亚	2	以色列	23
白俄罗斯	17	老挝	4	塔吉克斯坦	2	印度	146
保加利亚	8	立陶宛	1	泰国	43	印度尼西亚	64
波兰	29	罗马尼亚	14	土耳其	17	约旦	4
俄罗斯	96	马来西亚	51	土库曼斯坦	2	越南	74
蒙古国	1	文莱	4	摩尔多瓦	1	伊拉克	1
						总计	922

数据来源：作者自己计算所得。

---

① 选择BVD-zwphyr数据库中状态为已经完成交易的项目，设定最终完成年份为并购年份。

由表 3-6 可以发现，中国制造业企业与"一带一路"沿线 63 个国家中的 52 个国家开展了投资行为，覆盖了"一带一路"沿线 82.5% 的国家。同时还可以发现，中国制造业企业在"一带一路"沿线的投资分布并不均衡。从投资国别看，投资次数较多的有印度、俄罗斯等国，从投资区域看，投资次数较多的区域是东盟。相比之下，中国制造业企业在中亚地区和欧洲地区的投资记录较少，说明中国制造业企业在"一带一路"沿线直接投资纵向推进的过程中，在区位选择上具有集中度高的特点。中国制造业企业在面向"一带一路"沿线纵向推进的过程中，为什么会倾向于投资特定的国家和地区？对于这一问题的探究，将有助于真实刻画中国制造业在"一带一路"沿线产业链的拓展轨迹。

一、理论分析

传统的国际直接投资理论，如垄断优势理论、内部化理论、生产折衷理论、产品生命周期理论、小规模技术理论、生产地方化理论、技术创新产业升级理论等分别从不同角度解释了跨国公司对外直接投资的行为模式和动因。例如，产品生命周期理论认为，跨国公司对外直接投资的发展受"产品生命周期"的推动，在产品进入标准化阶段后，由于产品的竞争优势主要来源于生产成本，跨国公司倾向于将生产环节转移至劳动力成本相对较低的国家，以获取更多的利润（Vernon，1966）。内部化理论则认为跨国公司开展对外直接投资的行为本质是以科层制取代中间品跨境交易的市场机制以节约成本（Buckley 和 Casson，1976）。生产折衷理论认为拥有所有权优势、内部化优势和区位优势的企业才能开展对外直接投资，以克服"外来竞争者劣势"（Dunning，1973）。伴随新兴经济体和发展中国家企业对外直接投资的快速发展，专门解释这类对外直接投资行为的理论开始出现。例如，小规模技术理论和生产地方化理论均认为发展中国家的企业可灵活变通地进入大型跨国公司还未进入的小型细分市场，以降低成本、谋求市场并规避与大型跨国公司正面竞争的风险。相对于发达国家，新兴经济体更可以依据特殊或相对"比较所有权优势"或者与发达国家企业的"差异"，以自身学习能力和敏捷性获取国际化发展的优势（Madhock 和 Keyhani，2012）。全球价值链分工的快速演进，使得跨国公司直接投资的推进在全球产业链、供应链拓展中的作用日益引发关注。通过开展对外直接投资，跨国公司可以实现价值链的不同环节在全球的分离与组合，从而实现在全球或区域层面构建产业链、供应链。

随着越来越多的发展中经济体嵌入全球价值链，发展中国家被低端"锁定"以及产业升级问题引发关注。在全球价值链网络中，一国在全球价值链上的转型升级与其所扮演的国际分工角色密不可分（Helpman和Krugman，1985），发展中经济体面临的主要挑战是如何在全球价值链分工中获得动态比较优势，进而推动产业结构升级（Zhang等，2011）。产业升级需要能力培育，持续学习是发展中国家获取全球价值链分工背景下产业升级能力的根本。学习的速度非常重要，发展中国家的代工企业需要利用好国际生产网络中的知识转移和传递机制，学习网络领导企业的技术与管理经验。具备了产业升级条件的发展中国家，也可以尝试自主构建生产网络，从被动嵌入全球生产网络到自主构建生产网络，本身就是一个产业升级的过程。

改革开放以来中国经济得以保持40多年的高速增长，得益于融入全球价值链分工体系。然而，在融入由发达国家跨国公司主导的全球价值链分工体系的过程中，中国也付出了巨大的代价，面临价值链低端"锁定"的挑战。究其原因是，现行的全球价值链分工体系由发达国家主导，发达国家的跨国公司占据了价值链中的高附加值环节，中国制造业要想在现行的全球价值链分工体系下实现价值链升级，面临诸多难题。

中国制造业企业在"一带一路"沿线开展对外直接投资的过程中，同样面临通过国际产能合作构建区域生产网络，进而实现价值链升级的发展目标。通过开展"一带一路"国际产能合作，中国可以通过对外直接投资实现向全球价值链高端环节的攀升，同时推动"一带一路"沿线国家更好地融入区域产业链、价值链，实现联动发展，塑造一个动态、包容、开放的区域生产网络。为此，中国制造业在"一带一路"沿线开展对外直接投资的过程中需要合理配置产业链，在构建区域生产网络的过程中实现价值链升级的目标。"一带一路"沿线国家数量众多，贸易连通性与营商环境差异明显，与中国的经贸联系强度各不相同。为了更有效地构建区域生产网络，中国制造业企业需要选择那些营商环境相对较好、与中国双边贸易成本相对较低的国家开展投资，通过产业链的拓展为"一带一路"区域生产网络的构建夯实基础。

二、模型设定与变量选择

（一）模型设定

为考察中国制造业企业在"一带一路"沿线直接投资的纵向推进情况，本部分将从企业微观数据入手，使用东道国特征变量来考察中国制造业企业在"一带一路"沿线直接投资区位选择的影响因素，并探究中国制造业企业在"一带一路"沿线直接投资的纵向推进是否存在异质性。在模型选择上，本部分使用条件 logit 模型来进行检验。条件 logit 模型由 McFadden（1974）构建，目前已经被国内外学者广泛应用于国家层面和企业层面的境外投资区位选择研究（Head 等，1995；王永钦等，2015；Li 等，2019），模型设定如下：

$$Pr(Y = 1 | X_{t-1}) = \frac{\exp[\beta_1 X_{t-1} + \beta_2 K_{t-1}]}{\sum_{j=1}^{n} \exp[\beta_1 X_{t-1} + \beta_2 K_{t-1}]} \tag{3-2}$$

其中，X 为主要解释变量，K 为控制变量。$Pr(Y = 1 | X_{t-1})$ 表示企业投资区位选择的概率，j 为样本国家。为了避免解释变量与被解释变量可能存在的双向因果关系影响估计结果准确性，本书所有解释变量和控制变量均滞后被解释变量一期。我们还在模型中使用企业层面的聚类稳健性估计，以减轻企业特征对选择结果的影响。另外由于条件 logit 模型属于离散模型，模型估计系数并不具有边际效应，因此借鉴 Head 等对变量系数的解释方法（Head 等，1995；檀灿灿，2020），采用系数的平均概率弹性作为被解释变量作用的边际效应进行解释。其中，平均概率弹性为：$[(n-1)/n]\beta$，n 为所有东道国数量，β 为模型估计系数。

（二）数据和变量选择

1.数据来源

通过查询联合国亚洲及太平洋经济社会委员会（The Economic and Social Commission for Asia and the Pacific，UNESCAP）网站、世界银行

（World Bank）网站、联合国商品贸易统计数据库（United Nations Comtrade Database，UN Comtrade Database）、CEPII数据库以及联合国工业发展组织（United Nations Industrial Development Organization，UNIDO）网站，获取"一带一路"区域内各国的经济、金融、贸易、地理等相关数据作为实证分析中的解释变量和控制变量的代理变量。

2.主要变量

（1）被解释变量

为剔除企业对外直接投资经验的延伸影响，本部分选取2006年12月31日至2020年12月31日中国506家制造业企业在"一带一路"沿线的首次投资数据，研究样本中包含62个可选国家，如果中国制造业企业选择投资某国，则赋值为1，其他未被选择的国家赋值为0，因此被解释变量——投资区位选择，为二元选择变量。

（2）主要解释变量

东道国的贸易连通性——选取UNESCAP发布的ISCC（贸易连通性）指数[①]为代理变量。贸易连通性指数提供了一国进口、出口和运输的连通性绩效得分。贸易连通性较高的东道国的内部市场贸易开放性和贸易出口开放性都较高，在东道国组织生产的话也比较容易与世界市场相连通。因此东道国贸易连通性特征对于中国制造业企业对外直接投资意愿的影响取决于企业对外直接投资的不同市场目标。如果是以世界市场为目标，那么中国制造业企业会倾向于选择贸易连通性更高的东道国，而如果以东道国内部市场为目标，那么中国制造业企业可能会倾向于选择贸易连通性相对低一些的东道国。

东道国与中国的双边贸易成本——选取UNESCAP和World Bank发布的双边贸易成本数据库中"一带一路"沿线各国与中国之间包含双边关税的贸易成本指数作为代理变量。出于构建以中国为中心的"一带一路"区域生产网络的考虑，中国制造业企业在开展对外直接投资的过程中会倾向于选择与中国双边贸易成本相对较低的国家，这样可以更好地推动中间品贸易的发展，进而增强中国与相关国家间的产业链、供应链

---

① 2015年世界银行发布的《Doing Business 2015》对于ISCC指数的算法做出了修改，并且分别提供了当年新旧两种方法计算的指数，因此本书以2015年的ISCC指数为桥梁，将后续发布的年份指数进行转换，以保证各国各年份指数度量的准确性。

联系，为"一带一路"区域生产网络的构建夯实基础。

东道国的营商环境——选取世界银行发布的全球治理指标中四个东道国对制造业企业短期存续和长期发展影响较大的制度影响因素：政府效率（Government Effectiveness）、监管质量（Regulatory Quality）、法治程度（Rule of Law）以及腐败控制（Control of Corruption）四个指数的平均值为代理变量。东道国的法治完善程度、政府对经济主体权益的维护、执行效率和监管质量反映了该国从上至下整体的营商环境质量，关系到中国制造业企业在当地并购企业或新建子公司（境外分支机构）的过程、存续和发展利益的保障，进而影响到中国制造业境外产业链、供应链的稳定性。

（3）控制变量

东道国的经济增长水平："一带一路"沿线国家主要是新兴经济体和发展中国家，国内经济发展水平参差不齐，导致其承接中国对外直接投资的能力各不相同。本部分选取世界银行发布的各国GDP增长率作为东道国经济增长水平的代理变量。

东道国的金融市场稳定水平：东道国金融市场的稳定意味着宏观经济波动的可控性，这有助于帮助中国制造业企业在当地实现规模化经营，提高投资效率，降低投资风险。本部分选取世界银行发布的各国货币与美元汇率和中国人民币与美元汇率比值来衡量东道国的金融市场稳定水平。

东道国与中国的双边经济关联度：东道国与中国的经济关联度也会对中国制造业企业对外直接投资的区位选择产生多方面多层次的影响。本部分选取联合国商品贸易统计数据库中"一带一路"沿线各国与中国贸易往来数据，以当年中国对东道国出口额与中国总出口额的比值除以东道国对中国出口额与东道国总出口额的比值来表示东道国与中国的双边经济关联度（王培志等，2018）。

东道国与中国的地理距离：东道国与中国的距离越远，所涉及的运输成本、通信成本就越高（闫大颖，2013），进而会导致贸易成本的上升，而贸易成本的上升又会相对地影响对外直接投资的成本。为此，本部分选取CEPII数据库中世界各国首都与中国首都的地理距离数据，取对数加入模型。

东道国的工业化水平：工业化的本质是一个国家经济发展和现代化进程的推进（黄群慧，2013），一国工业化水平是发展制造业的重要基础和前提。为此，本部分选取世界银行发布的世界各国工业增加值占国内生产总值的百分比代表该国的工业化水平。

东道国的工业集聚度：一国的工业集聚度会影响制造业产业链的完整程度，进而影响整体的产业竞争力。为此，本部分选取世界银行发布的世界各国工业增加值占国内生产总值的百分比和当年以美元衡量的国内生产总值计算出的当年各国的工业产值水平，除以该国国土面积后获得该国的工业集聚度指数。

结合现有文献中涉及的中国企业对外直接投资的主要动机（Wheeler和Mody，1992；Buckley等，2007；Cheung和Qian，2009），将东道国市场规模、东道国劳动力资源、东道国自然资源和东道国技术资源列为中国制造业企业对"一带一路"沿线各国的投资动机，纳入模型作为控制变量。东道国市场规模选取世界银行发布的当年以美元衡量的世界各国GDP作为该国市场规模的代理变量。东道国劳动力资源选取世界银行发布的世界各国农村人口占总人口比重作为该国劳动力资源的代理变量（肖文、周君芝，2014）。东道国自然资源选取世界银行发布的世界各国自然资源出口占总出口的比重作为该国自然资源的代理变量。东道国技术资源选取联合国工业发展组织发布的制造业出口质量指标[①]作为该国制造业技术资源的代理变量。

为了后续解释方便，本部分将三个主要解释变量数据进行标准化区间处理。主要变量、控制变量的描述性统计见表3-7。

如表3-7所示，本部分估计了样本中每个变量的方差膨胀因子（VIF），结果表明，变量最高的VIF值为4.24，平均值为2.04，远低于经验门槛值10（Chatterjee等，2000），表明模型存在严重多重共线性的可能性很低。

---

① 该指标主要是根据各国高技术制造业出口在制造业总出口所占的份额和制造业出口占总出口的份额估算获得的。

表3-7 描述性统计和方差膨胀因子（VIF）

变量	来源	样本数量	标准差	最小值	最大值	VIF
投资区位选择	BVD-zwphyr数据库、fDiMarket数据库	317 262	0.038	0	1	—
东道国贸易连通性	UNESCAP数据库	317 262	0.194	0.100	1	2.63
东道国与中国双边贸易成本	ESCAP-WB Tradecosts数据库	317 262	0.164	0.100	1	1.52
东道国营商环境	World Bank数据库	317 262	1.664	1.094	9.990	4.24
东道国经济增长水平	World Bank数据库	317 262	4.362	-27.995	34.466	1.13
东道国与中国地理距离	CEPII数据库	317 262	0.367	7.067	8.952	1.96
东道国金融市场稳定水平	World Bank数据库	317 262	685.248	0	6 176.631	1.25
东道国与中国经济关联度	UN Comtrade数据库	317 262	2.797	0	62.860	1.03
东道国工业化水平	World Bank数据库	317 262	13.401	8.058	74.113	1.38
东道国工业集聚度	World Bank数据库	317 262	1.907	11.344	23.314	2.52
东道国自然资源	World Bank数据库	317 262	9.466	0	62.500	1.51
东道国劳动力资源	World Bank数据库	317 262	21.482	0	83.566	2.62
东道国市场规模	World Bank数据库	317 262	1.511	21.178	28.625	1.74
东道国技术资源	UNIDO数据库	317 262	0.177	0.010	0.791	2.98

三、实证检验和结果分析

（一）基础回归结果

表3-8报告了基础回归结果，其中模型（1）仅包含所有的主要解释变量，模型（2）中控制了国家层面的控制变量，模型（3）中控制了国家层面和制造业层面的控制变量。

表3-8   基础回归结果

变量	模型（1）	模型（2）	模型（3）
东道国贸易连通性	1.275***	1.943***	−0.822*
	（3.352）	（3.796）	（−1.759）
东道国与中国双边贸易成本	−1.800***	−0.380	−0.652**
	（−6.124）	（−1.195）	（−2.135）
东道国营商环境	−0.070*	0.018	0.345***
	（−1.843）	（0.440）	（4.460）
国家控制变量	No	Yes	Yes
制造业控制变量	No	No	Yes
样本量	350 286	300 504	285 912
Pseudo R²	0.013	0.028	0.107

注：***、**和*分别代表在1%、5%和10%水平下显著，括号内为t值。

模型（3）显示，在控制了所有控制变量后，东道国贸易连通性的系数为−0.822，且在10%的统计水平下显著，说明东道国的贸易连通性越低，中国制造业企业就越倾向于进入该国。这一回归结果表明中国制造业企业在"一带一路"沿线开展对外直接投资的目的并非要借助这些国家进入国际市场，而是要拓展"一带一路"沿线当地市场。东道国与中国双边贸易成本的回归结果为负，且在5%的统计水平下显著，说明东道国与中国的双边贸易成本越低，越有利于中国制造业企业对该国的直接投资。东道国营商环境的回归结果为正，且在1%的统计水平下显著，说明东道国的营商环境越好，中国制造业企业就越倾向于进入该国开展对外直接投资。

（二）异质性检验和分析

本部分的异质性检验和分析主要分为四个部分。第一部分为基于投资区域的异质性检验，第二部分为基于投资方式的异质性检验，第三部分为基于投资主体的异质性检验，第四部分是第一部分的延伸，为基于投资区域和投资主体的异质性检验。由于条件 logit 模型中只允许加入选择方案的特征变量，因此第一部分和第二部分借鉴 Alcácer 和 Chung（2014）的方法，采用对不同投资方式分样本检验的方式进行异质性检验；第三部分则借鉴 Nachum 等（2008）的方法，采用仅加入投资主体性质与东道国特征变量的交互项的方法探究在企业性质的调节作用下东道国贸易连通性、双边贸易成本以及营商环境对中国制造业企业投资区位选择的影响；第四部分则综合运用上述两个方法进行检验。

1.基于投资区域的异质性检验

鉴于中国对"一带一路"沿线投资流量集中于东盟国家，本部分将中国制造业企业对外直接投资数据按照投资区域的不同分为东盟国家和非东盟国家进行实证检验，结果见表3-9。

表3-9 异质性检验1和2

检验	异质性检验1		异质性检验2	
变量	东盟国家	非东盟国家	跨国并购	绿地投资
	模型（4）	模型（5）	模型（6）	模型（7）
东道国贸易连通性	3.451	−0.946	2.121	−0.400
	(1.338)	(−1.403)	(0.893)	(−0.770)
东道国与中国双边贸易成本	0.653	1.760**	−0.271	−0.647**
	(0.901)	(2.091)	(−0.255)	(−2.085)
东道国营商环境	0.161	0.146	0.610**	0.271***
	(0.464)	(1.425)	(2.030)	(3.178)
国家控制变量	Yes	Yes	Yes	Yes
制造业控制变量	Yes	Yes	Yes	Yes
样本量	22 748	135 608	53 295	232 617
Pseudo R^2	0.064	0.140	0.206	0.116

注：***、**和*分别代表在1%、5%和10%水平下显著，括号内为t值。

根据表3-9，模型（4）和模型（5）的回归结果揭示出中国对"一带一路"沿线国家投资的区域差异。鉴于中国对"一带一路"直接投资集中于东盟国家，异质性检验1主要考察中国企业在面向非东盟国家投资时重点考虑的因素。回归结果显示，非东盟国家东道国与中国双边贸易成本显著为正，一个可能的解释是，非东盟国家与中国的贸易自由化、便利化水平相对较低，较高的贸易成本推动中国制造业企业通过对外直接投资而非贸易的形式拓展东道国市场。

2.基于投资方式的异质性检验

为进一步考察不同投资方式对投资区位选择可能产生的差异性影响，本部分将中国制造业企业投资数据按照投资方式的不同分为跨国并购样本和绿地投资样本，分别进行实证检验，结果见表3-9。

根据表3-9，模型（6）和模型（7）的回归结果揭示出投资方式不同所带来的不同影响。在绿地投资方式下，东道国与中国双边贸易成本的回归结果显著为负，说明在东道国与中国双边贸易成本较高的情况下，制造业企业会选择绿地投资的方式，采用地产地销的方式以绕过贸易成本的影响。回归结果还显示，无论是跨国并购的方式还是绿地投资的方式，东道国营商环境的改善都会对投资起到促进作用，换言之，中国制造业企业在开展对外直接投资的过程中会倾向于选择营商环境相对较好的国家。

3.基于投资主体的异质性检验

根据国家企业信用信息公示系统、天眼查等网站查询投资数据中的企业的具体信息和股权结构，将企业分为国有企业和非国有企业分别生成企业属性变量纳入模型中进行投资主体的异质性检验。另外为了减轻加入交互项后的变量相关性，在加入交互项的模型中对所有解释变量和控制变量均进行去中心化处理。

根据表3-10，对于国有企业而言，在"一带一路"沿线开展对外直接投资时，会选择贸易连通性低、双边贸易成本低的国家，这说明国有企业在沿线的对外投资侧重开拓东道国市场。东道国营商环境与企业属性的交互项的回归结果显著为负，这在一定程度上验证了国有企业对外投资过程中的"风险偏好"，同时也说明了国有企业所肩负的国家战略角色。对于非国有企业而言，在"一带一路"沿线开展对外直接投资时，会选择贸易连通性高的国家展开投资，这说明非国有企业不仅注重在"一带一路"沿线国家拓展产业链，还注重与其他国家拓展产业链联系。东道国营商环境与企业属性的交互项的回归结果显著为正，这一结果符合预期，说明非国有企业倾向于在营商环境好的国家开展投资，以降低投资风险，提高投资收益。

表3-10 异质性检验3

检验	异质性检验3					
变量	国有企业			非国有企业		
	模型（8）	模型（9）	模型（10）	模型（11）	模型（12）	模型（13）
东道国贸易连通性*企业属性	-2.074*** (-3.774)			2.074*** (3.774)		
东道国与中国双边贸易成本*企业属性		2.010*** (3.719)			-2.010*** (-3.719)	
东道国营商环境*企业属性			-0.206*** (-2.576)			0.206*** (2.576)
国家控制变量	Yes	Yes	Yes	Yes	Yes	Yes
制造业控制变量	Yes	Yes	Yes	Yes	Yes	Yes
样本量	285 912	285 912	285 912	285 912	285 912	285 912
Pseudo R^2	0.110	0.109	0.109	0.110	0.109	0.109

注：***、**和*分别代表在1%、5%和10%水平下显著，括号内为t值。

4.基于投资区域和投资主体的异质性检验

由于异质性检验1存在反直觉估计结果，因此在按照投资区域分组的基础上将企业分为国有企业和非国有企业分别生成企业属性变量纳入模型中进行进一步的检验，估计结果见表3-11。

表3-11 异质性检验4

检验	异质性检验4					
东盟区域						
变量	国有企业			非国有企业		
	模型 (14)	模型 (15)	模型 (16)	模型 (17)	模型 (18)	模型 (19)
东道国贸易连通性*企业属性	−4.669** (−2.367)			4.669** (−2.367)		
东道国与中国双边贸易成本*企业属性		4.713*** (4.634)			−4.713*** (−4.634)	
东道国营商环境*企业属性			−0.189 (−1.624)			0.189 (1.624)
国家控制变量	Yes	Yes	Yes	Yes	Yes	Yes
制造业控制变量	Yes	Yes	Yes	Yes	Yes	Yes
样本量	22 748	22 748	22 748	22 748	22 748	22 748
Pseudo R^2	0.067	0.075	0.066	0.067	0.075	0.066
非东盟区域						
变量	国有企业			非国有企业		
	模型 (20)	模型 (21)	模型 (22)	模型 (23)	模型 (24)	模型 (25)
东道国贸易连通性*企业属性	−2.129*** (−3.043)			2.129*** (3.043)		
东道国与中国双边贸易成本*企业属性		1.495 (1.271)			−1.495 (−1.271)	
东道国营商环境*企业属性			−0.197* (−1.874)			0.197* (1.874)
国家控制变量	Yes	Yes	Yes	Yes	Yes	Yes
制造业控制变量	Yes	Yes	Yes	Yes	Yes	Yes
样本量	135 608	135 608	135 608	135 608	135 608	135 608
Pseudo R^2	0.143	0.141	0.141	0.143	0.141	0.141

注：***、**和*分别代表在1%、5%和10%水平下显著，括号内为t值。

根据表3-11的估计结果，东盟区域和非东盟区域均存在因投资主体不同而产生的对东道国区位特征影响估计偏差。

（三）稳健性检验

1.替换样本

为了验证前文实证结果的稳健性，将样本中506家企业的后续投资记录代入模型（3）、模型（6）至模型（25）中检验。

根据附录1，我们重点关注的变量估计结果大部分与原样本的系数符号一样没有改变，部分模型的重要关注变量在显著水平上有所改变，非东盟区域的国有企业和民营企业投资对于东道国双边贸易成本的偏好发生了改变，但是原样本中的估计结果和稳健性检验中的估计结果均不显著，出现上述情况可能是因为企业投资行为受对外直接投资经验性延展而干扰了估计结果。总体来说，替换样本的统计结果基本上支持了实证分析的统计结果。

2.改变方案

由于条件logit模型具有"无关方案的独立性"（Independence of Irrelevant Alternatives，IIA）前提假设，即在给定两个方案的情况下，选择方案1与是否存在方案2无关。借鉴Li等（2018）的方法，分别剔除样本中对外直接投资次数最多的三个国家——印度、俄罗斯和越南（附录2）和对外直接投资次数少于2次的国家（附录3）进行稳健性检验。根据附录2和附录3，研究重点关注的变量估计结果与原样本的系数符号一致、显著水平出现允许范围内可接受的波动。这说明去掉该样本后东道国的贸易连通性、双边贸易成本以及营商环境对中国制造业企业投资区位选择的影响趋势没有改变，验证了模型和估计结果均符合"无关方案的独立性"（IIA）假设。

3.替换模型

进一步将被解释变量拓展为"不投资"、"在东盟区域投资"和"在非东盟区域投资"三个选项，将原样本引入包含选择方案特征的多项logit模型进行企业层面的聚类稳健性估计并且进行Hausman IIA检验，考虑到多项logit模型的适用范围和多项被解释变量的特征，引入模型（14）至模型（25）内容进行估计，最后的估计和检验结果如附录4所示。根据附录4，在以"不投资"为对照样本的前提下，研究重点关注的变量估计结果与条件logit模型估计结果的系数符号一致、显著水平出现允许范围内可接受的波动，验证了条件logit模型估计结果的稳健性。Hausman IIA检验在保留最大样本"不投资"为对照组的情况下，验证了模型和样本均符合"无关方案的独立性"（IIA）假设。

通过上述分析可以发现，"一带一路"倡议的提出，推动了中国制造业企业面向沿线国家开展对外直接投资。研究还发现，中国制造业企业在"一带一路"沿线的投资分布并不均衡，中国制造业企业倾向于选择贸易成本低、营商环境好的国家开展对外直接投资，拓展产业链。对于那些想深耕"一带一路"沿线国家市场的企业，会选择贸易连通性相对较低的国家展开投资。中国制造业对外直接投资在"一带一路"沿线国家的纵向推进，为"一带一路"区域生产网络的构建夯实了基础。第四章将在第三章研究的基础上进一步探讨中国制造业对外直接投资在"一带一路"沿线国家的横向重组。

第四章 "一带一路"倡议下中国制造业对外直接投资的横向重组

全球价值链上的价值环节在实现纵向分离之后，不同价值环节之间还要实现网络化连接，通过横向重组才能更好地进行资源配置以及提高资源的转换效率。为此，中国制造业对外直接投资在实现纵向分离之后，还需要强化横向联系，不断动员和吸收各种外部资源。

第一节 中国制造业对"一带一路"直接投资横向重组的理论分析

根据中国与全球化智库的一项针对2000—2016年间中国企业对外直接投资的案例分析，有2/3的中国企业在开展对外直接投资的过程中会在东道国选择当地企业作为合作伙伴，这种通过强化横向联系建立起来的网络化连接有助于中国企业收获更多的网络租金①，在获取国际化

---

① 网络租金是在网络组织制度条件下，所有网络组织成员所创造的总利润在抵消了它们单干利润的总和后的一个正的剩余，相当于超额利润或净利润，不仅表现为交易成本的节约，而且反映了网络成员核心资源共享而形成的交易增值效应。

收益的同时推动区域生产网络的形成。在面向"一带一路"沿线投资过程中，中国制造业企业也需要通过横向重组，与"一带一路"沿线当地企业构建起国际化网络，通过资源补充效应、规模经济效应、能力提升效应以及网络经济效应获取网络价值，进而确立起国际化竞争新优势。

一、对外直接投资网络化发展的经济效应

网络是具有参与活动能力的行为主体，在主动或被动地参与活动过程中，通过资源的流动，在彼此间形成的各种正式或非正式的关系（Hakonsson，1987）。企业在开展对外直接投资的过程中，除了实现生产布局的空间调整之外，还会与东道国企业建立各种正式或非正式的关系，进而构建起对外直接投资网络。

组织租金理论认为，作为经济组织存在的企业，其存在的主要动机是获取组织租金。组织租金主要由两部分构成，分别是组织费用的节约和组织生产所带来的收益的增加。当获取租金的主体由企业延伸至网络时，就产生了网络租金。在对外直接投资发展的过程中，通过网络化发展获取网络租金有助于阻断竞争对手的行为能力，从而帮助对外直接投资企业获取国际化的竞争优势。

对外直接投资网络化发展的网络租金同样包括组织费用的节约和组织生产所带来的收益的增加两部分。组织费用的节约主要源自网络组织的长期化合作所带来的组织内部交易成本的节约，比如，通过与东道国当地企业的合作，对外直接投资企业可以有效而低成本地获取东道国当地的产品和市场信息，有助于降低在东道国的信息获取成本，从而实现网络租金的获取。组织生产所带来的收益的增加则体现在资源补充效应、规模经济效应、能力提升效应以及网络经济效应四个方面。

（一）资源补充效应

伴随全球价值链分工复杂度的上升，企业不可能在价值链的所有环节都保持竞争优势，为此，企业需要借助网络实现与其他企业间的资源互补。在对外直接投资网络中，那些拥有优势资源或者掌握核心价值链环节的企业会获取超出市场平均水平的超额利润，即"李嘉图租

金"①。"李嘉图租金"可以被视为对外直接投资企业所具有的一种"比较优势"，小岛清就曾经使用李嘉图的比较优势解释了日本企业开展对外直接投资的原因。复杂的全球价值链分工体系对开展对外直接投资的企业所拥有的资源提出了更高的要求，面对复杂的价值链分工体系，绝大多数企业都面临资源有限性的约束，而构建对外直接投资网络可以与其他企业共享资源，实现资源补充的目标，进而缓解资源有限性的约束。

（二）规模经济效应

构建对外直接投资网络，有助于扩大投资企业的市场空间和生产规模，提高行业壁垒，进而帮助投资企业获取垄断性利润，即张伯伦租金②。对外直接投资的网络化嵌入有助于降低对外直接投资的成本，降低对外直接投资的风险和不确定性，因而有助于投资企业在东道国当地的规模化发展。此外，对外直接投资的网络化嵌入还有利于投资企业利用东道国当地企业的关系网络，通过采取协同行动来扩大生产，同样有助于投资企业在东道国当地的规模化发展，获取规模经济效应。

（三）能力提升效应

国际直接投资是一种重要的国际知识溢出方式（Dunning，1993；Dunning 和 Lundan，2008）。国际知识溢出方式可以是横向的，即通过相同产业内形成的示范效应、劳动力和信息在产业内的流动来实现；国际知识溢出方式还可以是纵向的，即通过供应链内上下游企业间的联系来实现。当投资企业为其客户提供更好的中间投入品，传递商业知识时，国际知识溢出效应将提升东道国上下游企业的生产效率。鉴于知识是国际化能力的基础，国际直接投资引发的知识溢出相当于赋予国际化企业持续创新的能力，即获取熊彼特租金③。

（四）网络经济效应

构建对外直接投资网络有助于投资企业利用东道国企业所拥有的网

---

① 李嘉图租金是指生产要素因完全缺乏供给弹性而取得的"超出正常水平"的部分报酬。

② 张伯伦租金由张伯伦和罗宾逊夫人（Chamberlin，1933；Robinson，1933）于1933年提出，他们认为垄断者往往通过价格上的战略协同或协同行动（concerted practices）来确定能使利润最大化的价格和产量，进而最大限度地增加自己的短期利润。

③ 熊彼特租金是指通过新商业、新技术、新供应源和新的组织模式的创新获得的企业经济租金。

络资源为当地消费者提供产品和服务，而东道国企业所拥有的市场知识和销售渠道是对外直接投资企业所不具备的。对外直接投资网络化发展带来的网络嵌入相当于为对外直接投资企业在东道国拓展了知识网络和市场网络，在规避国际化风险和不确定性的同时实现了境外市场规模的扩大，这种由对市场的控制和影响所带来的收益可以被视为理查德租金①。通过获取理查德租金，对外直接投资企业可以有效降低境外市场的进入成本，获取更多的投资收益，进而更好地构建区域生产网络。

二、中国制造业对"一带一路"直接投资网络化发展的经济效应

由上述分析可以发现，对外直接投资网络化发展有助于对外直接投资企业获取资源补充效应、规模经济效应、能力提升效应以及网络经济效应，这有利于对外直接投资企业有效应对全球化发展过程中面临的各类风险和挑战，提升对外直接投资的整体效益。从发达国家制造业对外直接投资的发展实践看，网络化是对外直接投资企业拓展生产网络、获取网络租金的重要方式。以日本为例，通过对地区生产网络的嵌入与连接，日本制造业对外直接投资呈现出网络化的发展范式。在这一网络化的链式分布结构中，位于日本本土的日本跨国公司通过向境外当地法人提供产品策划、核心技术及零部件进而与亚洲、北美、欧洲三大地区生产网络形成功能连接，构建起网络化的对外直接投资新范式。

在共建"一带一路"的过程中，中国制造业企业开展对外直接投资，不仅要获取资源和市场，而且要通过对外直接投资的网络化发展构建"一带一路"区域生产网络。"一带一路"沿线国家国情复杂多元，文化和制度环境差异巨大，中国制造业企业在对"一带一路"区域直接投资过程中如果仅仅依靠自身的国际化资源和能力，是无法保障对外直接投资顺利、有效开展的，也无法推动"一带一路"区域生产网络的构建。为此，中国制造业企业在面向"一带一路"投资时，必须走网络化

---

① 理查德租金是指由于优质生产要素供给受限，拥有稀缺优质资源的企业能够获得更低的生产成本，进而获得的超额利润。

发展的道路，通过网络嵌入降低国际化风险和成本，在应对各种不确定性的同时推动"一带一路"区域生产网络的构建。

党的二十大报告提出，推动共建"一带一路"高质量发展。要加快培育国际经济合作和竞争新优势。积极参与全球价值链分工体系，加快全球化发展，已成为中国制造业企业培育国际经济合作和竞争新优势的重要选择。然而，从国际化发展实践看，大多数中国制造业企业的国际化之路并非坦途。中国对外直接投资起步较晚，国际化发展经验和人才相对匮乏，导致制造业企业国际化之路更加艰难。而网络化发展所带来的资源补充效应、规模经济效应、能力提升效应以及网络经济效应可以帮助制造业企业克服国际化经验和人才不足的约束，构建起国际经济合作和竞争新优势，更好地实现对"一带一路"区域的直接投资。

在共建"一带一路"的过程中，中国制造业企业中涌现出了一批通过网络化发展打造国际化新格局的企业，河钢集团就是其中之一。契合"一带一路"倡议，2016年6月30日，河钢集团完成了对塞尔维亚斯梅代雷沃钢厂的收购，建立起第一个境外全产业链生产制造基地。收购后仅仅半年，连续亏损7年的塞尔维亚斯梅代雷沃钢厂就实现扭亏为盈，成为带动塞尔维亚出口增长的重要推动力之一。凭借这一业绩，河钢塞尔维亚公司入选"2017年中国企业全球化50强""2017年'一带一路'十大先锋企业"两大榜单，成为国内唯一入榜的钢铁企业①。

企业开展对外直接投资，面临的最大问题就是如何适应国际规则、市场条件、客户心理以及使当地企业接受。河钢集团在参与塞尔维亚项目的过程中也面临这些问题，面对全新的塞尔维亚市场，如何尽快融入当地的法律、政策和文化环境，是并购后面临的首要课题。为此，河钢集团坚持走本地化道路②，充分利用塞尔维亚斯梅代雷沃钢厂的人员、资源和产能，以获取网络化发展所带来的资源补充效应。在河钢塞尔维亚公司5 000多名员工中，中方常驻人员仅有10余人，其余均为当地员工。人员本地化加快了河钢集团融入当地社会的过程，在此基础上，河钢集团再引入自身先进的管理经验和技术，配置全球优势资源，从而短

---

① 杨海霞，孙学君，魏清源. 围绕"一带一路"建设，打造企业国际化新格局 [EB/OL].
[2018-03-01]. http://hbrb.hebnews.cn/pc/paper/c/201803/01/c54851.html.
② 河钢集团的本地化原则包括"利益本地化、用人本地化、文化本地化"三个方面。

短半年时间就实现了扭亏为盈。

企业开展对外直接投资，还需要构建全球市场网络。尤其是"一带一路"沿线，法律、文化、宗教环境复杂，对于国际化经验相对匮乏的中国制造业企业而言，尤其需要通过网络化发展，借助外部资源构建起全球市场网络。2014年11月，河钢集团增持全球最大的钢铁贸易与综合服务商——德高国际贸易控股公司（DufercoDITH）的股权，利用德高作为全球最大的钢铁贸易与综合服务商所具有的遍布全球的营销网络，拓展全球市场。以控股德高为起点，河钢集团快速构建起全球营销网络，目前，河钢集团已经在全球111个国家和地区从事商业活动，与全球331家钢厂建立了业务往来，产品销往4.4万家客户，奔驰、宝马、卡特彼勒、西门子等越来越多的世界级企业与河钢集团形成了稳固的合作关系。借助网络化发展带来的营销网络，河钢集团准确地把握了国际市场需求，提高了国际市场份额，推动了集团尽快完成从钢材供应商到综合服务商的生产经营模式转变，实现了集团全球销售能力、盈利能力和品牌影响力的全方位提升，网络化发展的能力提升效应显著。

第二节 中国制造业对"一带一路"直接投资横向重组的网络分析

目前，全球价值链已呈现出由原有制造业价值链向全球创新链深度拓展的新动向，这要求企业在全球范围内利用知识资源，构建开放性的价值链网络。如前所述，网络化发展已成为中国制造业企业开展对外直接投资的发展方向。那么，在面向"一带一路"沿线的投资中，中国制造业企业网络化发展现状如何？是否已经构建起"一带一路"区域生产网络？为此，本部分将依据经济社会学中的结构洞理论（Burt，1992），把"一带一路"沿线国家多元化的制造业产业发展视为占据"结构洞"的过程，探讨中国制造业对外直接投资如何进行有效的网络连接，如何增强从网络结构位置中获取"洞效应（Hole Effects）"的能力，如何通过信息收益和控制收益的获取来整合网络资源，进而逐步形成以中国为核心的"一带一路"区域生产网络。

一、社会网络分析与结构洞理论

(一) 社会网络分析

社会网络的概念源于 20 世纪 30 年代的霍桑实验。哈佛大学教授梅奥 (Mayo) 在美国西方电器公司霍桑工厂的心理学实验中发现，企业员工中存在一种自然形成的组织，即员工不是出卖劳动赚取工资的无感情 "经济人"[①]，良好的管理制度和轻松的环境氛围可以有效提高工人们的积极性，维护班组内部的团结，促使工人们放弃物质利益的引诱，形成一种无制度契约管理的非正式组织。此后，英国人类学家 Brown (1940) 正式使用 "社会关系网络" (Network of Social Relations) 一词来描述社会结构，这是第一次有学者用网络来描述社会结构，但 Brown 的描述仅限于结构层面，未对网络中的个体以及个体之间的关系进行深层次的研究。德国社会学家 Gerog (1955) 研究了不同网络中的个体行为，认为整体网络结构会对个体产生影响。在此基础上，美国斯坦福大学的 Granovetter (1973) 提出了 "弱连接" 理论 (Weak Tie) 和 "镶嵌" 理论 (Embeddedness)。其中，"弱连接" 理论认为社会网络中个体与个体之间的关联强度是不同的，根据个体的相似度和互动频率可以分为弱连接和强连接，弱连接在信息传递方面更具效率，网络中群体之间的关联必然是弱连接。"镶嵌" 理论认为个体是通过行动嵌入到社会网络中的，反对 "过度社会化" 和 "低度社会化" 对个体与网络间关系的渲染，主张根据个体嵌入网络的机制来探寻个体与总体之间的联系。这两个理论首次将社会网络视角引入经济学研究范畴，构建起经济社会学的发展基础。

从社会网络分析的基础理论及发展历史看，社会网络分析法是一种以网络中的个体及个体之间的关系作为研究对象，通过研究个体特征和个体关系演变，进而对网络中的个体或个体之间关系呈现出的结果做出因果判断的分析方法。社会网络分析研究的个体关系是个体依据自身特征和行为嵌入社会网络，与其他个体之间偶然形成并客观存在的关系。

[①] 意大利经济学家 Pareto Optimality 在 Adam Smith 和 John Stuart Mill 研究基础上总结出经济学中理性人的概念，指出经济人并不是指某个人或某类人，而是一种人的思维方式，形容一个人无论身处何种环境都以利益最大化作为基本动机的状态。

经济社会学家将社会网络分析引入经济学研究，基于网络视角探讨经济个体和经济关系的演变。一方面，"经济个体"是"经济行动"的主体，"经济个体"通过"经济行动"与其他"经济个体"产生"经济关系"导致嵌入"经济网络"；另一方面，其他"经济个体"的"经济行为"又可以通过基于"经济关系"形成的"经济网络"来影响"经济个体"的"经济行动"。这种基于"经济关系"的研究视角，经常被制度经济学家所诟病。他们认为这种客观存在的关系固然可以成为一种影响机制，但远不如白纸黑字的"契约"关系更为可靠。但也有制度经济学家，如Williamson就承认在经济个体的交往中一些未作为规章制度或合同契约的人际关系也发挥着相当重要的作用。社会网络分析这种以非契约制度形成关系作为研究目标的机制可以成功量化解释很多不存在"契约"的经济现象。

此外，社会网络分析法还可以帮助研究者通过构建网络的方式将经济个体及其之间的关系完美地呈现在读者眼前，即使是非专业人士也可以借助网络的形象表达获取经济个体之间关系的微妙变化，进而获取那些难以通过晦涩的文字所传递的信息。不仅如此，社会网络分析法还提供计算指标，可以对网络和个体关系的演化过程进行相对数值化，有助于完善经济实证分析中的计量模型，进而提高因果推断和假设预测的效率。

（二）结构洞理论

1.网络中的结构洞

Burt（1992）在《结构洞——竞争的社会结构》一书中率先提出"结构洞"理论，主张人与人之间关系的非重复性，即其中一人拥有的关系对另一人而言具有排他性。[1]简单来说，如果两个关系人所处的网络不存在任何可以使他们联系起来的交集，那么他们之间的关系就相当于出现了一道"鸿沟"，此时如果网络中有个体愿意分别建立起与这两个关系人之间的关联，就会成为一座"桥"——一座跨越这道"鸿沟"的桥。借助这座"桥"，两个关系人就顺理成章地形成关联，他们可以

---

① BURT R S. Structural Holes: The Social Structure of Competition [M]. Cambridge: Harvard University Press，1992.

通过"桥"交换信息，互通有无，取长补短，而在这个过程中"桥"也自然而然地与他们分享这些信息，毕竟，两个关系人之间的信息传递必须要通过"桥"。进而，"桥"甚至可以选择性地传递某些信息、不传递某些信息，借此来控制桥两端个体的信息获取程度。由此可见，Burt 提出的结构洞理论实际上描述的是网络中的一种"竞争性关系"，某个个体网络中出现结构洞，对其他个体是机遇，抢占结构洞并成功"搭桥"的个体将获取结构洞"隐藏"的信息收益和控制收益。个体自身网络中的结构洞对于自身则是"约束"（Constraint），主要表现为信息传递方面的被"约束"以及被他人占据结构洞后受他人控制的"约束"。"竞争性"就存在于网络个体一系列关于如何抢先占据他人的"结构洞"或者避免自己的"结构洞"被他人占据的行为中。

2."搭桥"的艺术

从表面上看，桥接（Bridge Connect）两个无重复关系的关系人，进而依靠"搭桥"分享桥两端关系人的联系信息并且控制他们的信息传递就可以获得收益。换言之，在网络中占据的结构洞越多，就越可以获得在网络中隐藏的信息收益和控制收益，毕竟这些收益在"搭桥"工作完成之前是无法获取的。出于竞争性意图和个体趋利性，网络中的个体都会产生占据网络结构洞的动机并付诸行动。

当然，最终有能力完成"搭桥"的个体往往屈指可数，完成"搭桥"需要个体要素禀赋与能力的有效结合，简单的关联并不一定可以实现成功的"桥接"。首先，要成为"搭桥人"，必须具备"畅通"关系人信息通路的能力，这意味着搭桥人必须付出努力分别与桥两端的关系人建立联系。其次，"搭桥人"应该具备长期维系与桥两端关系人联系的能力，这样才能保证稳定的信息收益和控制收益。如果"桥"存在的时间很短或者很容易被别的"桥"所取代，那么建"桥"将会得不偿失。最后，在网络中可能存在多个结构洞的情况下，"搭桥人"会面临"搭桥"选择，有限的能力会限制"搭桥"的数量，因此能否做出正确"搭桥"选择将直接影响"搭桥人"获取收益的大小。

为更好地解释"搭桥"的艺术，本部分引入 Granovetter 的"弱连接"理论。"弱连接"理论源自 Granovetter 文献中的一个实验：美国南方的一个纺织厂曾经出现了一种奇怪的传染病,这种传染病是由昆虫叮咬引起的。Kerckhoff、Back和Miller(1965)通过研究受感染者的人际关系网络发现,第一个被感染的人是一个比较孤僻的人,当他被感染的时候,大家都觉得他的症状古怪,就连医生也无法解释,因为这个人的人际关系网络近似于0,因此并没有引起较大范围的传播。后来,当一些人际关系网络复杂的人被感染后,这种传染病便大范围扩散起来,并引起了工厂的注意,有些工厂为了减少传播而不得不选择停工。研究者们由此认为疾病的传播是人际关系网络作用的结果,一开始人际关系网络为0的孤僻者感染时,疾病没有大范围传播,而在人际关系网络较为广泛的人感染后,疾病便在社会范围内广泛传播开来,人们接受了传染病的事实,并开始采取措施加以应对。由此可见,网络中拥有联系较多的个体,更具有传播能力,而基于个体有限的精力和能力,这些个体的联系大部分是"弱连接",可见"弱连接"确实在疾病传播方面起了一定作用。后期随着越来越多的拥有较多"弱连接"的个体的感染,直接导致传染病大范围蔓延,这进一步印证了"弱连接"的传播效率优势。结合结构洞理论,对于在网络中占据结构洞的"搭桥人"来说,"弱连接"具备传播效率的优势,建立"弱连接"比建立"强连接"[①]更加节省成本,因此"搭桥人"会更倾向于搭建"弱连接"的"桥"。

二、"一带一路"区域生产网络构建

(一)社会网络分析视角下的"一带一路"生产网络

在Granovetter(1985)研究的基础上,Arthur等(1997)进一步指出,现实经济中充满了分散的相互作用,换言之,现实经济体系具有社会网络的本质特征。自此以后,社会网络分析开始在产业、贸易等领域得到广泛应用。

使用社会网络分析研究经济现象须满足两个基本条件:一是构成网

---

① 根据"三度影响力原则"(Three Degree of Influence Rule),相距三度之内的人之间是强连接关系,而根据"六度影响力原则"(Six Degree of Influence Rule),相距三度至六度的人之间是弱连接关系。

络基础的经济个体，即"节点"；二是由经济个体的经济行为所形成的经济关系。在共建"一带一路"的过程中，"一带一路"沿线国家可以被视为网络中的"节点"，沿线国家间的贸易、投资联系可以被视为节点之间的联结关系（Scott，2000）。从发展实际看，在"一带一路"倡议提出之前，沿线地区一些国家间就因贸易和投资活动的拓展而自发形成了各种各样的经济关联。然而，受各国经济发展差异的制约，这些经济关联相对集中，只能形成由几个主要国家构建的"稀疏"且"单一"的产业链条。"一带一路"倡议提出后，随着"五通"即政策沟通、设施联通、贸易畅通、资金融通和民心相通建设的推进，"一带一路"沿线国家间的贸易、投资联系日趋紧密，"一带一路"区域生产网络化布局基本形成。

构建中的"一带一路"区域生产网络存在多种建构关系。一方面，沿线各国因贸易和投资联系的建立而嵌入"一带一路"区域生产网络，并依据各自的要素禀赋参与生产网络的不同环节，相互间的关系可以被视为供应链上下游的投入-产出关系。另一方面，沿线国家制造业产出的中间品和最终品会在"一带一路"沿线以及全球市场销售，各国会基于产品的同质性和异质性而形成竞争及合作关系。而随着"一带一路"区域生产网络的发展，有的国家会演化成为生产网络的核心"枢纽"，有的国家则会因为贸易投资联系规模的制约而原地踏步，各国对生产网络的贡献度和影响力也会随之出现分化。综合上述多方面因素，构建中的"一带一路"区域生产网络具有下述异质性。

首先是网络节点的差异性，无论是"一带一路"沿线国家的国情、经济发展状况，还是在"一带一路"区域生产网络中的地位和角色，都存在较大差异。其次是网络结构的复杂性，原本"一带一路"沿线国家相互间的贸易、投资关系就比较复杂，"一带一路"倡议提出后，各国会因为嵌入"一带一路"区域生产网络程度的差异而改变原有的贸易、投资结构，进一步加剧了网络节点间联系的复杂性。最后是网络演化的动态性，"一带一路"区域生产网络的出现本身就是"一带一路"沿线国家相互间贸易、投资关系演化的产物，不仅如此，受全球经济的影响，"一带一路"区域生产网络也不是一成不变的，而是不断演化变迁的，呈现出动态的发展脉络。

基于上述对于"一带一路"区域生产网络的网络特征和异质性分析，后续研究将把经济理论分析和社会网络分析引入"一带一路"区域生产网络研究，尝试立体鲜活地刻画"一带一路"沿线国家间错综复杂的贸易、投资关系，进而更好地揭示中国在"一带一路"区域生产网络中的地位和角色。

（二）结构洞与中国的新角色

基于网络结构洞理论，"一带一路"区域生产网络的复杂性和动态性意味着网络中存在很多"结构洞"。具体而言，"一带一路"沿线国家在基础设施建设以及制造业产业链、供应链完整性上仍然存在很多问题，制约着它们与其他国家构建网络关系，进而出现了竞争性的"结构洞"。这种结构洞可能会随着国家自身的经济发展以及相互间经济联系的加强而被"自我桥接"，然而"自我桥接"往往需要经历一个相对漫长的过程，在此过程中如果出现一个拥有"桥接"能力的国家，通过贸易连接、对外投资等方式拓展网络内的产业链、供应链，就会将"断裂"的联系建立起来，进而占据结构洞。在共建"一带一路"的过程中，中国可以凭借与沿线国家间紧密的贸易和投资联系而获取"桥接"能力，通过拓展与沿线国家的产业链、供应链来推动和引领"一带一路"区域生产网络的建设。

对于中国而言，"桥接"具有重要的经济价值。2008 年全球金融危机后发达国家的消费市场萎缩，外部市场的波动一方面推动中国加快内需市场的培育，另一方面也推动中国为国内庞大的产能寻找新的境外空间。与此同时，伴随中国国内劳动力成本的上升以及环境保护约束的上升，中国还面临低成本劳动密集型产业国际转移的新挑战，亟须寻找承接中国产业转移的新空间。"一带一路"倡议正是在这一背景下提出的，是中国从"世界工厂"向"世界市场"转型的新载体及自我赋能。通过共建"一带一路"，中国可以抓住占据"一带一路"区域生产网络中结构洞的机会，推进产业区域转移，加强国际产能合作，在提升沿线国家制造业生产能力的过程中拓展产业链、供应链，获取网络租金，推动"一带一路"区域生产网络的构建。

（三）"一带一路"生产网络与网络收益

2020 年新冠肺炎疫情暴发后，在疫情和贸易保护主义的双重压力下，全球产业链、供应链重构的步伐加快，在全球产业链、供应链重构的过程中，中国制造业一方面需要实现在全球价值链中的升级，另一方面需要构建由中国主导的产业链、供应链，以开拓参与国际合作与竞争的新局面。中国制造业面向"一带一路"沿线国家的直接投资会提升沿线国家嵌入全球产业链、供应链的水平，而中国可以凭借与各国间的投资联系而确立起在"一带一路"区域生产网络中的核心枢纽地位，进而获取更多的网络收益。

另外，面对要素禀赋优势改变、国际产能合作以及技术创新等新挑战，中国制造业亟须在全球市场进行空间配置，在此过程中，中国制造业可以通过开展国际产能合作，在合作过程中积极"嵌入"网络中的结构洞，获取更多的网络收益并应对挑战。那么，建立什么样的关联才有助于推动中国制造业"嵌入"较多的结构洞呢？

中国国内制造业产业链之间的关联是一种典型的"强连接"，这种"强连接"建立在国内制造业产业链长期分工合作的基础上。产业链"强连接"具有的地理距离和供应链体系优势，节省了"强连接"形成的成本。此外，"强连接"还保障了企业在劳动力、经营管理、政策措施等方面具有高度的一致性。在开展对外直接投资的过程中，无论是单独还是"组团"到国外投资建立子公司或分支机构，购买设备，雇佣当地员工，融入当地产业链、供应链，其与国内产业链之间的关联都属于"弱连接"。与国内产业链之间的"强连接"不同，这种"弱连接"形成的原因在于国内外要素禀赋不同、文化差异、地理因素不同等。"弱连接"虽然在稳定高效上无法与"强连接"相媲美，但是这种方式可以有效降低境外市场进入门槛，使企业可以在较短的时间内融入当地制造业产业链，填补产业链中的"结构洞"，节省建立和维系"连接"的成本，以满足在多个国家同时开展投资合作的需求。

生产网络中的内外连接实际上也存在"强""弱"之分，区别就在于相互连接的国家间的社会经济特征是否相似。这是因为经济特征相似的国家总是存在较"强"的经济往来和关联，这种"强往来和关联"导致了它们采取相似的发展道路，导致各方面越来越"像"。因此相似的国家之间就是强连接，不同的国家之间则为弱连接。中国与"一带一路"沿线社会经济特征差异较大的国家之间的关联，可以被视为"弱连接"。弱连接一方面可以带来更加有效的信息传播，更有助于推动中国与沿线国家优势互补，进而促进"贸易畅通"和深化投资合作；另一方面弱连接构建成本较低，中国可以"广泛撒网"，通过构建尽可能多的"弱连接"，占据更多结构洞，进而获取更多信息收益和控制收益，为下一步"一带一路"区域生产网络构建及价值链升级创造条件。

由以上分析可以发现，在面向"一带一路"区域直接投资的过程中，中国制造业企业可以与各具优势的"一带一路"沿线国家企业进行国际产能合作，通过"弱连接"占据网络结构洞，在获取信息收益和控制收益的过程中构建区域生产网络。

三、"一带一路"区域生产网络分析

(一) 数据和变量选择

1.网络节点

本部分研究旨在刻画"一带一路"制造业网络的演化轨迹，根据中国一带一路网站提供的数据，"一带一路"沿线国家包括以下几个区域：东北亚国家，包括蒙古国和俄罗斯；东南亚国家，包括新加坡、印度尼西亚、马来西亚、泰国、越南、菲律宾、柬埔寨、缅甸、老挝、文莱、东帝汶；南亚国家，包括印度、巴基斯坦、斯里兰卡、孟加拉国、尼泊尔、马尔代夫、不丹；西亚北非国家，包括阿联酋、科威特、土耳其、卡塔尔、阿曼、黎巴嫩、沙特阿拉伯、巴林、也门、埃及、伊朗、约旦、叙利亚、伊拉克、阿富汗、巴勒斯坦、阿塞拜疆、格鲁吉亚、亚美尼亚；中亚国家，包括哈萨克斯坦、吉尔吉斯斯坦、土库曼斯坦、塔吉克斯坦、乌兹别克斯坦；中东欧国家，包括波兰、阿尔巴尼亚、爱沙尼亚、立陶宛、斯洛文尼亚、保加利亚、捷克、匈牙利、北马其顿、塞尔维亚、罗马尼亚、斯洛伐克、克罗地亚、拉脱维亚、波黑、黑山、乌克兰、白俄罗斯、摩尔多瓦，再加上中国，共64个国家。①设定这些国家为"一带一路"制造业生产网络中的个体，即"一带一路"制造业生产网络节点。

2.网络关联

要刻画中国在"一带一路"制造业生产网络中角色和地位的发展变化，就需要选取恰当的制造业网络关系代理变量，以反映制造业生产网络中各节点间的相互关系。

国际贸易的基础是生产技术的相对差别。这种相对差别导致一国出于成本、利润以及效用最大化的考虑而生产和出口自己具备"比较优势"的产品，进口具有"相对劣势"的产品（Ricardo，1817）。除了技术的相对差别外，商品在生产过程中还存在要素差异，而世界各国存在较大的要素禀赋差异，只有通过国际贸易才能促使生产要素和商品价格在世界范围内达到平衡（Heckscher，1919；Ohlin，1933）。因此，一国特定行业在一定时期内的出口贸易额可以作为其在当期内所具备的资源禀赋、生产经验和技术能力的权重赋值，并且上述生产要素通常决定了该行业的竞争优势。

本部分借鉴Fagiolo（2010）在研究世界贸易网络变化的特征时所采用的加权网络方法，以及洪俊杰和商辉（2019）构建的有向加权动态国家贸易网络方法，选取"一带一路"沿线国家制造业之间的出口贸易额作为测算"一带一路"制造业网络相关指标的有向权重赋值。贸易数据来自联合国商品贸易统计数据库（UN Comtrade Database）②，使用H.S.2002（2/4位）编码规则，查询获得2006—2018年"一带一路"沿线64个国家之间制造业商品出口贸易额，作为基准数据。时间跨度为2006—2018年，以全景展现全球金融危机前后以及"一带一路"倡议提出前后"一带一路"制造业网络的发展变化。

为了对"一带一路"制造业生产网络展开深入研究，本部分参考了杨丽丽等（2018）对中国已经开展对外直接投资的制造业行业所进行的分类，根据要素禀赋将制造业分为劳动密集型、资本密集型和技术密集型三大类，涉及的行业及海关H.S.2002（2/4位）编码见表4-1。

① 资料来源于https://www.yidaiyilu.gov.cn/jcsjpc.htm。
② 联合国商品贸易统计数据库（UN Comtrade Database），网址：https://comtrade.un.org/.

表4-1 制造业分类

行业类别	行业	海关编码（H.S.2002（2/4位））
劳动密集型	食品、饮料及烟草	16-24章
	纺织业	50-60章、63章
	纺织服装、服饰	61-62章
	皮革、毛皮、羽毛及其制品和制鞋业	41-43章、64-67章
	木材加工及竹藤棕草制品	44、46章
资本密集型	化学原料与化学制品	28-29章、31-38章
	橡胶和塑料制品	39-40章
	非金属矿物制品	68-70章
	金属冶炼、加工与金属制品	72-83章
	机械设备（通用及专用设备）	84章
技术密集型	医药制造	30章
	汽车、铁路、船舶、航空航天及其他运输设备	86-89章
	电气机械和器材	85章（8517—8531、8540—8542节）
	计算机、通信及其他电子设备	85章（8501—8516、8532—8539、8543—8548节）
	仪表仪器业	90-92章

数据来源：杨丽丽，盛斌，吕秀梅. OFDI的母国产业效应：产业升级抑或产业"空心化"——基于我国制造业行业面板数据的经验研究 [J]. 华东经济管理，2018（7）.

（二）网络构建

借助全球价值链贸易，各国制造业互相连接，形成了一个复杂网络。由此，"一带一路"制造业网络可以视为"一带一路"沿线国家贸易联系的集合。根据社会生产网络分析的描述，并参照许和连等（2015）、马述忠等（2016）的做法，将2006—2018年"一带一路"制

造业生产网络记为 G:

$$G = \{V, A, W\} \tag{4-1}$$

其中, $V = \{v_1, v_2, \cdots, v_N\} (i = 1, 2, \cdots, N)$, V 为网络中节点的集合, v_i 为 "一带一路" 沿线国家, N 为网络中国家的数量; 用邻接矩阵 $A = [a_{ij}] (i = 1, 2, \cdots, N)(j = 1, 2, \cdots, N)$ 表示 v_i 国向 v_j 国的制造业出口贸易事件, 为网络中节点之间的有向未赋权重的关联集合; 用权重矩阵 $W = [w_{ij}] (i = 1, 2, \cdots, N)(j = 1, 2, \cdots, N)$ 表示 v_i 国向 v_j 国的制造业出口贸易额。

(三) "一带一路" 制造业生产网络整体情况

1. 网络概况

为了直观地反映 2006 年以来 "一带一路" 制造业生产网络的发展变化, 本部分采用社会网络分析软件 Gephi 分别绘制了 2006 年、2013 年以及 2018 年的网络结构图, 通过比对来探究 "一带一路" 倡议提出前后 "一带一路" 制造业生产网络的发展变化。网络中节点关联的色度和尺寸与该国制造业商品出口贸易额数值成正比, 但不同网络图节点色度与大小不等同于实际制造业商品出口贸易额数值比例。

由图 4-1 可以发现 "一带一路" 制造业生产网络的几个发展特征。

首先, 总体网络密度随时间的推移而增加。2018 年的网络密度高于 2013 年, 而 2013 年的网络密度又高于 2006 年。这说明, "一带一路" 沿线国家间制造业贸易联系在不断增强, 且呈上升态势。这验证了中国提出的 "一带一路" 倡议有效地推动了陆海内外联动、东西双向互济的对外开放新格局的构建, 为整个区域有效规避了 2008 年全球金融危机和 "逆全球化" 贸易保护主义带来的负面影响。随着 "一带一路" 建设的推进, 沿线国家制造业发展水平有所提升, 中国与沿线国家以及沿线国家之间贸易联系有望进一步增强。

其次, "一带一路" 制造业生产网络呈现出非均衡的分布状态。并且随着时间的推移, 网络中的核心节点无论是关联密度①还是关联权

---

① 关联密度 (Connection Density) 是指与网络中其他节点间连接 (出度和入度) 的数量。

2006年一带一路沿线国家制造业网络

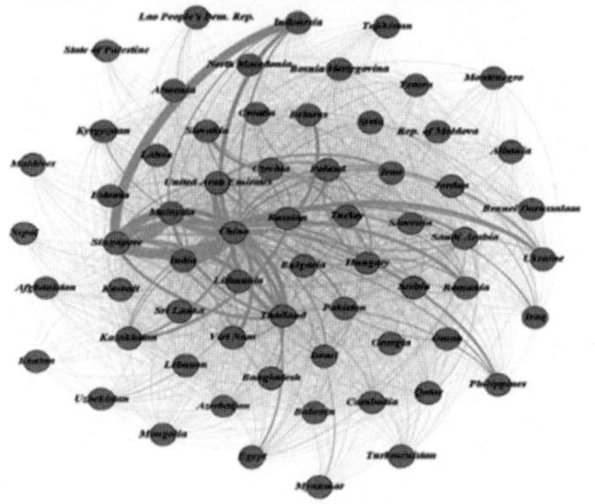

2013年一带一路沿线国家制造业网络

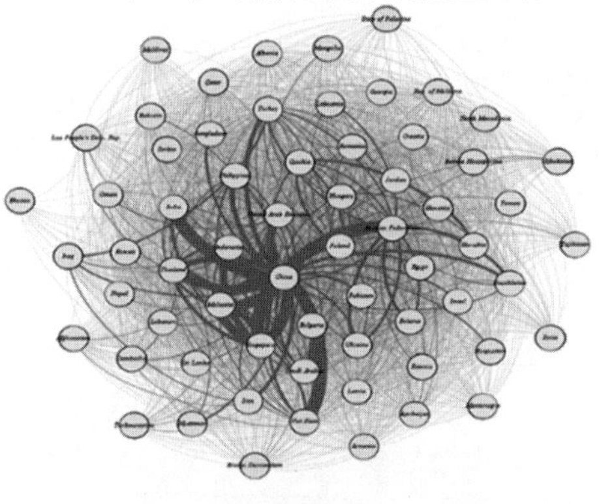

2018年一带一路沿线国家制造业网络

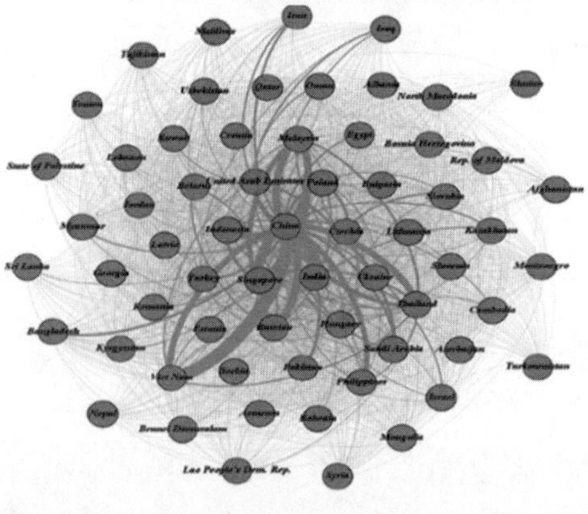

图4-1　2006年、2013年以及2018年"一带一路"制造业生产网络

　　注：图4-1采用社会网络分析软件Gephi绘制，网络中关联色度和尺寸与两端的节点的贸易额数值成正比。

重①都呈上升态势，网络中其他大部分节点的关联密度也在增加，权重也呈上升态势。但部分边缘节点的密度几乎保持不变，权重呈下降态势。这表明"一带一路"制造业生产网络在向"集聚"化方向发展，部分国家的制造业产能和出口实现群体式增长，而另一部分国家的制造业发展则停滞不前。

最后，"一带一路"制造业生产网络核心节点分布随年份发生变化。绘制网络时使用出口贸易额作为节点关联权重，根据图4-1，2006年制造业出口主要集中在中国、新加坡②、马来西亚等国，2013年制造业出口主要集中在中国、新加坡、马来西亚、泰国、印度、俄罗斯等国，到了2018年制造业主要出口国除中国、新加坡等国，还出现了越南、土耳其等发展中国家。这说明"一带一路"沿线国家制造业比较优势正在发生变化，制造业核心节点逐渐发生地区转移，部分国家如越南、印度发展速度较快，逐渐向"一带一路"制造业核心枢纽靠拢。

2.指标分析

为进一步细化对"一带一路"制造业生产网络的分析，接下来选取网络密度和网络聚类两个指标对2006—2018年"一带一路"制造业生产网络进行量化分析。

首先，本部分用网络节点连接数量与网络连接最大数值的比值代表网络密度，节点连接数量越多，网络密度就越大。在"一带一路"制造业生产网络构建过程中，沿线国家制造业贸易往来次数越多，各国制造业的产业链关联就越紧密。网络密度的测量公式如下：

$$D_t = \frac{\sum_{i \neq j} a_{ij}}{N(N-1)} \tag{4-2}$$

其中，D_t 代表 t 年"一带一路"沿线国家制造业贸易网络密度；a_{ij} 代表国家 i 对国家 j 当年的制造业出口事件，如果国家 i 制造业当年对国家 j 进行了出口，那么 $a_{ij}=1$，如果当年没有出口，那么 $a_{ij} = 0$；N 为网络

---

① 关联权重（Connection Weight）是指网络连接被赋予的权重（本部分的权重为贸易出口额）。

② 其中需要对新加坡的数据进行说明，新加坡的制造业出口贸易数据并不像其他国家一样可以说明制造业生产地位，其制造业出口贸易总值大部分是由转口贸易构成的，因此新加坡的贸易数据并不能代表其制造业发达程度，这里的数据只能代表新加坡是"一带一路"沿线国家制造业出口经常选择的转口口岸，为了保持数据的完整性，并未将其删除，特此说明。

中国家的总数,因此 N(N-1)就是制造业网络中国家间最大的关联数量。

其次,从聚类分析角度,引入网络平均聚类系数(Average Clustering Coefficient)和网络节点平均路径(Average Path)两个指标进行测度分析。如果网络平均聚类系数越大,网络节点平均路径越短,那么网络中同类节点之间的连接就越紧密,网络中的"小世界"(Watts,1998)特征就越明显,[①]网络的不均匀分布也越明显。网络平均聚类系数的测量公式如下:

$$\overline{C}_c = \frac{1}{N} \sum_{i=1}^{N} C_{ci} \tag{4-3}$$

其中,$\overline{C}_c$ 为网络平均聚类系数,表示整个网络中的国家倾向聚集程度;C_{ci} 为 i 国家聚类系数,计算公式详见(4-3);N 为网络中国家的总数。

网络节点平均路径的测量公式为:

$$\overline{L} = \frac{\sum_{i > j} d_{ij}}{N(N+1)} \tag{4-4}$$

其中,$\overline{L}$ 为网络节点平均路径长度;d_{ij} 为网络中国家 i 到国家 j 所有可达路径数量加总;N 为网络中国家的总数。

将 2006—2018 年样本数据带入三个指标计算公式,计算结果见表4-2。

表4-2　　　　2006—2018年"一带一路"制造业网络指标

年份	网络平均聚类系数($\overline{C}$)	网络节点平均路径长度($\overline{L}$)	网络密度(D)
2006	0.74	1.22	0.62
2007	0.75	1.22	0.63
2008	0.77	1.22	0.66
2009	0.78	1.22	0.68

---

① 小世界网络是指具有较大的网络平均聚类系数和较小的网络节点平均最短路径两个重要特性的网络。一般测度标准是使用 Gephi 按照同样节点数随机生成网络,如果被测度的网络的平均聚类系数大于随机网络,网络节点的平均最短路径小于随机网络,则认为被测度网络具备小世界网络属性。小世界网络是一种节点相似度越高,联系越紧密的网络,一般认为在小世界网络中,任意改变较少关联就会产生较大的网络影响。

续表

年份	网络平均聚类系数（C̄）	网络节点平均路径长度（L̄）	网络密度（D）
2010	0.81	1.22	0.74
2011	0.80	1.22	0.72
2012	0.78	1.22	0.70
2013	0.81	1.21	0.73
2014	0.79	1.22	0.71
2015	0.80	1.20	0.73
2016	0.80	1.19	0.73
2017	0.88	1.15	0.74
2018	0.79	1.17	0.70

注：表中数据通过计算样本数据获得。

将上述表格数据代入 stata 16 软件中获得指标数值随年份变化的动态连线图，可以更加直观地观察网络的动态变化：

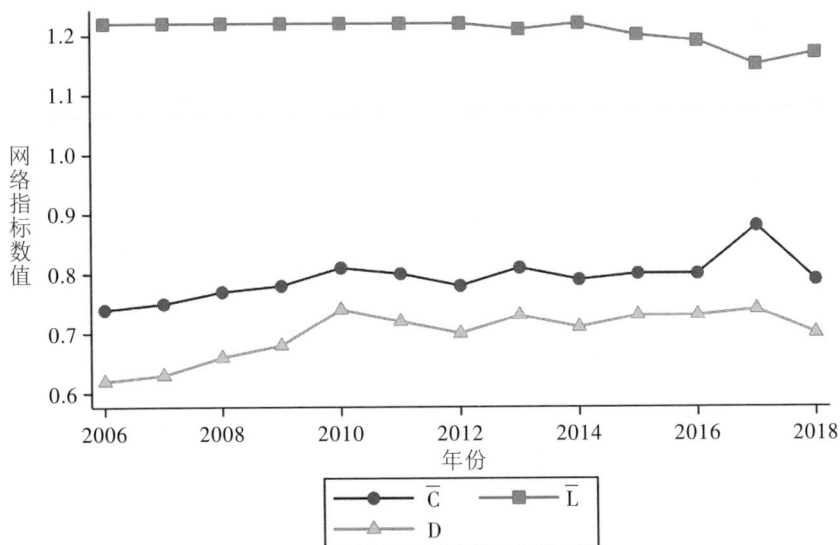

图4-2　2006—2018年"一带一路"沿线国家制造业网络指标

注：图4-2数据来源于表4-2。

观察表4-2和图4-2可以发现：

第一，"一带一路"制造业生产网络的网络密度随着年份推进总体呈上升趋势，说明沿线国家制造业商品贸易往来次数呈上升趋势，相互间贸易依存度不断提升，制造业产业关联日趋紧密。在2011—2018年间，"一带一路"制造业生产网络密度呈波动状态，先后出现了三次小范围向下波动。这可能是分别受到了2010年欧洲债务危机爆发、2014年国际贸易总量增速放缓以及2018年中美贸易摩擦影响的结果。三次向下波动的幅度不大并且在第二年都恢复上升状态，说明尽管外部经济环境对"一带一路"沿线国家的制造业生产网络有冲击，但是冲击的范围是可控的，总体发展势头不受影响，仍然呈向上趋势。

第二，网络平均聚类系数随时间推移呈上升趋势，而网络节点平均路径长度随时间推移呈下降趋势，这说明"一带一路"沿线国家制造业生产网络的集聚度越来越高，与此同时，沿线国家间的贸易出口路径逐步缩短，"小世界"网络特征越来越突出，网络不对称性加剧，即贸易伙伴数量相近的国家之间更容易发生贸易往来。"一带一路"沿线制造业生产网络平均聚类系数在2011—2018年间同样出现了波动状态，在整体上升的趋势下，在2012年、2014年以及2018年出现了波动，其中，2012年网络平均聚类系数较上年降低了3.2%，2014年较上年降低了2.1%，2018年较上年降低了9.7%。2018年正是中美贸易摩擦爆发的关键时刻，中国制造业受到较大影响，而同时制造业网络的集聚程度也发生变化，表明网络的集聚程度受网络核心节点影响较大。网络节点平均路径长度的波动也集中于上述三年，尤其在2018年上升幅度较大，网络节点平均路径被拉长，说明制造业网络的贸易往来便利性同样受网络核心节点贸易状况的影响较大。

3.个体网络分析

在这部分研究中，把计算网络节点地位的中心性指标和控制力指标分别代入数据分析。根据研究需要选取2006年、2013年以及2018年的数据，以观察中国制造业的网络中心地位和网络控制力在三个代表年份的变化情况。选取2013年的考虑，是这一年中国提出"一带一路"倡议，通过比较2013年和2018年网络的变化，可以直观地探究"一带一路"倡议的提出对制造业生产网络发展的影响。

（1）中国的网络中心地位

网络中心指标是社会网络分析方法中衡量网络节点重要程度的关键指标，网络中心性最高节点一般在网络中占据枢纽位置。在社会网络理论中，一般认为占据网络枢纽位置的节点拥有获取最多资源的优势（Wasserman，1994），并且占据网络最多数量"结构洞"，因此可以获得最多的信息传播收益和控制收益（Burt，1992）。

基于本部分测度贸易网络中的节点中心枢纽地位的研究目标，借鉴Freeman（1979）测度网络中心地位的方法，使用加权出度中心指标作为测度网络节点中心度的主要指标。同时考虑测度的准确性和稳健性，参考洪俊杰和商辉（2019）的做法，采用不赋权重的有向PageRank指标①测度网络中节点的相对重要程度，即其他节点对该节点的"偏好"程度，作为对加权出度中心指标结果的稳健性测试和补充说明。

（2）加权出度中心指标

加权出度中心指标的测量公式如下所示：

$$C_i = \sum_{i \neq j} w_{ij} \tag{4-5}$$

其中，C_i 为网络中 i 国家的加权出度中心指标。

将制造业网络中各国的加权出度中心指标作为网络节点色度和尺寸的衡量值，生成"一带一路"沿线国家制造业网络（参见图4-3）。

由图4-3可以发现，在2006年、2013年和2018年的制造业生产网络中，中国一直处于网络中心指标最高的枢纽位置，与网络各节点均保持贸易往来。这说明中国制造业在"一带一路"区域生产网络中具有较强的桥接能力，网络中其他节点对中国制造业产品的依赖度较高。此外，中国周边集聚了一部分在网络中同样具有较高出口贸易额的国家，双方之间的贸易往来权重较大。这种集聚一般来源于网络中其他制造业发展水平较高的国家对于中国制造业中间品贸易的依赖，导致中国与其他国家制造业产业链融合程度越来越高。

虽然这三年中国作为核心枢纽的地位没有变化，但实际上，中国在网络中吸引集聚的国家却发生了较大变化。2006年、2013年以及2018

---

① PageRank指标最早由Google公司推出，用来计算网页排名，通过测度网页在网络中链接的网页的数量和质量，可用于衡量网页的相对重要性。

2006年"一带一路"沿线国家制造业网络加权出度中心指标图

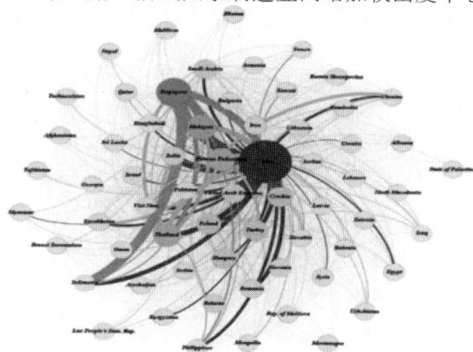

2013年"一带一路"沿线国家制造业网络加权出度中心指标图

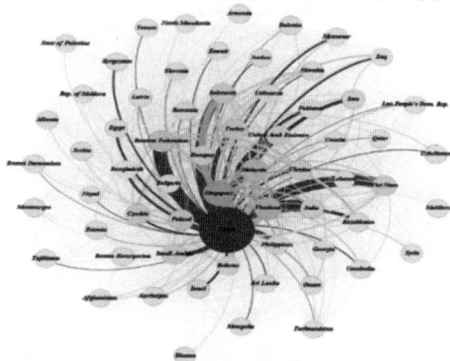

2018年"一带一路"沿线国家制造业网络加权出度中心指标图

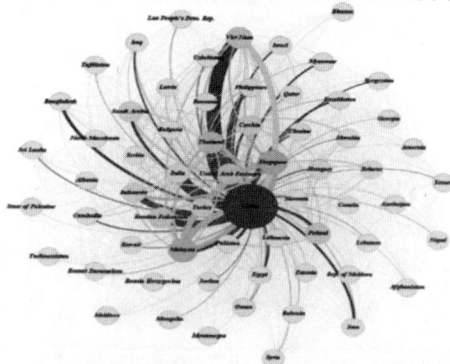

图4-3 "一带一路"沿线国家制造业网络——加权出度中心指标

注：图4-3采用社会网络分析软件Gephi绘制，网络中节点色度和大小与该国加权出度中心指标数值成正比，但不同网络图节点色度与大小不等同于实际加权出度中心指标数值比例。

年中国制造业最主要的出口贸易伙伴一直在改变，这意味着网络中其他国家的制造业竞争力在发生变化，导致这三年的网络存在较大的异质性。

根据表4-3，2006年、2013年以及2018年网络中按加权出度中心指标排名的国家发生了较大变化。其中前四名变化不大，主要是因为这些国家属于"一带一路"区域生产网络中制造业相对发达的核心节点，在网络中具有一定优势，短期内很难被区域内的其他国家所取代。排名第5至第10名的国家在2006年、2013年和2018年发生了比较大的变化，俄罗斯从第5名降至第8名，捷克和土耳其的位次也出现下降，阿联酋的位次上升，越南则首次跃居前十。这种变化说明了随着"一带一路"建设的推进，制造业生产在沿线国家的空间配置发生了调整，一些资源型国家如俄罗斯的制造业出口份额下降，一些国家如越南的制造业发展迅猛，其在"一带一路"区域生产网络中的影响力不断加强。

表4-3　　　　　　　2006年、2013年和2018年加权出度
中心指标排名前十位的国家

年份	2006	2013	2018
国家	中国	中国	中国
	新加坡	新加坡	新加坡
	马来西亚	泰国	马来西亚
	泰国	马来西亚	泰国
	俄罗斯	俄罗斯	阿联酋
	波兰	波兰	越南
	捷克	土耳其	波兰
	土耳其	捷克	俄罗斯
	匈牙利	印度尼西亚	捷克
	阿联酋	沙特阿拉伯	土耳其

注：表中数据通过计算样本数据获得。

在考察期内，使用加权出度中心指标衡量的中国作为"一带一路"区域生产网络的核心枢纽地位一直没有发生变化，与沿线其他国家相比，中国在"一带一路"区域生产网络中的中心节点作用突出，但同时也发现，部分国家如越南的加权出度中心指标位次上升较快，反映出其在"一带一路"制造业生产网络中影响力的上升。研究发现，越南等国家制造业快速发展在很大程度上是中国制造业产业链迁出的结果（施展，2020）。随着中国劳动力成本快速上升以及出口环境的恶化，原本布局在中国的劳动密集型生产环节已实现境外转移，美国推行的单边主义、保护主义，为中国制造业企业出口增加了诸多障碍，那些面向美国市场的中国出口企业遭遇较大损失。出于规避风险以及降低成本的考虑，像越南这样同时拥有与美国、欧洲、日本、韩国、加拿大和俄罗斯自由贸易协定的国家无疑是中国制造业产业链外迁的理想目的地，这解释了越南在"一带一路"区域生产网络中节点作用的上升。

（3）PageRank中心指标

考虑到网络中部分国家数据缺失，有些节点没有出度，因此本部分研究借鉴吕越和尉亚宁（2020）的做法，利用修正的PageRank计算方法①测度企业贸易网络中心度。根据本部分网络数据，构建邻接矩阵A的Google初始矩阵$\bar{A}$②，为了防止网络中的悬挂节点（出度为0）无法通过计算有效收敛，构建Google矩阵$\tilde{A}$以概率α对$\bar{A}$进行缩减，出度为0的国家会被分配1/N的PageRank中心值。修正后的网络各国迭代计算的第k次PageRank值的矩阵P(k)和Google矩阵$\tilde{A}$的计算公式如下：

$$P(k) = (\tilde{A})^{T}P(k-1) \tag{4-6}$$

$$\tilde{A} = \alpha\bar{A} + (1-\alpha)\frac{1}{N}ee^{T}, e = [1,1,\cdots,1] \tag{4-7}$$

其中，Google初始矩阵$\bar{A}$中的元素a_{ji}的计算公式如下：

---

① 修正PageRank算法是对数据做修正，方法是给网络中只有入度（出度）的节点添加一个指向（被指向）每一个节点的链接，维持计算过程的"流动性"，最终得出更加均衡的结果。
② Google初始矩阵是邻接矩阵A的转移矩阵，各列矢量和为1。

$$\bar{a}_{ji} = \begin{cases} 1/d_{outj}, & \text{if } a_{ji} = 1且d_{outj} > 0 \\ 0, & \text{if } a_{ji} = 0且d_{outj} > 0 \\ 1/N, & \text{if } d_{outj} = 0 \end{cases} \tag{4-8}$$

其中，d_{outj} 表示国家 j 的出口贸易事件总数，计算公式如下：

$$d_{outj} = \sum_{j \neq i}^{N} a_{ji} \tag{4-9}$$

最后，采用洪俊杰和商辉（2019）的 PageRank 中心指标的计算方法，构建贸易网络 PageRank 中心指标的计算公式如下：

$$C_{pi}(k) = \alpha \sum_{j \neq i}^{N} C_{pj}(k-1) * \frac{\bar{a}_{ji}}{d_{outj}} + \frac{(1-\alpha)}{N} \tag{4-10}$$

其中，C_{pi} 表示国家 i 的 PageRank 中心指标值；a_{ji} 为国家 j 出口到国家 i 的贸易出口状态；α 为阻尼系数[1]；N 为网络中国家的总数；k 为迭代次数；e 为单位矩阵。

将制造业网络中各国的 PageRank 中心指标作为网络节点色度和尺寸的衡量值，生成"一带一路"沿线国家制造业网络如图4-4所示。

本部分计算的网络中各个国家的 PageRank 中心指标，是基于该国与网络中不同类型国家出口关联度，测度一国在网络中相对资源获取能力和相对控制程度的中心地位指标。因此，PageRank 中心指标可以测度网络中的节点指向性偏好，用于考察节点与网络中其他节点间关系的紧密性和延续性，作为对加权出度中心指标所测度的事实的补充和验证。

如图4-4所示，在"一带一路"区域生产网络中，相对于加权出度中心指标的计算结果，中国的 PageRank 中心指标并不是一直排在首位。具体排名见表4-4，2006年中国的 PageRank 指标排名为第6位，2013年排名第4位，2018年排名第1位。这表明在去除出口贸易额权重之后，依据出口贸易事件数量指向性计算的中国的 PageRank 指标从2006年至2018年呈上升趋势，说明在"一带一路"区域生产网络中相对于别的国家，中国的"相对"重要性呈上升趋势，换言之，网络中的其他国家越来越"偏好"与中国保持贸易联系。这是基于网络中其他国家的"偏好"角度进一步验证了中国在"一带一路"区域生产网络中的核心枢纽地位。

---

① PageRank 算法中的阻尼系数是持续系数，在 Google 计算网页排名时，用来表示用户点击网页后持续浏览网页的概率，在此沿用 Brin 和 Page（1998）提出的 PageRank 算法经验值中0.85的阻尼系数。

2006"一带一路"沿线国家制造业网络PageRank中心指标图

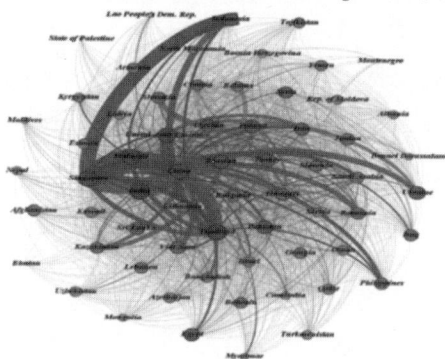

2013"一带一路"沿线国家制造业网络PageRank中心指标图

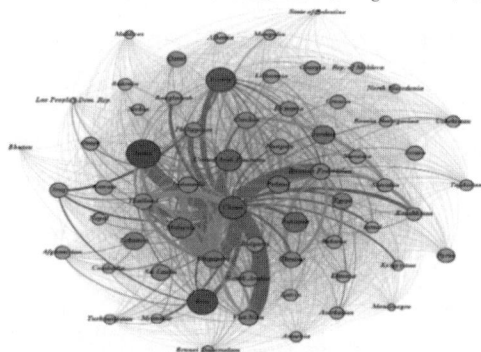

2018"一带一路"沿线国家制造业网络PageRank中心指标图

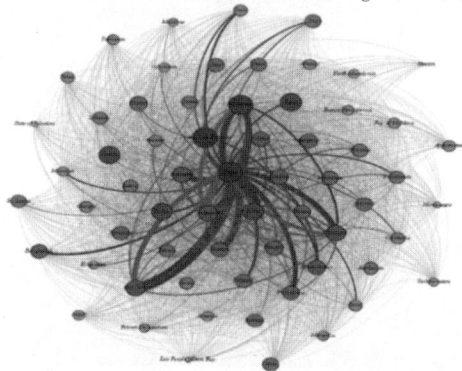

图4-4　2006—2018年"一带一路"沿线国家制造业网络——PageRank中心指标

注：图4-4采用社会网络分析软件Gephi绘制，网络中节点色度和大小与该国PageRank中心指标数值成正比，但不同网络图节点色度与大小不等同于实际PageRank中心指标数值比例。

表4-4　　　　　　2006年、2013年和2018年PageRank
中心指标排名前十位的国家

年份	2006	2013	2018
国家	印度	印度	中国
	新加坡	伊朗	沙特阿拉伯
	泰国	土耳其	马来西亚
	马来西亚	中国	埃及
	沙特阿拉伯	沙特阿拉伯	约旦
	中国	巴基斯坦	印度
	乌克兰	马来西亚	土耳其
	俄罗斯	约旦	泰国
	土耳其	黎巴嫩	越南
	巴基斯坦	波兰	印度尼西亚

注：表中数据通过计算样本数据获得。

4.中国的网络控制力分析

社会网络分析法中网络节点的控制力是节点控制网络中与其他节点交往的能力，节点在网络中所处的位置决定了其在网络中的控制力。如前文所述，占据了网络"结构洞"的玩家即获得了切断其他玩家联系的控制能力（Burt，1992）。在"一带一路"区域生产网络中，网络控制力体现为其他国家对被观测国家在生产上的依赖以及被观测国家在其他国家市场上的领导者地位。利用指标测度网络控制力可以量化这种依赖度和领导者地位，考察网络中各国制造业影响力的发展变化，进而对中国在"一带一路"沿线制造业生产网络中的地位和作用做出科学评估。为此，本部分根据中国在"一带一路"沿线制造业生产网络中的位置以及与中国关联的国家间的贸易状态对中国在网络中的控制力进行刻画。选取的指标是，节点聚类系数（Clustering Coefficient）和中介中心指标（Betweenness Centrality）。

上文在进行整体网络分析时采用了网络平均聚类系数作为网络同类聚集程度的测度指标，而节点聚类系数则可以很好地反映网络中相邻节点间的关联情况，进而测度局部网络的稀疏程度。当节点聚类系数较高时，说明节点与邻接节点之间大部分存在着关联，当节点聚类系数较低时，说明节点与邻接节点之间的关联较少。当节点与邻接节点间的关联趋近于0时，节点就是这些节点信息传递的唯一路径，节点将据此获取信息传递的控制收益。

中介中心指标是对网络中节点占据其他节点最短路径数量的测量，反映的是节点占据其他节点交流路径进而成为中介占据两端个体"结构洞"的能力。中介中心指标数值是对节点聚类系数描述网络控制力的补充。比如，一个国家在生产网络中拥有较高的中介中心指标和较低的节点聚类系数，就说明其在很多国家的贸易往来中充当中间人的角色，并且这些国家的贸易伙伴数量相对较少，进一步说，该国占据了这些贸易关联相对较少国家的贸易路径，获取了对这些邻国贸易往来的控制力。

（1）节点聚类系数指标

节点聚类系数的测量公式为：

$$C_{ci} = \frac{\left|\left\{a_{jk} : v_j, v_k \in M_i, a_{jk} \in A\right\}\right|}{k_i(k_i - 1)} \tag{4-11}$$

$$M_i = \left\{v_j : a_{ij} \in A \vee a_{ji} \in A\right\} \tag{4-12}$$

其中，$|M_i|$ 设定为国家 i 的邻域，邻域中包括近邻国家 i。M_i 为邻域中国家的数量。$k_i(k_i - 1)$ 为邻域内国家间可能存在的最多关联。将制造业网络中各国的节点聚类系数作为网络节点色度和尺寸的衡量值，生成"一带一路"沿线国家制造业生产网络如图4-5所示。

由图4-5可以发现，中国在"一带一路"区域生产网络中居中心位置。此外，从网络的关联可以看出，中国制造业对网络中其他国家的出口数量和额度都较大，但是中国节点聚类系数比较低，节点颜色浅，尺寸也比较小。前文做出过说明，节点聚类系数越小，与其邻接的国家之间的关联越少，进而导致邻国对其依赖度就越强。因此中国符合上述情况，即拥有较多对其制造业产品依赖度较高的贸易伙伴。对2006年、2013年以及2018年"一带一路"区域生产网络中的节点聚类系数（由小到大）进行排名参见表4-5。

2006年"一带一路"沿线国家制造业网络各国节点聚类系数

2013年"一带一路"沿线国家制造业网络各国节点聚类系数

2018年"一带一路"沿线国家制造业网络各国节点聚类系数

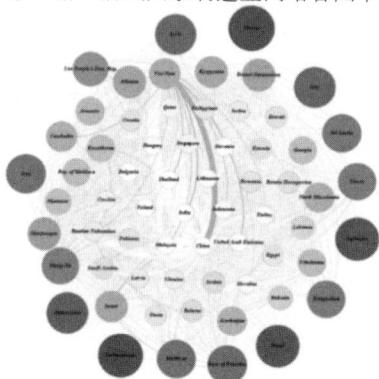

图 4-5　2006—2018 年"一带一路"沿线国家制造业生产网络——节点聚类系数

注：图 4-5 采用社会网络分析软件 Gephi 绘制，网络中节点色度和大小与该国节点聚类系数指标数值成正比，但不同网络图节点色度与大小不等同于实际节点聚类系数指标数值比例。

表4-5 2006年、2013年和2018年节点聚类系数排名前十位的国家

年份	2006	2013	2018
国家	捷克	以色列	中国
	马来西亚	中国	印度
	俄罗斯	阿联酋	泰国
	阿联酋	马来西亚	阿联酋
	中国	波兰	印度尼西亚
	土耳其	印度尼西亚	马来西亚
	波兰	捷克	土耳其
	泰国	匈牙利	保加利亚
	以色列	泰国	匈牙利
	保加利亚	新加坡	波兰

注：表中数据通过计算样本数据获得（由小到大）。

由表4-5可以发现，在"一带一路"区域生产网络中，中国的节点聚类系数逐年减小，中国的贸易伙伴在逐渐缩小自己的贸易"朋友圈"。节点聚类系数排名前十位的国家随时间推移发生了较大变化。从2006年开始，中国的节点聚类系数显著缩小，排名一直在上升，2018年排名第1；2006年排名第1的捷克，2013年排名第7，2018年跌出榜单；马来西亚的名次在3年间也是一路向下；俄罗斯在2013年和2018年跌出前十；阿联酋排名比较稳定；印度尼西亚的排名一直在上升；泰国的排名2013年开始也一直在上升。

结合前文加权出度中心指标的排名情况以及贸易网络平均密度指标变化情况，对三种指标反映出的情况进行综合推断：第一，贸易网络的平均密度逐年上升，证明"一带一路"沿线国家的贸易往来逐年增多；第二，中国的节点聚类系数逐年降低，反映出中国的贸易伙伴在逐渐"切断"与别国的贸易往来；第三，中国的中心度指标在逐年上升，证

明中国与贸易伙伴之间的贸易往来呈上升趋势,"中国制造"成为网络中越来越多国家制造业的选择。

由此可以推论出,随着"一带一路"建设的推进,"一带一路"沿线制造业生产网络中的国家贸易往来数量逐年上升,但是网络中国家的贸易偏好集中向中国倾斜,沿线国家与中国间的贸易联系越来越紧密。考虑到这一时期中国对"一带一路"沿线国家的对外直接投资也在不断增长,可以认为中国对沿线国家的制造业直接投资提升了中国与沿线国家间的产业链联系,增强了这些国家对中国制造业产品的需求,中国对"一带一路"区域生产网络的影响力在不断上升。

(2)中介中心指标

中介中心指标的测量公式如下:

$$C_{Bi} = \frac{2k_i}{(N-2)(N-1)} \qquad (4-13)$$

其中,C_{Bi} 为网络中国家 i 的中介中心指标,k_i 为国家 i 与其他国家之间的最短路径数量,N 为网络中国家总数。

将制造业网络中各国的中介中心指标作为网络节点色度和尺寸的衡量值,生成"一带一路"沿线国家制造业生产网络如图4-6所示。

由图4-6可以发现,中国在"一带一路"沿线国家制造业生产网络中的中介中心指标从2006年到2018年呈上升态势。从整体上看,在2006年、2013年以及2018年的制造业网络中,中介中心指标呈集聚式发展。2006年居于网络中间、贸易进出口权重较大的国家的中介中心指标数据相差不大,它们之间未呈现出明显差距,但均显著高于网络边缘贸易量较小的国家;2013年网络中国家的中介中心指标出现了集聚增加变化,印度、土耳其、伊朗成为网络中中介中心指标数值较高的国家;2018年中国、马来西亚和阿联酋成为网络中中介中心指标数值较高的国家,其中尤以中国的指标上涨幅度最为明显。这表明在2006—2018年间,中国在"一带一路"沿线国家制造业生产网络中逐渐扮演起中间人的角色,占据网络中越来越多的"结构洞",成为沿线其他国家贸易往来的桥梁。

2006年"一带一路"沿线国家制造业网络中介中心指标

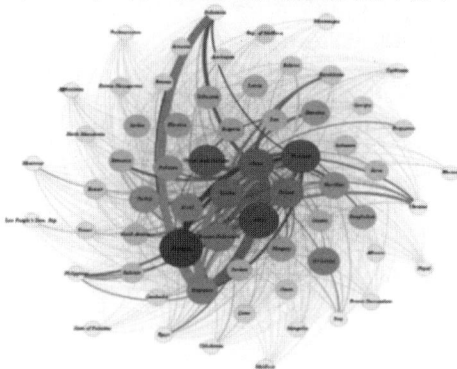

2013年"一带一路"沿线国家制造业网络中介中心指标

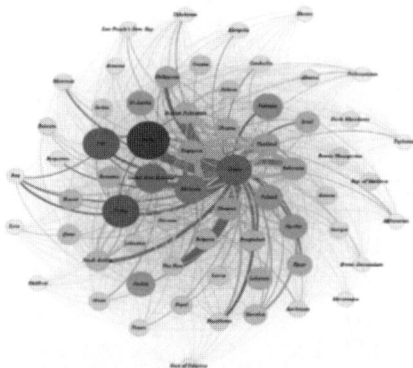

2018年"一带一路"沿线国家制造业网络中介中心指标

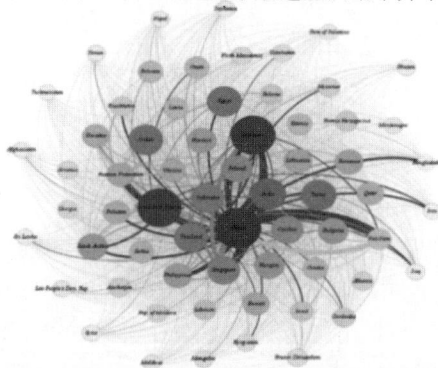

图4-6 2006—2018年"一带一路"沿线国家制造业生产网络——中介中心指标

注：图4-6采用社会网络分析软件Gephi绘制，网络中节点色度和大小与该国的中介中心指标数值成正比，但不同网络图节点色度与大小不等同于实际中介中心指标数值比例。

根据表4-6，除中国中介中心指标排名呈上升状态之外，中介中心指标排名前十的国家在3年中变化也较大，且表格中前十位的国家并不稳定，有些国家仅仅出现在1年的排名中，这说明这些国家"搭建"的"桥"并不稳固，占据"结构洞"的时间较短，随时会被取代。2006年排名第1的马来西亚，中介中心指标数值为44.18，网络平均中介中心指标为11.23；2013年排名第1的印度，中介中心指标为54.61，网络平均中介中心指标为12.16；2018年排名第1的中国，中介中心指标为34.08，网络平均中介中心指标为9.14。中介中心指标整体的变化是浮动的，这可能是网络整体贸易进出口数量的变化造成的。结合网络密度与中介中心指标3年的变化情况分析，造成2006—2013年"一带一路"制造业生产网络国家中介中心指标上升的原因可能是2008年全球金融危机爆发所导致的全球经济疲软，制造业贸易量整体萎缩，后续几年均处于缓慢恢复状态，各国之间的贸易往来相对较少，制造业网络整体密度不高。之后，随着2013年"一带一路"建设的推进，各国贸易往来增多，整体制造业网络密度上升，促使网络中国家中介中心指标大幅度下降，在这种情况下，只有制造业进出口竞争力较强的国家才能在网络中继续保持较高的中介中心指标，长期占据"结构洞"。中国作为"一带一路"沿线制造业生产网络中竞争力最强的国家，其中介中心指标的数值凭借自身的竞争力逐渐超越网络中的其他国家。

表4-6 2006年、2013年和2018年中介中心指标排名前十位的国家

年份	2006	2013	2018
国家	马来西亚	印度	中国
	印度	土耳其	马来西亚
	泰国	伊朗	阿联酋
	阿联酋	中国	印度
	中国	阿联酋	土耳其
	捷克	马来西亚	约旦
	波兰	巴基斯坦	埃及
	俄罗斯	波兰	泰国
	以色列	约旦	印度尼西亚
	斯里兰卡	捷克	新加坡

注：表中数据通过计算样本数据获得。

　　将中国聚类系数和中介中心指标结合起来进行综合分析发现，在2006—2018年间，中国在网络中聚类系数不断下降，中介中心指标不断上升，说明中国在更多贸易伙伴比较单一的国家之间扮演着中间人角色，占据他们的"结构洞"，获取更多信息收益和控制收益，进而在"一带一路"区域生产网络中发挥越来越重要的核心枢纽作用。

　　综合以上分析可以发现，从网络整体角度看，"一带一路"沿线国家的制造业实现了区域协同发展，尤其是部分发展中国家制造业发展迅速，网络内贸易往来日益频繁。尤其是2013年共建"一带一路"倡议的提出，进一步加速了沿线国家制造业网络的密集化发展，区域内贸易合作进一步深化，"一带一路"区域生产网络已见雏形。与此同时，中国在"一带一路"区域生产网络中的枢纽地位显著提升，在网络中发挥的桥接作用不断凸显，拥有的网络控制力随之上升，获取的网络租金收益也在增加。

　　本部分结合结构洞理论，从社会网络分析的视角，阐述了"一带一路"区域生产网络的构建过程，运用社会网络分析软件Gephi刻画了中国开展对外直接投资建立起与"一带一路"沿线国家贸易、投资联系的情况，以及中国占据"结构洞"进而发展成为"一带一路"区域生产网络核心枢纽的演化路径。

　　通过分析可以发现，中国制造业对"一带一路"沿线对外直接投资拓展了中国与沿线国家间的产业链合作，提升了沿线地区整体产业链发展水平，为中国通过对外直接投资构建并延伸产业链、进而实现全球价值链升级夯实了基础。

第五章 中国对"一带一路"制造业直接投资的价值链升级效应

第一节 中国对"一带一路"制造业直接投资价值链升级效应的理论分析

"一带一路"建设的推进，衔接了沿线国家的产业发展需求，尤其是中国对"一带一路"沿线制造业直接投资的推进大大提升了沿线国家全球价值链的参与程度，为中国拓展全球价值链以及实现全球价值链升级创造了条件。

一、从全球价值链到全球价值链升级

（一）全球价值链的出现

20世纪90年代以来，科技的突破以及垂直专业化分工的深化将不同国家、不同行业、不同产品、不同生产工序连接起来，让全球生产越来越呈现出网络化的发展态势。集成电路和计算机技术的发展，让计算

机在程序的控制下可以自动进行复杂工序的生产，便于在境外复制生产系统，通信技术的发展大幅降低了远距离沟通的信息成本，两者相结合使得原本在一个空间内的生产过程可以被配置在不同的空间范围内，也可以低成本地被分割为不同的生产环节和工序（国际生产分割），在全球的不同地区组织生产，从而在空间上形成了一个网络（Dicken，2003），全球价值链应运而生。

根据联合国工业发展组织（UNIDO）的定义，全球价值链是指为实现商品或服务价值而连接生产、销售、回收处理等过程的全球性跨企业网络组织，涉及从原料采购和运输，半成品和成品的生产和分销，直至最终消费和回收处理的整个过程，包括所有参与者和生产销售等活动的组织及其价值、利润分配。当前散布于全球的处于价值链上的企业进行着设计、产品开发、生产制造、营销、交货、消费、售后服务、最后循环利用等各种增值活动。

全球价值链的出现是国际分工持续深化的结果，与生产分割在全球的推广密不可分。国际生产分割推动了垂直专业化分工（Vertical Specialization）的发展，垂直专业化强调的是跨越多个国家边界以及生产和贸易的前后关联。随着国际分工的演进，跨国公司将完整的生产链条切割分离，并按照要素优势在全球范围内进行空间配置，同时又不断整合生产资源，重新组合生产片段，由此推动着价值链在全球范围的延展，最终形成全球价值链网络。

（二）全球价值链升级

全球价值链的延伸为新兴经济体与发展中国家参与全球价值链分工创造了条件，为其经济发展提供了助力。但与此同时，在参与全球价值链分工时也面临着产业升级的严峻挑战，如何通过参与国际经济循环实现自身国际分工地位的改善，是新兴经济体与发展中国家亟待解决的现实问题。

1.国际贸易利益演化与产业升级

从全球价值链视角研究产业升级，源自1994年Gereffi对东亚纺织链的研究，此后，伴随产品内分工的深化和全球价值链的扩张，学者们开始从全球价值链贸易出发，去考察新兴经济体与发展中国家参与全球价值链过程中的产业升级问题。

垂直专业化分工带来的生产分割，围绕产品的生产和销售形成跨国生产组织和销售体系，将分布在世界各地的企业乃至国家组织在一个一体化的生产网络中，大量中间品的涌现推动全球价值链贸易的出现。全球价值链的延展在构建起区域及全球生产网络的同时，也改变着国际贸易和国际投资活动的性质。国际贸易利益与国际贸易规模日渐分离，贸易大国已不再等同于贸易强国，贸易规模已经无法与贸易利益相匹配（Johnson 和 Noguera，2012）。

贸易利益与贸易规模的分离源自中间品贸易的大量兴起，国际价值链分工将产品的不同生产工序配置在不同国家（地区），在最终贸易实现之前，中间品已完成多次跨国贸易，不仅带来国际贸易规模的大幅攀升，而且改变了对国际贸易利益的测度。在传统贸易下，贸易是为了实现产品的价值，是连接全球生产和消费的纽带，而在全球价值链贸易下，贸易是为了确保国际生产过程的连续性，是连接全球生产环节和工序的纽带（戴翔、张二震，2016）。

全球价值链贸易还改变了国际贸易的利益分配结构。在全球价值链分工条件下，各国不再承担产品的整个生产过程，而是根据自身的禀赋优势，从事具有比较优势的特定生产环节，从而降低了生产过程的总成本，带来了巨大的分工利益。然而，全球价值链分工的利益分配并不均衡，利润主要流向产品价值链的两端，一端是研发设计，另一端是品牌和营销。这两端和中间的加工制造形成整个产品价值链，是一条近 U 形的曲线，被称作"微笑曲线"。在成本驱动下，发达国家的制造业企业将加工制造环节外包至劳动力成本较为低廉的发展中国家（黄永明等，2006）。由于价值链各环节在产品总价格中的占比各不相同，各国从所承担的生产环节中获得的增值也必然有所差异，因此所承担的生产环节的价值在产品总价值中占比越高的国家（地区），就越能从全球价值链分工中获益（曹明福、李树民，2005）。

在全球价值链分工下，国际贸易利益被分解为通过贸易而获得的收益和通过分工而获得的收益，一国（地区）在全球价值链上某一生产工序中所获取的收益，不再取决于出口贸易总额，而是由扣除了进口附加值之后的实际"增加值"所决定。这意味着对于那些通过嵌入全球价值链低端环节而参与国际贸易循环的发展中国家而言，贸易虽然会带给其一定收益，但与居于全球价值链高端环节的国家相比，他们所获得的收益是非常微薄的。尤其值得关注的是，这些发展中国家很难摆脱目前的处境，从而被"锁定"在全球价值链的低端环节。锁定效应最早被用于研究后进国家的技术创新，指的是由于存在报酬递增和自我增强等因素，现有的技术条件会制约后进国家的工业化进程和产业升级（Arthur，1989）。在全球价值链分工中，发展中国家长期从事全球价值链上某一工序的生产，形成路径依赖，最终导致其无法参与更高水平的国际分工，从而被"锁定"在全球价值链的低端环节（Humphrey 和 Schmitz，2000；Schmitz 和 Knorringa，2000；Schmitz，2004）。发展中国家被低端"锁定"现象的出现，是全球价值链分工利益分配不均衡的结果。全球生产网络中发达国家跨国公司凭借自身的技术优势和作为国际大购买商的市场势力，构建起俘获型生产网络（刘志彪、张杰，2007），导致发展中国家的代工企业单靠自身的力量很难突破被锁定的状态（卢福财、胡平波，2008）。一方面，在全球生产网络中，生产要素会伴随生产工序的分解而流动和汇聚，发展中国家的代工企业承担的是加工组装工序，从而推动生产要素向低端的劳动密集型工序汇聚。另一方面，加工组装工序利润率低，代工企业自身无法获得向全球价值链中高端攀升的高级生产要素，导致其无法提升技术研发和品牌培育能力，形成对现有国际分工方式的依赖（杜宇玮、周长富，2012）。长期停留在加工组装工序还导致发展中国家的代工企业接触不到产品链两端的研发和市场营销环节，失去把握产品和市场走向的能力，无法在产品链上获得足够的市场掌控力。随着全球价值链的延伸和发展中国家在"微笑曲线"低端环节竞争的加剧，发展中国家容易陷入"贫困性增长"的陷阱，即加工贸易越是增长，产品的价格就越是走低，产品产量扩大与贸易收益增加呈加速分离的态势（韩晶，2008）。为扭转这一不利局面，发展中国家的产业升级势在必行。

全球生产网络中的产业升级是指沿着全球价值链从低技术水平、低增加值的工序向高技术水平、高增加值的工序动态演变的过程。Gereffi

（1999）将产业升级分为四个层次。在此基础上，Humphrey 和 Schmitz （2002）进一步提出了以企业为中心的产业升级分类方法：一是流程升级，通过重组生产系统或引入高技术实现产业升级；二是产品升级；三是功能升级，即获得价值链上更好的功能，如设计和营销，或放弃现有的低附加值环节而致力于高附加值环节；四是部门间升级，即把在特定环节获得的能力应用于新领域或转向新的价值链。Gereffi、Humphrey 和 Schmitz 等的研究揭示出全球价值链下的产业升级与传统产业升级间的差异，与传统模式的产业升级不同，全球价值链下的产业升级表现为产业和部门内部工艺、产品、功能以及价值链的升级和拓展（盛斌、陈帅，2015）。

2.区域生产网络与价值链升级

在全球价值链分工下，一国（地区）根据自身的要素禀赋参与国际分工，占据全球价值链中的某一环节，体现出在全球生产网络中具有某一特定优势（Baldwin 和 Gonzalez，2013）。在微观层面，由跨国公司构建起的各种网络生产关系，推动了全球和区域层面不同规模的国际生产网络的形成与发展（马丽等，2004）。国际生产网络包含多种规模范围，既可以是全球性的，又可以是区域性的（Henderson，2002）。从区域层面看，全球生产网络的延展带动了世界范围内三个区域生产网络的形成，分别是以北美自贸区为基础的北美生产网络、以欧盟为基础的欧洲生产网络以及以东亚国家为基础的东亚生产网络。

东亚生产网络是地区国际分工深化的结果。20世纪90年代，伴随跨国公司全球生产战略的调整以及东亚各经济体经济和技术发展水平的提升，东亚地区通过多层次的分工贸易建立起网络状的新型区域生产体系，即东亚生产网络。得益于全球价值链分工，中国迅速成为东亚工厂中的制造基地，将"亚洲制造"转变为"中国制造"，在制造业的大多数部门和生产环节具有较强的生产能力，并形成较为完整的产业链。中国制造业的崛起为东亚生产网络提供了更广阔的延展空间，业务环节由在区域间实现转变为在区域内实现，大大节约了生产成本和贸易成本（Arndt，2004）。中国角色的变化引发了东亚生产网络中其他参与者分工角色的变化，网络参与者相互间的联系也因中国影响力的提升而增强

（黄朝翰，2012）。中国影响力的提升带动了东亚生产网络的转型升级。《全球竞争力报告2010—2011》指出，以中国为首的东亚经济体正在从"要素驱动型经济"向"创新驱动型经济"转变，中国服务业的发展和开放，推动其成为东亚生产网络中服务业和服务贸易的承载者和连接者，引领整个区域生产网络的价值链升级。

2018年以来，美国特朗普政府奉行的单边贸易主义严重冲击了全球贸易秩序，导致全球价值链增长趋于放缓（Lund等，2019），这意味着东亚国家未来的经济增长将更多地依赖域内国家而非传统的发达国家市场。面对不确定的贸易环境以及第四次工业革命，东亚生产网络也需要顺势调整，增强发展韧性，通过新经济能力的建设和互联互通水平的提升，寻找发展新动能和新方向。不断升级的中美贸易摩擦，不仅将给中美两国经济带来长期负面的影响，而且会给东亚生产网络带来诸多挑战。如前所述，东亚区域内的价值链参与者会因为融入中国的产品供应链而受到冲击，此外，贸易摩擦对美国经济的负面影响也会外溢到与美国存在紧密贸易联系的东亚其他国家，东亚生产网络亟须转型。鉴于中国在东亚经济发展中的影响日益增大，中国的产业升级将影响到整个东亚生产网络的转型升级。中国产业升级意味着中国将更多地参与价值链的高附加值环节，这将引致产业结构的持续优化以及政府支出和消费者收入不断增加，进而带来最终需求规模的扩张。因此，中国的产业升级将推动区域生产网络中最终需求市场的形成和发展，并带动区域生产网络中其他经济体的产业升级和经济增长模式转型，降低对区域外发达国家市场的依赖，减少区域外经济体经济波动和贸易摩擦对东亚国家经济发展的干扰，推动东亚经济的平稳发展。

OECD（2013）指出，对于经济增长和就业而言，一国或企业做（do）什么要比一国或企业卖（sell）什么更重要。全球生产网络为发展中国家融入全球经济、实现技术进步并最终实现价值链升级提供了契机（邱斌等，2012），但另一方面，发展中国家参与全球生产网络也会面临"被锁定"的风险，Lall和Zhou（2005）在对发展中经济体的研究中就发现，南亚的巴基斯坦、孟加拉国和斯里兰卡等国对纺织品出口的依赖程度较高，导致这些国家被俘获在全球价值链的低端而无法实现价值链升级。

在全球生产网络中，按照贸易结构反映生产结构的逻辑，一国或地区出口产品的复杂度是测度该国或地区价值链地位的重要指标。Rodrik（2005）在研究中发现，1992—2003年间中国的出口复杂度一直居于高位，邱斌等（2012）基于 Hausmann 等的出口复杂度计算方法，通过实证研究也发现全球生产网络参与程度的提高有助于我国制造业价值链分工地位的提升。那么，为什么参与全球生产网络会提升一国的价值链分工地位呢？首先是技术外溢效应作用的结果。来自发达国家的跨国公司在拓展全球生产网络的过程中，基于完成任务和提高效率的考虑，会向来自发展中国家的代工企业提供技术支持，以保证其提供的中间品在质量和技术上符合要求，进而导致技术沿着产品链发生外溢。不仅如此，发展中国家参与全球生产网络后，会从国外大量进口高附加值的中间品，通过投入-产出效应提升发展中国家的技术水平。在此过程中，发展中国家的代工企业可以以较低的成本获得学习、模仿和吸收发达国家跨国公司先进技术的机会，从而提升自己的劳动生产率。其次是劳动力要素能力提升的结果。Coe 等（1997）曾对国际贸易的技术溢出渠道展开研究，发现贸易可以有效促进国内资源和要素的优化配置。来自发达国家的跨国公司在拓展全球生产网络的过程中，会在发展中国家大量雇佣劳动力，发展中国家如果能在此过程中不断积累熟练劳动力，就可以为本国技术水平的提高和价值链升级提供坚实的要素基础。从中间品贸易的拉动作用看，高附加值的中间品进口需要发展中国家投入相对密集的高技术劳动力要素，进而倒逼发展中国家和企业加大人力资本投入，促进生产要素尤其是劳动力要素的优化配置（许南、李建军，2012）。中国的价值链升级不仅是梯度升级，更是从非核心工序向核心工序转变。在参与东亚生产网络的过程中，中国实现了从全球最终产品生产基地向全球中间品生产基地的转型，在这一过程中，正是在中间品生产技术溢出效应的拉动下（Keller，1998；Javorcik，2004），中国的产业链和价值链才得以快速实现升级。

二、对外直接投资的价值链升级效应

要回答对外直接投资是否推动了中国制造业的价值链升级，首先要廓清对外直接投资促进价值链升级的路径。对外直接投资对价值链升级的拉动作用主要体现在以下几个方面：转移效应、关联效应以及竞争效应（参见图 5-1）。

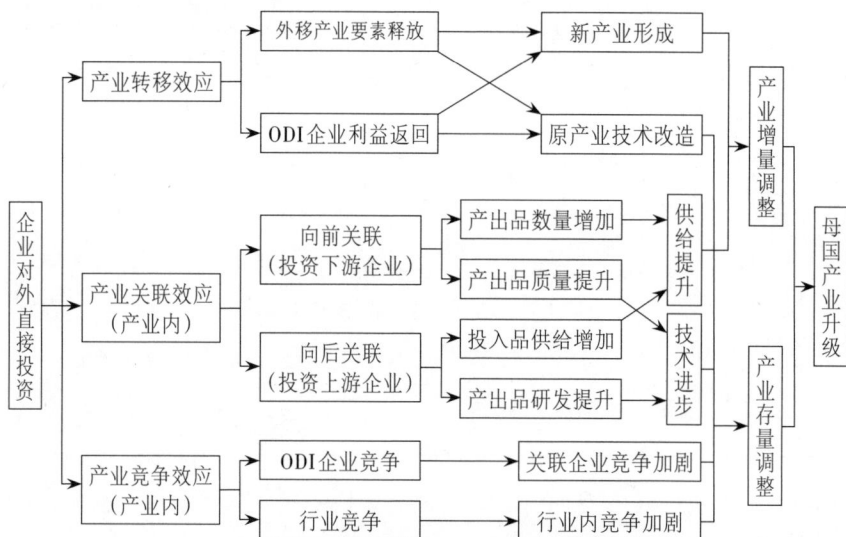

图 5-1 对外直接投资的价值链升级效应

如图 5-1 所示，对外直接投资会带来产业的空间重置，形成转移效应。母国企业出于规避较高的贸易壁垒、降低较高的运输成本、顺应东道国市场需求等考虑，会直接对东道国进行对外直接投资。在使用东道国当地原材料和各种生产要素的过程中，产业从母国逐渐转移至东道国，母国原有产业中使用的大量生产要素被释放出来，一方面可以用于培育新产业，另一方面可以用于对原有产业进行技术改造，实现价值链升级。与此同时，开展对外直接投资的企业会将部分投资收益返还给母公司，用于母公司的技术升级与技术创新，同样有助于推动母公司实现价值链升级。产业关联效应是指企业在将部分业务环节布局在境外市场之后，出于价值链升级的考虑，会通过向前关联和向后关联，增加对下游和上游企业的投资，一方面提升产出品的数量和质量，另一方面通过投入品供给的增加来提高产出品的研发水平，从数量和质量两方面推动价值链升级。产业竞争效应是指随着企业国际化的发展，国际化企业会面临东道国企业以及母国同行业企业的激烈市场竞争，为巩固国际化发展的成果，保住国际市场份额，国际化企业会努力提高经营效率，加大研发投入，在维持自身市场竞争力的同时也加快了价值链升级的步伐。

与主动实现价值链升级相比，对外直接投资还具有倒逼国际化企业"学习"进而实现价值链升级的效果。对外直接投资带来的"学习"效应可能来源于以下几个方面：首先，国际化带来的境外市场规模扩大不仅给企业提供了新的利润来源，同时也带给相关企业更大的竞争压力，迫使国际化企业以效率的提升来应对激烈的国际市场竞争（Greenaway，2007）。其次，相对于国内消费者，东道国的消费者对产品品质和服务的要求可能更为苛刻，这就要求国际化企业生产出品质更高的产品，积极吸收先进技术、改进生产工艺、提高技术标准，并加大对人力资本的投入（Javorcik，2004；Dunning，2008）。最后，是从东道国企业获取逆向技术溢出，国际化企业通过利用东道国当地的高技能工人和技术人才，积极吸取东道国先进的生产技术和管理经验，进而提升自身的技术水平（Branstetter，2006）。

对于新兴经济体和发展中国家的国际化企业而言，"学习效应"的存在是其通过对外直接投资实现价值链升级的重要推动力，尤其是对外直接投资引致的逆向技术溢出效应，将显著提升新兴经济体和发展中国家的技术水平。逆向技术溢出效应主要通过以下四个渠道发挥作用：

分摊研发费用。这个渠道又细分为直接渠道和间接渠道。直接渠道是指国际化企业直接利用东道国的研发资源和要素，提升自身的技术水平；间接渠道是指国际化企业通过市场规模扩大带来的规模经济拉低研发的平均成本，进而提升自身的技术水平。

共享研发成果。国际化企业在境外的子公司所取得的研发成果可以反馈给母公司，并通过公司内循环在母公司以及其他子公司之间共享，进而提升国际化企业整体的技术水平。

转移先进技术。国际化企业通过跨国并购获取东道国（通常情况下是发达国家）的先进技术，并将其转移至母国企业，以促进母国企业的技术进步。

扩展研发资源。通过对外直接投资，国际化企业在境外设立研发中心用于满足东道国当地的市场需求，而将母公司的研发资源集中起来，用于核心项目的技术研发，①从而加速提升母公司的技术创新能力。

由此可见，对外直接投资是继利用外商直接投资之后，新兴经济体和发展中国家实现技术进步和价值链升级的又一条重要路径，也正因如此，新兴经济体和发展中国家普遍对本国企业开展对外直接投资采取鼓励和扶持的态度，采取措施支持本国企业开辟国际市场。对于中国而言，促进对外直接投资已成为经济发展新常态下推动供给侧结构性改革，充分利用国际市场和资源促进产业结构调整，加快培育国际经济合作和竞争新优势的迫切要求。为此，才有了商务部、国家发改委、科技部、工信部、人民银行、海关总署、统计局等7部门联合下发的《关于加强国际合作提高我国产业全球价值链地位的指导意见》，该指导意见提出要加强国际合作以提升中国的产业全球价值链地位，并给出了具体的指导思想、基本原则、发展方向和政策框架。尤其是在中美战略博弈长期化以及疫情全球蔓延的双重压力下，全球产业链、供应链进入深度调整期，通过开展对外直接投资主动进行制造业的全球布局，将直接关系到未来中国制造业能否占据全球产业链、供应链高端，进而实现经济高质量发展的长期目标。

中国开放型经济的发展过程，可以被视为中国从参与全球价值链、单纯依赖外商直接投资向吸收外商直接投资与对外直接投资并进转变的过程。与利用外商直接投资相比，开展对外直接投资对于构建和延伸全球产业链、价值链的作用更为突出。随着中国企业国际化进程的加快，中国企业的对外直接投资不仅从双边角度看会产生价值链构建效应，而且由于生产网络之间的相互作用，同样会通过空间外溢而产生"第三国效应"。②因此，与通过利用外商直接投资融入由发达国家跨国企业所主导的全球价值链相比，通过对外直接投资带来的价值链构建和延伸更

① 赵伟，古广东，何元庆. 外向FDI与中国技术进步：机理分析与尝试性实证 [J]. 管理世界，2006（7）：53-60.
② 戴翔，宋婕. 中国OFDI的全球价值链构建效应及其空间外溢 [J]. 财经研究，2020（5）：125-139.

有利于中国基于自身产业发展的需要，在全球范围内主动布局产业，不仅可以规避融入现有全球价值链分工所导致的"低端锁定"，而且可以通过内外产业联动实现向全球价值链高端环节的攀升，实现价值链的发展目标。

改革开放以来，中国通过设立经济特区、发展加工贸易、吸引外商直接投资等方式融入世界经济体系，尤其是2001年加入世界贸易组织之后，中国更是凭借对外贸易规模的快速扩张而成为全球价值环流的"枢纽"，奠定了贸易大国的地位。但与此同时，如何在融入世界经济体系的过程中实现价值链升级，也成为中国由贸易大国向贸易强国转型过程中亟待实现的目标。

现有研究表明，对外贸易的发展会通过进口中间品以及产品出口而产生"进口中学习"效应以及"出口中学习"效应，有助于新兴经济体和发展中国家的企业提高劳动生产率，进而推动经济增长（Amiti等，2014）。但也有文献表明，深度融入全球价值链会导致新兴经济体和发展中国家的企业效率低下，进而威胁其经济增长（Schmitz，2004）。按照这一逻辑，中国在成长为"世界工厂"后，本土企业会被现有价值链"俘获""锁定"（Schmitz，2004；Gereffi等，2005），进而制约企业技术创新的发展。鉴于加工贸易是中国参与全球价值链的主要方式，如果不改变中国企业原有参与全球价值链分工的路径，就不得不接受被"俘获"、被"锁定"的结果。这将导致中国企业面临核心原材料和关键零部件自主创新能力不强的困境，进口和出口之间因存在"生产率差距"而产生"出口引致进口"效应（巫强、刘志彪，2009；Feng等，2016），中国与发达国家进出口贸易的规模越是扩张，中国本土企业的创新活动就越会受到抑制（张杰、郑文平，2017）。因此，中国企业需要开辟参与全球价值链的新模式，即通过主动构建价值链来提升自身在国际分工中的地位和引领作用。

1978年改革开放打开了中国市场的大门，通过兴办"经济特区"、开放沿海口岸等一系列新举措，着力发展以"三来一补"为主的轻纺制造业，在推动东部沿海地区经济开放发展的同时，也将中国市场与全球市场连接起来，为后来中国制造的大规模发展创造了条件。1992年邓小平同志南方谈话后，中国对外开放的目标转变为"按产业政策吸引外商直接投资"，利用外商直接投资成为中国参与国际分工的重要方式。截至2020年，中国已连续28年成为外资流入最多的发展中经济体，外资的进入不仅带来了先进的技术和管理理念，更重要的是，通过嵌入由发达国家跨国公司主导的全球价值链体系，中国企业通过"干中学"为日后走出去参与全球竞争夯实了基础。2001年中国加入世界贸易组织，中国的对外开放进入"引进来"与"走出去"共同发展的新时期，通过更深入全面地嵌入全球价值链分工体系，中国经济实现了长期的高速增长，跻身仅次于美国的世界第二大经济大国，中国也在此过程中发展成为"世界工场"①。与此同时，在"走出去"的过程中，一大批中国企业尤其是制造业企业走出国门，在全球市场统筹资源、参与竞争，在拓展国际化发展空间的同时，也助推中国制造业全球价值链升级。

2007年美国次级债危机爆发并进一步演化为全球金融危机，危机虽然是从金融领域蔓延至实体经济部门的，但也暴露出全球价值链分工背景下美国制造业外流所导致的国内制造业发展失衡的负面影响，正如艾伦·布林德在《当音乐停止之后》中所描述的，"总的来说，我们美国人从20世纪90年代开始，一点一点地搭建起了一座脆弱的金融空中楼阁，直到2007年金融危机爆发"。危机后，以美国为代表的发达国家纷纷推出"再工业化"发展战略，以夯实国内经济发展的基础。在美国，奥巴马上台后很快提出"再工业化"的发展目标，并推出《美国制造业振兴法案》以帮助美国制造业降低生产成本，增强国际竞争力。美国政府大力提振制造业，一方面是为了创造更多的就业岗位，进而提升美国国内的消费潜力，另一方面是借"再工业化"抢占新经济制高点，促进制造业与服务业协同发展以保持美国在全球价值链分工中的优势地位。在欧美发达国家加快发展高端制造业的同时，中国在全球价值链中的分工地位还面临来自劳动力成本更为低廉的发展中经济体在低附加值加工组装环节的价格竞争。入世之后中国经济的高速增长迅速提升了制造业的工资水平，2001—2010年全国城

---

① 霍建国. 中国"世界工厂"的地位难以撼动［N］. 环球时报，2020-04-14.

镇单位就业人员年平均工资从 10 834 元提高到 36 539 元，年均实际增速为 12.4%。其中，制造业人均工资从 2001 年的 9 891 元提高到 2010 年的 30 916 元，年均实际增速为 11.1%①。工资水平的快速上升削弱了中国在低附加值加工组装环节的竞争优势，挤压了中国在全球价值链低端环节的利润空间，迫使制造业中的劳动密集型环节从中国向劳动力成本相对更低的东南亚国家转移。来自全球价值链高端环节和低端环节的双向挤压，迫使中国制造业重新审视自身在全球价值链分工中的地位，通过向全球价值链中高端攀升扭转价值链低端嵌入的被动局面，获取新的价值创造空间。

三、中国制造业对"一带一路"直接投资的价值链升级效应

面对全球价值链升级的新挑战，中国制造业正在通过推进"中国制造 2025""互联网+"等以提升国内产业的创新能力和发展水平，试图从根本上改变中国制造业低端嵌入的全球价值链分工格局。为此，2016 年 11 月，商务部等 7 部门联合下发《关于加强国际合作提高我国产业全球价值链地位的指导意见》（以下简称《指导意见》），这是由政府部门发布的旨在提高中国产业全球价值链地位的第一个专门文件，意在推动产业合作由加工制造为主向合作研发、联合设计、市场营销、品牌培育等高端环节延伸，打造我国占据主动地位、优势互补、互利共赢的全球产业链、供应链、价值链②。《指导意见》还提出了通过国际合作提升中国全球价值链分工地位的实施路径，包括突出加强国际合作与交流，深化全球价值链合作提高资源配置能力，坚持"走出去"与"引进来"相结合、产业链与创新链相结合等。

在共建"一带一路"的过程中，中国与沿线国家间紧密的贸易、投资联系为新价值链构建创造了条件。中国制造业企业可以通过对外直接投资推进与"一带一路"沿线国家的产能合作，构建起新的价值链网络。一方面，以对外直接投资为载体，带动中国制造业企业的优质产

---

① 金三林. 中国劳动力成本上升的成因及趋势 [EB/OL]. [2013-06-03]. https://business.sohu.com/20130603/n377854258.shtml.
② 商务部等7部门. 关于加强国际合作提高我国产业全球价值链地位的指导意见 [EB/OL]. [2016-12-05]. http://www.mofcom.gov.cn/article/b/fwzl/201612/20161202061465.shtml.

能、技术、标准和服务走进"一带一路"沿线国家，在优化中国制造业产业链空间布局的同时，推动不同国家间的产业链合作。另一方面，以对外直接投资为载体，顺应"一带一路"沿线国家的产业需求，利用中国制造业在部分产业领域的领先优势，深化国际产能合作，以新价值链的构建来提升中国制造业在全球价值链分工中的位势。可见，共建"一带一路"将为中国制造业通过对外直接投资构建新价值链、进而提升价值链位势提供广阔的舞台，为中国制造业通过转移效应、关联效应以及竞争效应实现价值链升级开辟新的空间。

（一）国际产能合作的内涵与实质

国际产能合作是指存在意愿和需求的国家或地区之间所进行的跨国界或跨地区的产能配置合作。2014年12月，李克强总理在出访哈萨克斯坦并参加上海合作组织成员国政府首脑（总理）理事会第十三次会议时与时任哈萨克斯坦总理马西莫夫会谈，双方就钢铁、水泥、平板玻璃、装备技术等领域加强产能合作达成重要共识，这被视作开启中国推进国际产能合作大门的主要标志①。2015年11月出版的《经济学人》年刊上发表了李克强总理的署名文章——《中国经济的蓝图》，对国际产能合作的内涵进行了具体的表述："通过国际产能合作，将中国制造业的性价比优势同发达经济体的高端技术相结合，向广大发展中国家提供'优质优价'的装备，帮助它们加速工业化、城镇化进程，以供给创新推动强劲增长。"②

国际产能合作是在中国装备制造业的规模、技术以及国际竞争力大幅提升的背景下促进优势产能对外合作，进而推动中国产业升级的重要举措。根据2015年5月国务院发布的《关于推进国际产能和装备制造合作的指导意见》，推进国际产能和装备制造合作的目标是，力争到2020年，与重点国家产能合作机制基本建立，一批重点产能合作项目取得明显进展，形成若干境外产能合作示范基地。国际产能和装备制造合作的经济和社会效益进一步提升，对国内经济发展和产业转型升级的促进作

① 佚名. 国际产能合作：中国新名片 [EB/OL]. [2015-12-28]. http://www.chinanews.com/gn/2015/12-28/7691874.shtml.
② 佚名. 国际产能合作：中国新名片 [EB/OL]. [2015-12-28]. http://www.chinanews.com/gn/2015/12-28/7691874.shtml.

用明显增强①。

就其实质而言，国际产能和装备制造合作是工业化和再工业化的结合，既是中国具有富余产能的行业，如钢铁、有色、建材、化工、轻工、汽车、农业等以及具有国际竞争优势的行业，如工程机械、航空航天、船舶和海洋工程的优势装备，以及交通、能源、通信等基础设施"走出去"的过程，也是中国制造能力和标准的"走出去"，将大大推动沿线国家的工业化水平和经济发展，为中国与沿线国家的经贸合作提供更加广阔的空间。

国际产能合作既可以通过产品输出的方式进行产能位移，又可以通过产业转移的方式进行产能位移。国际产能合作形式的多元化意味着中国倡导的国际产能合作不仅有望实现制造业全产业链升级，而且可以构建起"一带一路"区域生产网络。在新的区域生产网络中，中国制造业可以实现角色升级，成为产业布局的主导者。也正因如此，国际产能合作已成为企业实施"走出去"战略的重要载体，也成为中国价值链升级研究中的热点领域。

（二）"一带一路"国际产能合作

国际产能合作是"一带一路"建设的重要组成部分。中国开展国际产能合作，将大大加速"一带一路"沿线国家的工业化进程，让亚欧大陆以及非洲地区约40亿人口在国际产能合作的进程中同步推进工业化发展。

1."一带一路"建设为国际产能合作带来新机遇

中国积极推动的新型国际产能合作，不仅有利于中国制造业的产业升级，同时也契合了以西亚、北非地区发展中国家为代表的沿线国家推进新型工业化的现实需求。按照中国社科院工业经济研究所发布的《工业化蓝皮书："一带一路"沿线国家工业化进程报告》中设定的工业化水平指标②，"一带一路"沿线64个国家的工业化水平可划分为前工业化阶段、工业化实现阶段以及后工业化阶段三个阶段，即"一带一路"

---

① 国务院.关于推进国际产能和装备制造合作的指导意见［EB/OL］.［2015-05-16］.http://www.gov.cn/zhengce/content/2015-05/16/content_9771.htm.
② 工业化水平指标包括：人均GDP、三次产业产值结构、制造业增加值占商品增加值的比重、人口城市化率以及第一产业就业人员占比。

沿线国家的工业化呈阶梯分布的状态。工业化发展水平呈阶梯分布意味着"一带一路"沿线国家分别在技术密集与高附加值产业、资本密集型产业以及劳动密集型产业中具有比较优势，这种比较优势的差异可以实现以"互补合作"为主导的国际产能合作。沿线国家可以根据自身的要素禀赋在"一带一路"国际产能合作图谱中寻找到不同的角色定位，借助新型国际产能合作的平台获取新的工业化发展机遇。

产能不仅是生产过程，更是一种生产能力。中国倡导的国际产能合作是基于产业发展和生产能力提升的多边合作，有助于"一带一路"沿线发展中国家建立起更加完整的工业体系、制造能力，将为沿线国家参与国际产能合作提供一系列新机遇。

首先，"一带一路"建设实现了与沿线国家发展政策的有效对接。发展政策的对接保证了"一带一路"建设与沿线国家发展目标的同向性，在激发沿线国家参与热情的同时为双方的国际产能合作赋能。

其次，"一带一路"建设大力推动的"设施联通"将为中国与沿线国家间的国际产能合作提供"硬件"支持。基础设施对经济发展的促进作用已得到广泛共识①。经过改革开放以来40多年的发展与实践，中国在基础设施建设方面积累了充足的技术、人员与发展经验，完全可以覆盖"一带一路"沿线发展中国家的多元化需求，助力沿线国家提升基础设施建设水平。基础设施建设水平的提升会孕育新产能，扩展与提升沿线国家的生产力，有助于沿线国家通过投资贸易渠道参与中国倡导的国际产能合作，丰富国际产能合作的内容。

最后，"一带一路"建设为国际产能合作的深入提供广泛的资金支持。与"一带一路"建设同步，服务于"一带一路"建设的各类产业基金不断涌现。总额分别为20亿美元的中哈产能合作基金与100亿美元的中非产能合作基金，主要用于加强中哈、中非间的产能合作，推动相关国家的工业化发展水平。针对中东国家能源依赖型产业结构，中国与中东产能合作基金专门斥资150亿美元用于深化区域内国家间的产能合作以及基础设施建设，以促进中东地区高端制造业的发

---

① 李平，王春晖，于国才. 基础设施与经济发展的文献综述 [J]. 世界经济，2011 (5)：93–116.

展，实现产业结构转型①。专项产能合作基金的介入，缓解了部分国家和地区新产业发展所面临的资金约束，推动了中国与沿线国家产业合作项目落地落实，为吸引更多沿线国家参与中国倡导的国际产能合作创造了条件。

2. "一带一路"建设中的第三方市场合作

第三方市场合作是国际产能合作的新模式和加速器。2015年6月，中法两国政府正式发表《中法关于第三方市场合作的联合声明》，首次提出了"第三方市场合作"概念②。所谓第三方市场合作，就是两国合作开发第三方市场。如前所述，"一带一路"沿线国家在工业化发展水平上存在差异，要整合好不同国家的产业发展优势，需要创新机制设计，而第三方市场合作正是中国发挥自身制造业产业优势，推动国际产能合作的创新举措。在中法第三方市场合作框架下，可以将法国的先进技术、中国的优势产能以及第三国的市场需求有效对接起来，实现1+1+1>3的效果。2019年国家发改委发布《第三方市场合作指南和案例》，明确了第三方市场合作的内涵、理念和原则③，并列举了产品服务类、工程合作类、投资合作类、产融结合类、战略合作类5类合作形式。

中法第三方市场合作框架提出后，产能合作迅速由蓝图转变为现实。俄罗斯亚马尔液化天然气、莫桑比克马普托大桥、埃塞俄比亚吉布3水电站等一批高标准、惠民生、可持续的重大项目顺利建成，成为第三方市场合作落地的代表。继中法之后，中方已同瑞士、英国、新加坡、日本等14个国家达成加强第三方市场合作的共识，合作机制也在不断完善。在"一带一路"建设框架下，第三方市场合作有着十分广阔的发展空间。借助第三方市场合作这一创新形式，中国企业有了更多与国外企业合作的机会，扩宽了中国制造、中国技术和中国标准"走出

① 刘英. "一带一路"过剩产能转移论当休矣 [EB/OL]. [2019-08-13]. https：//www. sohu.com/a/333504807_352307.
② 郑东超. 第三方市场合作：1+1+1>3 [EB/OL]. [2019-04-08]. http：//www. qstheory.cn/international/2019-04/08/c_1124340105.htm.
③ 根据《第三方市场合作指南和案例》，第三方市场合作主要是指中国企业（含金融企业）与有关国家企业共同在第三方市场开展经济合作。在推进第三方市场合作过程中，中方秉承开放、绿色、廉洁理念，遵循三方共商共建共享、第三方受益原则，坚持企业主体、市场导向、商业原则、国际惯例，坚持质量优先、因地制宜，坚持开放包容、合作共赢，努力实现高标准、惠民生、可持续目标。

去"的渠道,推动了第三国产业发展、基础设施水平提升以及民生改善,为扩大"一带一路"国际产能合作拓展了"朋友圈"。

(三)国际产能转移实现产业升级的国际经验

从发达国家的经验看,产业转移是实现产业升级的重要路径之一。美国和日本都通过产业转移实现了产业升级,提升了国际分工地位,并形成两种不同的产业转移模式。美国和日本虽同为发达国家,但两国对外产业转移的路径并不相同,日本是从边际产业即在日本国内已经处于发展劣势的产业开始向外转移的,而美国则是从比较优势产业开始,通过产业转移在全球进行生产布局。之所以采取不同的产业转移路径,是因为两国对待产业转移的目的不同。美国的产业转移是为了顺应垂直专业化分工的要求,通过国际生产分割实现价值链整体效益的最大化,并通过生产过程的分散化占据全球价值链的高端地位。相比之下,日本的产业转移,则顺应了国内产业发展的实际,通过将在日本国内已经成熟的产业转移至劳动力和自然要素较为丰裕的东南亚国家,以获取自然资源,降低生产成本,进而维持产业的竞争力。

雁阵分工模式是日本制造业境外转移的典型形式。通过雁阵分工,日本将低成本制造业转移至东亚,也确立起自身在东亚生产网络中的核心地位。20世纪60~80年代,伴随着经济的快速发展,产业结构不断升级,日本开始向东亚其他国家和地区转移劳动密集型产业,并在产业转移的过程中逐步建立以日本为雁首、"亚洲四小龙"为雁翼、东盟国家为雁尾的"雁阵分工模式"。雁阵分工模式的核心是产业转移,日本在其中占据第一梯度,以技术密集与高附加值产业为主,新兴工业经济体为第二梯度,以资本密集型产业为主,东盟国家以劳动密集型产业为主,位居第三梯度。在雁阵分工模式下,日本通过产业转移很好地利用了东亚国家的资源禀赋与廉价劳动力,并通过发挥东亚国家的出口平台作用,满足了日本国内的需求以及出口规模的扩大。

美国与日本的禀赋条件与产业发展差异较大,因此美国在境外产业转移过程中优先考虑的是如何实现效益的最大化。20世纪90年代,随着国际生产分割的发展,美国制造业企业通过"外包"把加工制造环节转移至劳动力成本较为低廉的发展中国家,专注于附加值更高的研发与产品销售环节。如美国耐克公司，以代工的形式在美国之外的世界多地生产耐克鞋，不仅降低了生产成本，而且便于及时捕捉消费者的需求信息，提升市场反应能力。再比如苹果公司，通过境外代工实现手机的加工组装，而苹果公司在美国国内的部门则聚焦产品研发，供应链的分解与境外转移确保了苹果公司的市场优势和增值空间，保证其始终站在全球价值链的高端环节。

美国和日本的产业转移模式虽有所不同，但都通过产业境外转移实现了国内产业升级，说明产业转移是实现一国产业升级的有效路径。随着产能的扩张以及国内要素条件的变化，中国也面临开展国际产能合作以及要素的空间重置实现价值链升级的现实选择。

（四）以国际产能合作推动中国制造业价值链升级

1.中国制造业企业参与国际产能合作的动力

为更好地利用全球资源和市场，加强产业全球布局和国际经贸合作，参与国际产能合作将成为中国制造业企业"走出去"的重要行动方向。中国制造业企业参与国际产能合作的动力既来自企业自身发展的要求，又得益于国家政策的积极推动。

从企业自身的发展需求看，参与国际产能合作的动力来自追求效益最大化的考虑。随着国内要素条件的变化，企业倾向于将处于成本竞争阶段的产业或生产环节转移至成本更为低廉的地区，正如边际产业理论所指出的那样，通过生产空间的重构，既降低了生产成本，又可以置换出生产要素，转而从事创新性的生产过程。不仅如此，伴随工业机器人、人工智能、3D打印、物联网等技术的发展与完善，全球制造业的智能化、信息化水平大幅提升，进一步降低了对发展中国家廉价劳动力的依赖度，引发制造业国际分工的重新布局。对于中国制造业而言，面对来自发达国家和发展中国家的双重挤压，如果不能尽快实现转型升级，将无法突破被"锁定"在全球价值链低端环节的困境。为此，中国制造业企业只能主动出击，通过向"一带一路"沿线国家转移生产环节，为参与更高水平的价值链分工创造条件。

中国制造业企业参与国际产能合作还受到政府政策的大力推动。为推动具备条件的中国制造业企业参与国际产能合作，中国政府先后于2017年和2019年举办了两届"一带一路"国际合作高峰论坛，论坛的举办凝聚了深化国际产能合作的共识，明确了"一带一路"国际产能合作的方向，为加强国际产能合作创造了良好的氛围，推动中国与沿线国家的一大批产能合作项目的落地。与此同时，一些行业协会也积极行动起来，组建国际产能合作联盟。2016年中国电力国际产能合作企业联盟等3家联盟成立，2017年中国纺织国际产能合作企业联盟等6家联盟成立，以帮助联盟内的企业整合资源，促进信息交流与共享，加强与政府部门的沟通，以便更好地参与"一带一路"国际产能合作。

2.国际产能合作推动制造业价值链升级的联动效应

如前所述，国际产能合作在本质上是在全球范围内进行生产过程的重组，将会与价值链发展与升级形成联动效应。那么，国际产能合作是如何推动价值链升级的呢？一方面，通过推进国际产能合作，中国制造业企业的技术、标准和服务"走出去"的步伐会加速，不仅提升了中国制造业对外直接投资的水平，而且为国内产业升级释放出生产要素。伴随生产过程的垂直分离，中国制造业企业可以将要素从生产领域转移到服务部门，通过制造业服务化实现价值增值。另一方面，通过推进国际产能合作，中国制造业企业还可以发挥自身的产业链和生态系统优势，通过对区域内位于价值链不同环节企业活动的整合与协调，充当区域价值链上的系统整合者，实现功能升级和链接升级，并通过信息收益和控制收益的获取来整合"一带一路"区域生产网络，进而逐步形成以中国为核心的制造业价值网络。

3."一带一路"国际产能合作与中国制造业价值链升级

2008年全球金融危机后世界经济中心出现转移，全球贸易地理分布也展现出与以往不同的特征。中国不仅在经济总量上位居美国之后，而且在国际贸易环流中扮演着承上启下的作用。一方面，中国等亚洲新兴经济体与欧美发达经济体之间保持着传统的经济往来关系，形成全球价值链的"上环流"；另一方面，随着经济的高速发展，中国成为新兴工业化地区和全球制造业中心，不断深化与资源丰富、工业化程度相对较低的亚非拉发展中国家和地区间的经贸合作，通过对外直接投资带动有关国家的工业化发展，以贸易扩展当地市场，构建起全球价值链的"下环流"①。全球价值链双环流结构的建立，赋予中国全球价值链网络核心节点和枢纽的角色，这为中国通过"一带一路"国际产能合作实现价值链升级创造了条件。

中国在"一带一路"国际产能合作中发挥贸易节点和制造枢纽的作用，依托中国制造的产业优势，通过贸易互补和产业互联发挥枢纽和联结的作用，逐渐形成联动式发展和生产链，为欠发达国家提供加入全球价值链分工的机会，为新兴经济体创造提升全球价值链位阶的机遇，并最终构建起新的价值链。在此过程中，中国完整的产业链和巨大的市场规模为发挥全球价值链网络枢纽和联结作用提供了保障。在"一带一路"沿线国家中，中国的产业链完整程度是最高的。在珠三角地区，一小时车程范围内产品从维修到服务几乎所有问题都可以解决，而在其他国家，没有一个能形成这样有效的制造业集聚和产业配套。不仅如此，中国还具有超大规模的消费市场。2019年，中国社会消费品零售总额达到41万亿元人民币，折合约6万亿美元，超过美国5.46万亿美元的零售总额，成为世界第一大消费市场②。完整的产业链和超大的市场规模使得中国可以同时与发达国家和发展中国家开展产业对接与合作，充当发达国家与发展中国家产能合作的联通渠道，保障国际产能合作的顺利开展，而中国也可以在此过程中充分发挥全球价值链网络核心节点和枢纽的作用，实现价值链升级的目标。

（五）中国制造业的全球价值链升级

鉴于全球价值链的嵌入位置反映出一国产业的国际分工地位，决定其价值增值能力，是各国寻求价值链升级的重要目标，因此在全球价值链分工背景下，中国制造业的价值链升级是指沿着全球价值链从低技术水平、低增加值工序向高技术水平、高增加值工序动态演化的过程。具体来看，中国制造业价值链升级可分为位置升级、形态升级以及角色升级。

① 张辉，易天，唐毓璇. 一带一路：全球价值双环流研究 [J]. 经济科学，2017，5（3）：5-18.

② 佚名. 中国经济须挖掘释放超大规模市场新优势潜力 [EB/OL]. [2020-08-31]. https://finance.sina.com.cn/roll/2020-08-31-doc-iivhuipp1617941.shtml.

1.全球价值链的位置升级

在全球价值链中，价值链的不同环节被配置在要素密集度不同的国家和地区，目的是发挥要素密集度不同的国家和地区的比较优势，实现价值链整体效益的最大化。要素密集度不同的国家和地区虽然都是全球价值链的组成部分，但处于价值链不同环节的国家和地区所获取的分工收益并不相同，价值链中高端环节的分工收益远远大于低端环节，因此，全球价值链的位置升级就是要从低附加值的加工组装环节向高附加值的研发、设计、销售环节攀升，通过位置的变化获取更多的价值增值空间，进而实现全球价值链升级。

分产业来看，制造业中的劳动密集型产业如纺织服装、皮革家具玩具、白色家电等成本优势不断缩小，需要提升质量水平，增强技术创新能力，逐步从加工装配环节过渡到标准体系制定、核心零部件设计加工、产品设计研发、售后服务等增值环节。对于技术密集型和资本密集型产业如通信设备、核电、轨道交通、基础设施建设、航空航天等领域，需要强化品牌和标准的"中国化"，通过制定规则和标准进军国际市场，参与全球生产网络构建。而对于那些存在短板及关键核心技术的产业领域，可以在鼓励制造业企业自主创新研发的同时支持企业"走出去"，通过并购等获取国外先进技术，从价值链中低端逐步迈向价值链中高端[①]。

2.全球价值链的形态升级

伴随国际生产分割和垂直专业化分工的深入，服务业在全球价值链中的作用日益凸显，不仅表现为服务成为"链接"产品生产不同环节和阶段的重要"黏合剂"，服务本身（比如研发、设计、营销等）也越来越成为价值链中的重要增值环节[②]。全球价值链由制造业向服务业的拓展，使得服务业成为全球价值链中新的增值领域，也成为全球价值链升级的新形式。

在嵌入全球价值链的早期，中国位于全球价值链底端——主要从事

---

① 周毅.促进我国产业迈向全球价值链中高端 [EB/OL]. [2017-11-29]. http://finance.eastmoney.com/news/1350, 20171129807431352.html.

② 张二震，戴翔.全球价值链发展新趋势与我国转变外贸发展方式的对策 [EB/OL]. [2016-08-18]. http://gvc.mofcom.gov.cn/gvc/article/xsjl/201608/2453_1.html.

"代工、贴牌"等低端加工组装环节。随着中国经济的发展，人工、环保、管理等各项运作成本上涨，低端加工组装环节的生存空间愈加狭小，中国制造业面临转型升级的严峻挑战。除了沿着价值链向两端攀升之外，从"工业型经济"向"服务型经济"转型，即在信息化和智能化的带动下，制造业从单一加工制造向"制造+服务"发展也是中国制造业价值链升级的方向。

"制造+服务"即服务型制造，是制造与服务融合发展的新业态。这意味着传统制造业需要将产业链从以制造为中心向以服务为中心转变，通过业务转型和服务模式创新提升竞争力。近年来，中国服务型制造快速发展，新模式与新业态不断涌现，不仅有力地推动了制造业的发展，而且有助于中国制造业实现形态升级。2020年7月，工业和信息化部等15个部门联合印发了《关于进一步促进服务型制造发展的指导意见》①，提出到2022年，制造业企业服务投入和服务产出显著提升，制造与服务全方位、宽领域、深层次融合发展格局基本形成。

服务型制造还带来经营模式的创新，制造业企业以消费者而不是以自己为中心，实现从封闭价值链向开放价值链网络的跃升，在制造业价值增值的基础上实现服务业增值。

3.全球价值链的角色升级

在现有的由国际大买家和发达国家跨国企业主导的全球价值链网络中，中国作为价值链的嵌入者，不仅在价值获取上处于劣势，而且无法掌握规则的制定权，无法按照自身的产业发展意图布局价值链网络。因此，中国制造业要实现价值链升级，还需要改变自身在全球价值链网络中的角色，实现由模块供应商向系统集成商、规则制定商的升级。

经过多年的发展，中国制造业已具备较为完备的基础设施、较强的产业配套能力、正在形成的人口素质红利、长期积累的众多国际市场销售渠道等，这些优势为中国制造业中的核心企业"走出去"拓展自己的生产链创造了基础性支撑条件。通过在全球布局产业链，中国制造业可以实现从单纯的产品输出向产品、技术、资本、服务全链条输出转变，

① 工业和信息化部，等. 十五部门关于进一步促进服务型制造发展的指导意见 [EB/OL]. [2020-07-15]. http://www.miit.gov.cn/n1146295/n1652858/n1652930/n3757016/c8010578/content.html.

有助于形成以中国制造业企业为核心的全球产业链。"一带一路"建设的推进，为中国制造业企业延伸产业链、建立由中国自己主导的区域价值链网络提供了方向。在"一带一路"建设过程中，根据沿线国家的劳动力成本以及自然资源禀赋等比较优势的具体情况，中国制造业核心企业可依次向周边及沿线国家拓展生产链，在带动沿线国家工业化水平提升的同时，延长自己的价值链，在实现全球价值链角色升级的过程中获取更大的分工收益。

经过70多年的发展，中国与世界经济体系间的关系发生了显著变化，中国已从主动开放融入世界经济体系转变为与世界经济体系间的双向塑造和适应。在参与全球价值链分工的过程中，中国不仅要融入现有的全球价值链，而且要主动构建新的价值链。而要构建新的价值链，就不能只依靠对外贸易和利用外资，而是要通过对外直接投资将不同要素禀赋的国家连接起来，构建起新的产业链、供应链网络，将中国打造成为新价值链网络的核心节点和枢纽，不仅可以在新价值链分工中占据中高端环节，通过价值链升级获取更多的分工收益，而且可以作为新价值链网络的整合者和引领者而实现全球价值链的角色升级。

第二节　中国对"一带一路"制造业直接投资价值链升级效应的实证分析

在全球价值链分工范式下，对外直接投资推动了生产要素在全球市场的优化配置，有助于投资国国内经济结构的调整与转型（郑丹青，2019）。进入21世纪以来，伴随新兴经济体和发展中国家经济的快速发展，它们也加入对外直接投资的行列，不仅推动了全球对外直接投资的规模扩张，而且加快了全球价值链在世界范围内的拓展。中国自2001年加入世界贸易组织后，对外直接投资的增长步伐明显加快（张述存，2017）。截至2020年底，中国对外直接投资存量已达2.58万亿美元，仅次于美国和荷兰，是2002年末的86.3倍。①如前所述，对外直接投资是

---

① 中华人民共和国商务部、国家统计局、国家外汇管理局.2020年度中国对外直接投资统计公报［M］.北京：中国商务出版社，2021.

构建新价值链、提升全球价值链分工位势的关键一环，那么，在"一带一路"建设过程中，中国对沿线国家的制造业直接投资是否产生了价值链升级效应呢？为了回答这一问题，本部分依据联合国商品贸易统计数据库（UN Comtrade Database），计算出口相似度指数（Export Similarity Index，ESI），并将其作为全球价值链地位的替代变量，用于考察中国制造业对外直接投资的全球价值链升级效应。在此基础上，基于 H.S. 编码并借鉴 Lall（2006）、戴翔和张二震（2011）的划分方法，分别考察中国对外直接投资对中国资源密集型，低技术、中技术和高技术密集型产业升级的影响。从产品技术复杂度的视角考察中国制造业对外直接投资的价值链升级效应，主要是考虑到不同技术复杂度的产业在东道国发展所需的条件各不相同，受东道国要素禀赋和经济发展的影响也存在差异，有可能会产生不同的升级效应。因此，通过分行业研究，试图多维度考察中国制造业对外直接投资对不同产业价值链升级的影响。对这一问题开展深入细致的研究，也是为了验证上文理论分析所得出的结论。

对外直接投资推动了资本的跨境流动和全球配置，给东道国和母国的产业及经济发展带来影响。然而，在围绕对外直接投资效应的分析中，针对对外直接投资对东道国经济增长、产业、就业及环境影响的研究比较多见，而对对外直接投资对母国的影响，即对对外直接投资的母国效应的关注则相对较少。随着对外直接投资流向的多元化，针对投资国尤其像中国这样对外直接投资起步较晚却发展迅猛的发展中国家，其对外直接投资的母国效应更是值得加以理论探讨。如前所述，自 2003 年中国开始发布年度对外直接投资统计数据以来，中国已连续 9 年位列全球对外直接投资流量前三，对世界经济的贡献日益显著。如此大规模的对外直接投资所产生的母国效应一定是非常显著的，那么，其又将对中国优化产业结构、实现价值链升级带来怎样的影响呢？

要回答这一问题，首先要明确中国企业为什么要"走出去"，开展对外直接投资。根据 Dunning（1993，1998）的解释，企业开展对外直接投资主要源于以下四方面原因：资源寻求、市场寻求、效率寻求以及战略性资产寻求。从中国制造业企业国际化发展实践看，伴随中国发展阶段的变迁以及对外开放的深入，中国制造业企业开展对外直接投资也存在以上四种动机。[①]在制造业规模扩张的过程中，中国逐渐发展成为"世界工厂"，在产能快速扩张的同时对制造所需的铁矿石、铝、镍等矿产资源的需求不断增长，需要不断从全球寻求资源以保障国内巨大的产能需求。与进口相比，对外直接投资更有利于保障资源的稳定供应。为此，大批中国制造业企业尤其是大型国有企业积极通过对外直接投资，在全球范围内保障资源和能源的稳定供给。2004年中国商务部、外交部发布的《对外投资国别产业导向目录》中就包含了被视为适合境外投资的目标资源和产业，包括原油、天然气、煤炭、金属矿石以及非金属矿石等。伴随国内产能的扩张，部分行业呈现出产能富余的态势，为此，到境外寻求更大的市场空间就成为中国制造业企业对外直接投资的新目标，境外资源和境外市场构成了中国开放型经济发展的外循环。中国经济长期快速发展提升了国内工资的整体水平，通过对外直接投资将劳动密集型生产环节转移至劳动力成本更为低廉的国家和地区，成为中国制造业企业对外直接投资的新补充。2008年全球金融危机后，发达国家积极推动制造业回归，在高端环节与中国制造业展开竞争，而国内制造成本的上升又迫使低成本制造向外转移至劳动力成本更低的发展中国家，中国制造业同时面临发达国家和发展中国家的"双重挤压"，中国制造转型升级迫在眉睫。在此背景下，一批具有竞争力的制造业企业选择"走出去"，通过对外直接投资获取知识、技术、管理经验，以提高母公司的劳动生产率和技术水平。

由此可见，对外直接投资已成为中国统筹利用国内、国际两个市场、两种资源的重要媒介，为推动中国经济高质量发展增加了新动力，拓展了新空间。而伴随中国对外直接投资规模的快速扩张，围绕对外直接投资母国效应研究的重要性也日渐凸显。在中国企业在全球范围内寻求资源、市场、效率以及战略性资产的过程中，中国制造业价值链升级也进入新的发展时期，由此引发了人们的思考，即对外直接投资的发展是否推动了中国制造业的价值链升级？本节将对这一问题展开探讨。

---

① 李磊，郑昭阳. 议中国对外直接投资是否为资源寻求型 [J]. 国际贸易问题，2012 (2)：146-156.

一、指标测算

为考察"一带一路"建设的推进对中国制造业对外直接投资价值链升级的影响，本部分计算了出口相似度指数（Export Similarity Index，ESI），用作衡量行业全球价值链地位的替代指标。在国际循环中，一国在全球价值链中所处的地位与其参与的贸易结构有关。具体而言，一国贸易产品所蕴含的科技含量越高，其在全球价值链分工中的地位就越高（唐海燕、张会清，2009）。正如 Lall 等（2005）所指出的，出口产品的层次越高，产品中投入的劳动、技术等要素就越多，增加值也就越高。因此，一国的出口产品结构能在一定程度上反映出该国的全球价值链分工地位。通过对比不同国家的出口产品结构，考察其与价值链高端国家的相对距离，可以衡量出一国所处的相对全球价值链分工地位。不仅如此，ESI 属于相对合成指标，其度量的整体价值链分工地位并不受单个产品价值链属性差异的影响，也不必对最终产品及其组成部分的技术含量进行划分（唐海燕、张会清，2009），符合本部分的研究要求。

数据来源于联合国统计署创立的商品贸易统计数据库（UN Comtrade Database），在编码选择上，选择 H.S.07[①]作为样本编码，与基于 SITC1 位编码和 SITC2 位编码计算的偏高的 ESI 不同，H.S.（Harmonized System）编码分类将高端零部件细化出来，从而使得出口相似度指数的计算结果更加精确（唐宜红，2010）。本部分基于 UN Comtrade 数据库的 H.S.07 编码下的出口商品数据计算得到2009—2019年中国资源密集型，低技术、中技术和高技术密集型产业的出口相似度指数以及作为对比的美国、日本和德国的对应指标。出口相似度指数考察的是相对距离，因此选择中国与美国、日本及德国的出口商品结构差异，分别作为与发达国家出口商品结构差异的参考系，进而比较研究中国四大类产业同三个参照系四大类产业间的出口商品结构差异，用于考察中国资源密集型，低技术、中技术和高技术密集型产业的全球价值链分工地位。其计算公式如下：

---

① 2007版海关 H.S.编码规则。

$$ESI_{ic,t} = \sum_p \min(s_{tcp}, s_{tdp}) \tag{5-1}$$

其中，s_{tcp}、s_{tdp}分别表示国家 c、d 在 t 时期向世界出口的产品 p 在各自总出口中的份额。

图 5-2 为 2009—2019 年中国分行业出口相似度指数（ESI）。

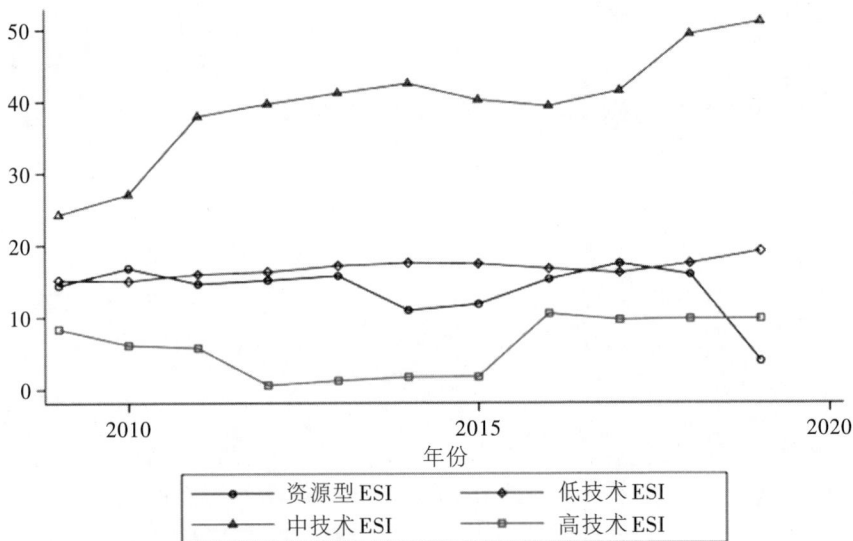

图 5-2　2009—2019 年中国分行业出口相似度指数（ESI）（单位：%）

注：作者根据计算所得指标数据绘制。

如图 5-2 所示，2009—2019 年，中国中技术 ESI 呈现出曲折上升态势，并于 2015 年经历短暂下降后缓步上升，这从一个侧面反映出中国中技术行业全球价值链地位出现了上升。作为制造业大国，中国制造业经历着以基于劳动力资源禀赋的零部件装配等产业为主，到不断向基于技术创新能力的自主研发产业的转变，即中国正从制造大国向制造强国转变。相对于中技术行业，2009—2019 年中国低技术行业和资源密集型行业的全球价值链地位指数一直处于较为平缓的低位，2016 年以后低技术行业的全球价值链地位不断提升，这与中国中技术行业全球价值链地位的走势相契合。在"走出去"战略、"一带一路"倡议等的推动下，中国企业不断"走出去"，积极进行对外直接投资，使得国内资源优化配置以及国外优势资源的充分利用成为可能，中国产业结构得以不断升级，带动着各行业全球价值链地位不断提升。总体而言，中国制造业的全球价值链地位处于上升趋势，但就高技术行业而言，中国的全球价值链地位仍处于较低水平，仍需积极提升产业科技的创新能力，增强产业技术的核心竞争力，进而实现向全球价值链高端的攀升。图 5-3 揭示了 2009—2019 年中国分行业出口相似度指数（ESI）均值。

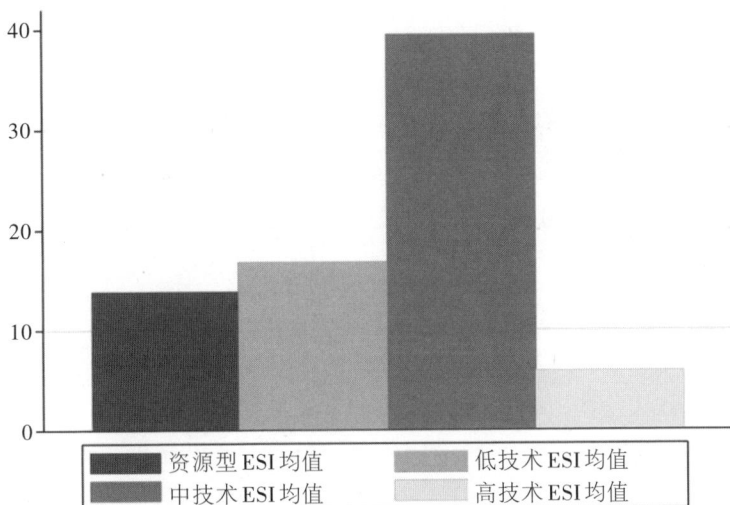

图 5-3　2009—2019 年中国分行业出口相似度指数（ESI）均值 （单位：%）

注：作者根据计算所得指标数据绘制。

图 5-3 更清晰地对比展示了中国四大类行业的 ESI 均值，其中，中技术行业的 ESI 均值最高，说明相较于资源型、低技术和高技术行业，中国中技术行业的全球价值链地位处于较高水平。相比之下，高技术制造业的全球价值链地位仍处于低位，说明中国高技术行业仍需努力提升行业核心技术竞争力，这也是中国从制造大国向制造强国转变的关键领域。

二、模型设定与变量说明

（一）模型设定

根据以往有关对外直接投资对全球价值链影响的研究（李超等，2017），本部分计量模型设定如下：

$$\ln \text{GVC\_pos}_{ijt} = \alpha + \beta \cdot \ln \text{ODI}_{jt} + \delta \cdot \text{Country\_control}_{it} + \gamma \cdot \text{Industry\_control}_{jt} + \eta_j + \lambda_t + \varepsilon_{ijt} \tag{5-2}$$

其中，i、j和t分别表示国家、行业和时间，GVC_pos_{ijt}为中国分行业参与全球价值链的分工地位，ODI_{jt}为中国分行业对"一带一路"沿线国家直接投资，$Country\_control_{it}$为国家层面控制变量，$Industry\_control_{jt}$为行业层面控制变量，η_j控制个体效应，λ_t控制时间趋势，ε_{ijt}为误差项。

（二）不同技术层面的出口商品分类说明

本部分基于H.S.07编码对出口产品技术复杂程度进行划分并借鉴了Lall（2006）以及戴翔和张二震（2011）的划分方法，具体而言，对于产品划分及其与产品协调制度H.S.的匹配，本部分根据Lall（2006）的做法将产品划分成10种，包括初级产品、农林型制成品、矿类产品、时尚产品、其他低技术类产品、自动化设备、加工类制成品、工程类制成品、电子和电器制成品以及其他高科技产品。以初级产品、农林型制成品以及矿类产品为例，初级产品包括肉及食用杂碎、食用蔬菜、根及块茎等产品。农林型制成品包括肉、鱼及其他无脊椎动物的制品、食品、烟及烟草等制品。矿类产品包括矿砂、矿渣及矿灰等非金属矿原料。根据戴翔和张二震（2011）基于出口产品技术复杂程度的划分方法，将初级产品、农林型制成品以及矿类产品归类为资源密集型产品，将时尚产品、其他低技术类产品、自动化设备、加工类制成品、工程类制成品、电子和电器制成品以及其他高科技产品划分为低技术、中技术和高技术密集型产品。其中低技术密集型产品包括皮革制品、旅行箱包和动物肠线制品等皮革、羽绒制品等；中技术密集型产品包括精油及香膏、芳香料制品等化学工业及制品等；高技术密集型产品包括光学、照相及医疗设备及零附件等光学、医疗仪器等。在将产品同产品协调制度（H.S.07）匹配的过程中，本部分借鉴了葛纯宝和于津平（2020）的方法，将杂项制品单独成类，对应到H.S.07编码上，即编码项下的95~97。将初级产品、农林型制成品以及矿类产品划归农矿产品，编码为01~27。将时尚产品、其他低技术类产品、自动化设备、加工类制成品、工程类制成品、电子和电器制成品以及其他高科技产品划归制造业产品，编码为28~94，制造业产品分为三种类型，包括低技术、中技术和高技术密集型产品。

为进一步将低技术、中技术和高技术密集型产品同产品协调制度相匹配,本部分还参考鞠建东(2012)和蔡中华等(2016)的做法并根据经济合作与发展组织(OECD)基于技术密集度对制造业产品的划分,将41~67、94划归低技术密集型产品,将28~40、68~87划归中技术密集型产品,将88~92划归高技术密集型产品。表5-1列示了不同技术层面的出口商品分类。

表5-1 不同技术层面的出口商品分类

产品种类	代表产品	基于H.S.07产品大类	出口产品技术复杂程度	H.S.07商品编码
初级产品	果、肉、气、油等	农矿产品(01~27)	资源密集型	01~27
农林型制成品	饮料等			
矿类产品	水泥、矿石等			
时尚产品	纤维、布、皮革等	制造业产品(28~94)	低技术密集型	41~67、94
其他低技术类产品	家具、珠宝等			
自动化设备	交通工具及部件等		中技术密集型	28~40、68~87
加工类制成品	化学品、化肥等			
工程类制成品	工业机械、钟表等			
电子和电气制成品	集成电路、晶体管等		高技术密集型	88~92
其他高科技产品	航空、光学产品等			
杂项制品	玩具、收藏品等	杂项制品(95~97)		

注:作者根据Lall(2006)、戴翔和张二震(2011)及葛纯宝和于津平(2020)的做法并基于OECD:ANBERD and STAN数据库整理而成。

（三）变量和数据说明

1.贸易数据说明

本部分基于UN Comtrade数据库的H.S.07编码下的出口商品数据计算得到2009—2019年中国资源密集型、低技术、中技术和高技术密集型产业的出口相似度指数作为行业全球价值链地位的替代指标。

2.投资数据说明

鉴于《中国对外直接投资公报》中只有汇总数据，本部分参照刘海云和聂飞（2015）的做法，使用分行业出口额与出口总额的比值与当年对外直接投资流量值相乘，进而得到分行业对外直接投资流量。作为行业结构的衡量指标，各行业的出口额与出口总额之比能够反映出工业中各类行业的占比，将其与当年对外直接投资流量值相乘能够在相当程度上反映出某一行业的对外直接投资流量。对外直接投资流量数据来源于2009—2019年度的《中国对外直接投资公报》。

3.行业层面控制变量

（1）研发密集度或研发强度：一个行业的研发密集度或研发强度能够在一定程度上反映该行业的技术能力水平，研发密集度高的行业技术进步更具优势，因此更能带动产业结构调整升级，促使其向全球价值链高端环节攀升。为此，本部分使用行业R&D经费支出占工业总产值的比重作为研发密集度或研发强度的替代变量，基于统计口径一致性的需要，本部分参照刘冬冬和黄凌云（2020）的方法将工业统计年鉴中的细分行业与资源密集型、低技术、中技术和高技术密集型四大类行业进行匹配，再进行控制变量指标的测算。数据来源于《中国科技统计年鉴》和《中国工业统计年鉴》。

（2）行业出口外向度：扩大行业开放度一方面能够增加国际合作，增加获取国外技术支持的机会，促使行业技术水平的提升，进而提升其在全球价值链分工中的地位，但另一方面也可能承受国际竞争的压力，面临挤压和封锁，进而阻碍全球价值链地位的提升。为此，本部分使用规模以上企业出口交货值总计占其工业销售产值总计的比值作为行业出口外向度的替代变量。数据来源于《中国科技统计年鉴》和《中国工业统计年鉴》。

（3）行业平均规模：行业规模的扩大有利于发挥规模效应，在降低成本的同时提高生产效率，进而为技术创新能力的提升夯实基础，带动产业结构优化升级，促进全球价值链升级。为此，本部分使用规模以上企业资产总计与其单位个数之比作为行业平均规模的替代变量。数据来源于《中国科技统计年鉴》和《中国工业统计年鉴》。

（4）人力资本水平：人力资本水平会影响一个行业的技术吸收能力以及技术转化能力，进而影响产业结构升级以及全球价值链升级。为此，本部分使用研发机构从业人员占规模以上企业全部从业人员的比重来衡量人力资本水平，数据来源于《中国统计年鉴》和《中国劳动统计年鉴》。

4.国家层面控制变量

（1）市场规模：随着一国市场经济规模的扩大，其外汇储备增加，对外贸易与国际投资合作增加，在同具有技术比较优势国家进行合作的过程中，通过技术转移以及产业关联效应，该国的产业结构可以实现优化升级，促使其全球价值链地位得到提升。本部分采用以2015年不变美元价格为基准的GDP作为市场规模的衡量指标，数据来源于联合国国民账户数据库。

（2）自然资源禀赋：自然资源禀赋赋予一国良好的产业发展基础，使其在产业发展上更具资源优势，当国际市场资源供应发生波动时，仍能保证持续的资源供应，使产业发展更加稳定，为产业结构优化提供资源支持，进而有利于全球价值链地位的提升。本部分参照Buckley等（2007）的处理方法，使用东道国矿石、矿物燃料和金属出口占总出口的比重来衡量一国的自然资源禀赋，数据源自世界银行数据库。

（3）技术创新水平：技术创新水平的提高能够增加其出口产品的增加值，进而促进一国在全球价值链中地位的提升。本部分采用母国研发费用占GDP的比重作为对一国技术创新能力的衡量指标（陈岩等，2014），数据源于UIS数据库。

（4）人力资本水平：人力资本的积累与提升能够促进一国劳动生产

率的提高，进而带动全球价值链升级，而人力资本也是保障该国顺利承接技术转移并将其转化为生产力的要素之一。为此，本部分选用高等教育入学率作为人力资本的替代指标，数据源于UIS数据库。

表5-2为指标选取、来源及统计性描述。

表5-2 　　　　　　　指标选取、来源及统计性描述

变量指标衡量	数据来源	均值	标准差	极小值	极大值
全球价值链地位	UN Comtrade数据库	0.1003	0.0960	0.000013	0.4020
对外直接投资	中国对外直接投资统计公报	7.8947	0.9262	5.9907	9.3365
研发密集度	中国科技统计年鉴；中国工业统计年鉴	0.2079	0.2118	0.0448	0.6566
行业出口外向度	中国科技统计年鉴；中国工业统计年鉴	0.0954	0.0405	0.0265	0.1589
行业平均规模	中国科技统计年鉴；中国工业统计年鉴	1.8318	0.9165	0.2179	3.1585
行业层面人力资本水平	中国统计年鉴；中国劳动统计年鉴	0.2126	0.2211	0.0624	0.6630
市场规模	联合国国民账户数据库	29.4767	0.7413	28.7159	30.6023
自然资源禀赋	世界银行数据库	1.2081	0.7791	0.3465	2.6659
技术创新水平	UIS数据库	1.0852	0.0746	0.9864	1.2238
国家层面人力资本水平	UIS数据库	15.6124	0.8393	14.8379	16.7961

三、实证检验和结果分析

（一）基本回归

本部分采用FGLS方法进行基本回归，引入行业虚拟变量以控制个体效应，使用时间趋势控制时间效应，使用面板校正标准误差。具体回

归结果见表5-3。

表5-3   基本回归结果

项目	高技术	中技术	低技术	资源型
	lnesi	lnesi	lnesi	lnesi
InODI	0.1700*** (5.18)	0.0187*** (7.91)	0.0040 (0.14)	-0.1810** (-2.73)
国家层面控制变量				
自然资源禀赋	-0.0289* (-2.02)	0.0009 (0.84)	-0.0357** (-3.18)	0.0670* (2.31)
技术创新水平	-0.1040* (-2.11)	0.0033 (0.87)	-0.1270** (-3.10)	0.2400* (2.35)
人力资本水平	-0.0250 (-1.02)	0.0031 (0.90)	-0.0379 (-1.64)	0.0519 (0.87)
市场规模	0.0512 (1.38)	-0.0042 (-0.89)	0.0714* (2.27)	-0.1120 (-1.31)
行业层面控制变量				
平均规模	0.0477*** (5.34)	-0.0069*** (-9.18)	-0.0222** (-3.14)	0.0672*** (3.42)
出口外向度	-0.4470*** (-3.61)	0.1350*** (4.52)	1.2150** (3.18)	-0.2200*** (-4.70)
人力资本水平	1.2730*** (9.89)	-0.1820*** (-3.98)	-0.3490*** (-3.73)	0.0582 (0.33)
研发密集度	-1.8190*** (-7.57)	0.1060*** (13.87)	0.0543** (2.72)	-1.2520*** (-4.49)
cons	-22.8600*** (-9.71)	-1.0250*** (-4.48)	4.7890* (2.32)	-3.0840 (-1.20)
N	33	33	33	33

注：括号内为t值，***、**和*分别表示检验在1%、5%和10%水平下显著。

　　表5-3的回归结果显示，中国对"一带一路"沿线国家直接投资能够显著促进中国高技术产业全球价值链地位的提升，究其原因，是中国对"一带一路"沿线国家直接投资的发展在带动加工组装环节外移的同时，通过产业转移效应优化了国内资源的配置，有利于企业集中要素发展高技术产业。此外，开展对外直接投资的企业可以更好地利用外部优势资源，获取新技术和新工艺，同时也保证了关键资源的供应，在优化产业结构的同时促进了高技术产业的发展，进而带动其全球价值链地位的攀升。这一回归结果验证了中国制造业企业可以通过开展对外直接投资、主动构建价值链来提升自身在国际分工中的地位和引领作用。回归结果还显示，中国对"一带一路"沿线国家的直接投资显著促进了中国中技术制造业全球价值链地位的提升。这是因为制造业企业在将部分业务环节布局在境外市场之后，会通过向前关联和向后关联增加对上下游产业链的投资，通过投入品供给的增加来提高产出品的研发水平，从数量和质量两方面推动产业升级。从实现价值链升级的效果看，中国制造业对"一带一路"沿线国家的对外直接投资对高技术产业的促进作用要大于中技术产业，这一结果验证了对外直接投资在构建和延伸全球产业链、价值链的突出作用，中国制造业对"一带一路"沿线国家的对外直接投资扩展了中国与沿线国家间制造业的产业链联系，通过在更广阔的空间内布局产业链为中国高技术产业发展和价值链升级创造了空间。此外，如图5-2所示，中国中技术产业的出口相似度指数远大于高技术产业，这意味着相对于中技术产业，高技术产业的发展及价值链升级具有更大空间，对外直接投资的拉动作用也更显著。

　　对于低技术密集型产业，回归结果并不显著，一个可能的解释是本部分使用出口相似度指数作为价值链升级的替代指标，"一带一路"沿线国家的国情复杂，宗教种族以及消费偏好与我国差异较大，中国低技术制造业对"一带一路"沿线国家的直接投资只能为当地提供产品，并不能够提升中国与"一带一路"沿线国家间出口产品的相似度，导致以出口相似度指数反映的全球价值链升级指标未能通过检验。

（二）稳健性检验

鉴于中国对"一带一路"沿线国家直接投资对中国高技术、中技术、低技术以及资源型行业全球价值链地位提升的影响可能具有行业异质性，而行业所处的价值链地位会反过来影响中国对"一带一路"沿线国家的直接投资。对于可能存在的"互为因果"问题，本部分参照毛海欧和刘海云（2018）以及杨仁发和李娜娜（2018）的做法，采用系统GMM估计方法进行稳健性检验，将核心解释变量作为内生变量进行控制，以检验基本回归结果的稳健性与可靠性。此外，为控制经济惯性的影响，本部分将被解释变量的滞后一期作为解释变量引入式（5-2）中得到式（5-3），以控制上一期全球价值链地位对本期全球价值链地位的影响。本部分基于Sargan检验以及AR（1）和AR（2）检验考察系统GMM估计方法的有效性，检验结果均表明GMM估计方法有效。表5-4的回归结果显示，核心解释变量和控制变量的回归系数及显著性同基本回归结果相比没有根本性变化，故回归结果稳健。

$$\ln GVC\_pos_{ijt} = \alpha + \alpha_1 \cdot \ln GVC\_pos_{ijt-1} + \beta \cdot \ln ODI_{jt} + \delta \cdot Country\_control_{it} + \gamma \cdot$$

$$Industry\_control_{jt} + \eta_j + \lambda_t + \varepsilon_{ijt} \tag{5-3}$$

表5-4　　　　　　　　　稳健性检验回归结果

项目	高技术	中技术	低技术	资源型
	（1）	（2）	（3）	（4）
lnODI	0.0080***	0.0224***	0.0041	−0.2000***
	(6.16)	(9.52)	(0.18)	(−5.97)
lnRes	−0.0018	0.0017	−0.0698*	0.0068
	(−1.65)	(0.60)	(−2.10)	(0.26)
lnCtec	−0.0064	0.0077	−0.0053	0.0336
	(−1.55)	(0.71)	(−0.03)	(0.32)
lnChr	−0.0012	−0.0109	−0.1410	−0.0230
	(−0.29)	(−1.12)	(−1.09)	(−0.21)
lnGDP	0.0028	0.0112	0.2290	0.0211
	(0.55)	(0.96)	(1.30)	(0.16)

续表

项目	高技术	中技术	低技术	资源型
	（1）	（2）	（3）	（4）
lnScl	0.0023***	−0.0052***	−0.0233***	0.0360**
	（6.66）	（−7.34）	（−3.29）	（2.81）
lnEx	−0.0270***	0.0046	1.6150***	−0.1450***
	（−3.84）	（0.92）	（3.44）	（−5.09）
lnIhr	0.0615***	0.0152	−0.4430***	0.2010*
	（11.04）	（1.64）	（−3.83）	（2.05）
lnItec	−0.1020***	0.1320***	0.0472*	−1.2170***
	（−15.18）	（19.81）	（2.49）	（−7.65）
AR（1）	0.001	0.002	0.004	0.001
AR（2）	0.125	0.377	0.461	0.176
Sargan test p values	0.243	0.363	0.253	0.327
截距项	−0.2690**	−0.6970***	−3.1410	−3.3150
	（−2.67）	（−3.69）	（−1.15）	（−1.62）
N	30	30	30	30

注：括号内为t值，***、**和*分别表示检验在1%、5%和10%水平下显著。

在研究全球价值链地位的文献中，对全球价值链地位的测度除采用ESI指标外，还有大量文献根据Koopman等（2010）的KWW方法计算全球价值链地位指数。本部分同样采用KWW方法计算全球价值链地位指数，并将其作为以ESI指标测度的全球价值链地位的替代变量对式（5-3）进行重新估计，所得结果参见表5-5。表5-5的回归结果显示，在进行指标替代稳健性检验后，核心解释变量和控制变量的回归系数及显著性同基本回归结果以及上述稳健性检验结果相比无根本性变化，故回归结果稳健。

表5-5 基于替代变量的稳健性检验回归结果

项目	高技术	中技术	低技术	资源型
	（1）	（2）	（3）	（4）
lnODI（$_{-1}$）	0.0126***	0.0764***	0.0036	−0.0511**
	（1.35）	（6.41）	（0.14）	（−3.17）
lnODI	0.0226***	0.0949***	−0.0026	−0.1030***
	（2.07）	（5.22）	（−0.09）	（−5.26）
lnRes	−0.0168	0.0186	0.0314	0.0021
	（−1.88）	（1.17）	（2.61）	（0.29）
lnCtec	−0.0223	0.0347	0.0571	0.0243
	（−2.35）	（1.68）	（3.65）	（1.33）
lnChr	−0.0209	−0.0246	0.0225	−0.0244
	（−2.69）	（−2.91）	（1.51）	（−2.69）
lnGDP	0.4730	0.0976	−0.3120	0.7180
	（1.34）	（0.33）	（−4.68）	（1.67）
lnScl	0.0177***	−0.0291*	−0.0210	0.0212**
	（0.18）	（−0.16）	（−0.10）	（1.47）
lnEx	−0.0141**	−0.0158	0.0538	−0.0104**
	（−1.13）	（−2.21）	（3.40）	（−3.24）
lnIhr	0.0311**	0.0278***	−0.0121	−0.0204
	（1.15）	（1.30）	（−0.49）	（−1.36）
lnItec	−0.0316**	0.0583*	0.0116**	−0.0685**
	（−1.23）	（2.37）	（2.67）	（−2.83）
AR（1）	0.005	0.003	0.008	0.001
AR（2）	0.382	0.225	0.131	0.298
Sargan test p values	0.423	0.342	0.397	0.412
截距项	−13.9200	−2.1590	28.3400	−19.8200
	（−1.29）	（−0.24）	（4.65）	（−1.44）
N	42	117	72	72

注：括号内为 t 值，***、**和*分别表示检验在 1%、5% 和 10% 水平下显著。

　　由上述分析可以发现，中国制造业对"一带一路"沿线国家直接投资的发展不仅使中国制造业与沿线国家制造业之间的联系密切了，而且通过利用沿线国家的劳动力成本以及自然资源禀赋等比较优势，中国制造业企业可以依次向"一带一路"沿线国家拓展生产链，在带动沿线国家工业化水平提升的同时，延长自己的价值链，在获取更大分工收益的过程中实现全球价值链升级的目标。

第六章 中国对"一带一路"制造业直接投资网络化发展的价值链升级效应

　　通过第四章的分析可以发现，伴随中国制造业对"一带一路"沿线国家直接投资的发展，"一带一路"区域生产网络已初步形成，并且中国在"一带一路"区域生产网络中扮演着核心节点和枢纽的角色。这一角色的确立意味着在对"一带一路"制造业直接投资网络化发展的过程中，中国价值链升级的路径正在从位置升级向角色升级转变。"一带一路"建设的推进，为中国制造业企业延伸产业链、建立由中国自己主导的区域价值链网络提供了方向。中国制造业正在改变自身在全球价值链网络中的角色，实现由模块供应商向系统集成商、价值链引领者的升级。为刻画中国在"一带一路"区域生产网络中的角色升级，本章分别从区域价值链整合者和区域价值链引领者两方面入手，探讨中国如何通过角色升级实现全球价值链升级的目标。

第一节 投资网络化、区域价值链整合者与中国角色升级

中国制造业对"一带一路"沿线国家直接投资的网络化发展使中国与沿线国家之间以及沿线国家相互之间的经济联系密切了，提升了"一带一路"区域互联互通的水平。互联互通水平的提升奠定了中国作为"一带一路"区域价值链整合者的角色，进而推动中国实现价值链角色升级。为此，本部分首先探讨中国制造业对"一带一路"沿线国家直接投资网络化发展所带来的互联互通水平提升在中国实现价值链角色升级中的作用。

一、投资网络化与区域价值链整合者

（一）投资网络化提升"一带一路"互联互通水平

中国制造业对"一带一路"沿线国家直接投资网络化的发展大大推动了"一带一路"区域内商品、资金、信息、技术等交易成本的降低，有力地促进了区域内资源要素的有序流动和优化配置，对区域内国家提升互联互通水平具有重要意义。互联互通的发展，不仅加快了"一带一路"区域生产网络的构建，而且塑造了中国作为"一带一路"区域价值链整合者的角色。

共建"一带一路"，关键是互联互通。[①]而互联互通的发展，关键是基础设施[②]。基础设施互联互通的发展，有利于充分利用"一带一路"沿线国家的资源禀赋，更好地融入全球产业链、供应链，实现联动发展和价值链协同升级。自工业革命以来，国际分工的不断深化和拓展将原本分离的小区块市场连接起来，形成一个几乎覆盖全球所有国家、

---

① 习近平.习近平在第二届"一带一路"国际合作高峰论坛开幕式上的主旨演讲 [EB/OL]. [2019-04-26] .https：//topics.gmw.cn/node_121923.htm.
② 基础设施是指直接或间接地有助于提高产出水平和生产效率的经济活动，其基本要素包括交通运输、动力生产、通信和银行业、教育和卫生设施等系统，以及一个秩序井然的政府和政治结构。基础设施包含的范围广泛，不同种类的基础设施促进经济发展的作用方式和程度也各有不同。按照世界银行对基础设施的分类标准，交通运输、邮电通信、能源供给等属于经济性基础设施，其作为物质资本直接参与生产过程，有助于加快经济增长的速度，而教科文卫、环境保护等属于社会性基础设施，主要用于人力资本、社会资本、文化资本等的形成，是调整和优化经济结构、改善投资环境、推动经济发展的基础（World Bank，1994）。

所有产品的世界市场，科技的进步不断降低一国进入世界市场的门槛和成本，价值链将不同国家、不同行业、不同产品、不同生产工序连接起来形成全球生产网络，让世界经济越来越呈现出网络化发展态势。借助投资的网络化发展，传统的地理边界不断淡化，基础设施互联互通正在重塑国家在全球价值链网络中的角色，如何有效利用生产要素并与全球市场对接成为网络经济时代国家面临的新挑战，而那些能够提供更多互联互通基础设施的国家不仅可以更好地适应网络化生产这一新生产模式，而且会确立起该国在全球价值链网络中的新优势，即额外的治理能力（Easterling，2014），进而成为区域价值链的整合者。

有关互联互通与经济发展间关系的研究可以追溯至亚当·斯密所著的《国富论》，斯密在书中就曾提及道路、桥梁等公共设施的连接水平会直接影响市场的大小和商业的发达程度。此后，随着世界范围内设施联通的推进，相关研究开始大量涌现。例如，内生经济增长理论就认为包括基础设施投资等在内的投资活动是经济长期增长的根本源泉（Barro，1990），还有学者将基础设施视为政府免费提供的公共品，认为其有助于降低企业的交易成本，提高交易效率（Demetriades 和 Mamuneas，2000），设施联通有助于产品的空间转移，从而扩大市场范围，提高市场交易的能力（杨小凯，2003）。随着经济全球化的推进以及经济发展问题的凸显，基础设施作为最终消费品影响一国或地区社会福利和居民实际收入水平的作用开始引发人们的关注。基础设施具有先行性和基础性、不可贸易性、整体不可分性、准公共物品性等特点，是区域经济能否长期、持续、稳定发展的重要基础。尤其是新经济地理学将基础设施研究转向空间领域，认为基础设施能够将各区域的经济活动连为一体，能在一定程度上降低相邻地区的运输成本和交易费用，对相邻地区的经济增长具有正的空间溢出效应（Cohen 和 Paul，2004）。基础设施发展所产生的汇聚效应会对地区经济发展产生重新调整和分配的作用，基础设施发展相对完善的地区将会比相邻地区吸引到更多的经济资源和生产要素，从而具有更强的竞争优势（Boarnet，1998）。当今的世界秩序不再追求征服和殖民，不再将势力范围作为目标，而是通过与市场、高科技、原材料建立更紧密的联系，以更大程度的互联互通来提高国际竞争力（吴泽林，2017）。

"丝绸之路"本身就是一部全球互联互通史（北京大学，2017）。"一带一路"倡议以基础设施联通为主轴，以构建中国与沿线国家间的价值链网络为路径，以推动中国和沿线国家经济共同发展为目标，不仅寻求沿线国家基础设施的"联"，而且谋求相关国家基础设施网络的"通"，即实现基础设施互联互通。2014年11月，在"加强互联互通伙伴关系对话会"上，中华人民共和国主席习近平完整阐述了"互联互通"的内涵，他指出："我们要建设的互联互通，不仅是修路架桥，不光是平面化和单线条的联通，而更应该是基础设施、制度规章、人员交流三位一体，应该是政策沟通、设施联通、贸易畅通、资金融通、民心相通五大领域齐头并进。这是全方位、立体化、网络状的大联通，是生机勃勃、群策群力的开放系统。"[①]基础设施的"联"是指归属于不同权益所有者的基础设施实现相互对接的状态，"通"则是指基础设施使用的相关规则标准能够统一或无障碍对接，进而实现基础设施使用机制的顺畅化和便利化（北京大学，2017）。

互联互通在为相关国家经济发展提供动力的同时，也为其他领域的联通提供了强有力的支撑。互联互通的经济学意义在于为生产要素的畅通创造条件。古典经济学家配第、魁奈、斯密、李嘉图等都主张要素在不同国家或者地区之间的流动会提高资源的配置效率，也会提升一国或地区民众的福利水平。受政策壁垒、基础设施薄弱等因素的制约，要素的国际流动成本普遍高于在一国之内的流动。因此，"互联互通"的目标就是要在降低要素国际流动成本的基础上促进沿线国家间的交流与合作发展。

第二次世界大战后亚太地区经历过两轮经济高速增长，其动力主要源于国际分工和区域经济合作，而互联互通所构建起的区域价值链网络，将成为区域新一轮经济增长的引擎。"一带一路"沿线国家地缘政治复杂敏感，是大国长期争夺和博弈的重点区域。美国、欧盟国家和日本都对该地区抱有自己的战略利益诉求。此外，一些沿线国家政局不

---

① 佚名."习旋风"劲刮APEC"互联互通"加码"一带一路"[EB/OL].[2014-11-10]. http://it.chinanews.com/gn/2014/11-10/6764355.shtml.

稳、社会持续动荡，局部地区武装冲突此起彼伏，国家相互间缺乏政治互信和身份认同，这些都给中国对"一带一路"沿线制造业投资以及深化国际产能合作带来较大的不确定性。在这样的地区环境下，区域投资合作要想消弭分歧、克服困难，就需要寻找促成相关国家合作的最大公约数。以基础设施为代表的互联互通是社会生产与消费的物质基础，高效的基础设施建设与投资能够提升劳动生产率，促进经济增长，产生正面联动效应，进而推动改善市场准入、创造就业和带动经济增长。长期以来，基础设施滞后与经济发展落后之间的恶性循环是广大发展中国家面临的共同挑战，因此，以基础设施建设谋求经济发展是"一带一路"沿线国家经济发展的共同需求。无论是理论层面还是现实层面，基础设施建设都将充当激发沿线国家参与"一带一路"国际合作热情的公约数。近年来，随着"一带一路"建设的不断推进，欧洲及沿线国家与中国贸易规模的扩张推动中欧班列[①]快速发展，中欧班列业已发展成为基础设施互联互通的重要载体。2011—2021年，中欧班列的年度开行数量由最初不到20列发展到突破1.2万列，年均增速达108%，累计开行数量达3.36万列，运送集装箱近300万标准箱，运送货物货值超过1 600亿美元，受到沿线国家的热烈欢迎。沿线国家对中欧班列的态度正是其对基础设施互联互通态度的一个缩影。中国推行的"基础设施+民生工程"的发展思路，使得"一带一路"倡导的"经济大融合、发展大联动、成果大共享"理念深得人心（竺彩华，2017）。互联互通水平的提升有效地克服了"一带一路"沿线国家政治不确定性和区域内各项自由贸易协定穿插所带来的"意大利面碗"效应[②]，将为数众多的沿线国家联合起来，构建起一张具有连通性、流动性的功能性网络。

中国对"一带一路"沿线国家制造业直接投资的网络化会对区域内要素流动、资源配置方式产生根本性影响，进而提升"一带一路"区域内互联互通的水平（张耀辉，2011）。中国对沿线国家制造业投资的网

---

① 中欧班列是指按照固定车次、线路、班期和全程运行时刻开行，往来于中国与欧洲以及"一带一路"沿线国家的集装箱国际铁路联运班列，具有安全快捷、绿色环保、受自然环境影响小等综合优势。

② "意大利面碗"效应一词源于美国经济学家巴格沃蒂1995年出版的《美国贸易政策》一书，指在双边自由贸易协定（FTA）和区域贸易协定（RTA）下，各个协议不同的优惠待遇和原产地规则就像碗里的意大利面条，一根根地绞在一起。这种现象被称为"意大利面碗"现象或效应。

络化会提升沿线国家基础设施建设的水平，而基础设施建设水平的提升会大幅增强一国互联互通的能力。从历史经验看，随着巴拿马运河的开通，美国东西海岸的航运距离大为缩短，美国得以实现资源在两大方向上的迅速调动和优化配置，美国也借此成为真正意义上的"两洋"强国（潘峰，2015）。类似的场景在日本重现。1964年10月，东京至大阪的东海道新干线高速铁路投入使用，由于新干线可以在4小时之内将京滨、中京、阪神工商业地带及中间城市快速连接起来，人员和物资流通成本大幅降低，因而大大促进了新干线沿线地带新产业的形成。发达国家的历史经验和中国经济的现实案例都表明，基础设施投资是增强互联互通能力的重要选项。2008年全球金融危机后，全球基础设施资产投资呈快速增长态势。伦敦咨询机构Preqin的报告显示，2016年全球基础设施建设金额创下历史新高，达到4 130亿美元，比上年增长14%。同期亚洲基础设施投资达成522笔交易，金额达到创纪录的1 310亿美元。①港口、码头、公路等基础设施均发生了翻天覆地的变化，带动了企业原材料采购和商品配送，便利了消费者的出行和消费。基础设施投资从供给和需求两方面激发了新的投资热情。"一带一路"沿线很多国家和地区属于待开发地区，基础设施落后，投资市场前景广阔。据亚洲开发银行预测，从2010年到2020年，亚太地区仅基础设施建设就需要投入大约8万亿美元。②为配合"一带一路"倡议的实施，中国已发起成立亚洲基础设施投资银行、丝路基金、金砖银行等主要服务于跨境基础设施建设的金融机构，集中向"一带一路"沿线国家以及其他面临基础设施发展瓶颈的发展中国家进行投资，帮助沿线国家发展交通、运输、通信、电力等基础设施，拉近中国与沿线国家之间的空间距离。随着"一带一路"建设的不断推进，其所带动的庞大融资需求已成为全球资本市场的焦点，吸引了国际金融机构和投资者的广泛关注。大型、复杂的基础设施项目的开发建设往往持续数年，整个建设周期需要吸纳的资金规模往往巨大。"一带一路"基础设施互联互通项目融资活跃度的

---

① Preqin. 2016 Infrastructure Deals [EB/OL]. [2023-03-07]. https://www.preqin.com/docs/reports/Infrastructure-Deals-2016.pdf.
② 佚名. "一带一路"造就资本输出大动脉 [EB/OL]. [2015-12-04]. http://dz.jjckb.cn/www/pages/webpage2009/html/2015-12/04/content_12983.htm.

提升，对"一带一路"沿线众多经济规模相对较小、金融市场发展尚不成熟的国家和地区而言无疑是利好消息。近年来，"一带一路"沿线许多新兴市场国家的债券市场发展迅速，但市场规模与其所服务的经济规模相比仍显不足。"一带一路"基础设施互联互通带动的融资需求有望促进这些市场的债券发行增长，如果再配合金融市场改革，那么这些市场的深度和广度都将得到有效提升，有利于其进一步吸引国际投资。在这一过程中，中国制造业直接投资会产生导向作用，激发其他国家面向"一带一路"沿线国家基础设施互联互通的投资热情，达到资金汇聚的效果。"一带一路"框架下基础设施建设合作项目涵盖的行业广泛，蕴藏着巨大的投资机遇与合作空间，这将为国际投资者与"一带一路"沿线国家开展融资合作创造新的机会，进而全面提升"一带一路"沿线互联互通水平。

中国对"一带一路"沿线制造业直接投资的网络化还会促进规则标准的互联互通，进而实现互联互通协同效应的最大化。设施联通是"一带一路"合作的基础，而要实现设施联通，还需要促进政策、规则、标准三位一体的联通，为互联互通提供机制保障。"一带一路"涉及多个国家和地区，国情不同，交通基础设施标准也不统一。以铁路为例，中国和"一带一路"沿线大多数国家的铁轨采用标准轨，而蒙古国、俄罗斯采用宽轨，马来西亚则采用窄轨。在"一带一路"基础设施互联互通建设推进过程中，必须要统一标准，才能够真正实现设施联通。"一带一路"基础设施互联互通是一种全新的合作模式，没有现成的规则可以遵循，要想让沿线国家理解、接受并自觉参与"一带一路"建设，必须制定出规范化的标准，各种建设成果才能够标准化复制，才能真正实现沿线国家共商、共建、共享。2015年10月22日，根据《推动共建丝绸之路经济带和21世纪海上丝绸之路的愿景与行动》确定的标准化工作任务，中国发布了《标准联通"一带一路"行动计划（2015—2017）》，提出要在10个方面加强规则标准的互联互通，倡导沿线国家加强技术标准体系对接，推动规则标准的双边和多边合作。2017年5月举办的"一带一路"国际合作高峰论坛上，中国政府进一步提出要促进政策、规则、标准三位一体的联通，为互联互通提供机制保障。政策、规则、标准三位一体的联通包含信息互换、监管互认、执法互助等内容，目标是促进海关、质检等领域的合作，促进各国规则、标准体系的相互兼容。这里的标准已超越有形的设施、设备、技术、资金等，中国对沿线国家制造业直接投资网络化所推动的规则标准联通赋予其"软连通"的属性，有助于推动"一带一路"沿线国家和地区营商环境的改善，降低区域内投资成本，进而实现设施联通协同效应的最大化，全面提升"一带一路"沿线互联互通水平。

实际上，中国与沿线国家间的基础设施互联互通建设早已启动。早在2009年第十二次中国与东盟领导人会议期间，与会国家就提出应加大相互间基础设施互联互通的合作力度。2011年第十四次中国与东盟领导人会议进一步倡议成立中国-东盟互联互通合作委员会。中国一直致力于加强与周边国家间的互联互通合作，将"互联互通"倡议作为亚太经济发展的长期规划，得到了亚洲各国的积极响应，这说明"互联互通"对于中国以及周边各国经济发展具有重要的战略价值。伴随"一带一路"建设走向深入，"一带一路"构想中所蕴含的中国理念、中国方案和中国智慧正逐步得到国际社会的广泛认同。"一带一路"业已成为中国向世界贡献的重要国际公共产品（郑东超、张权，2017）。中国对"一带一路"沿线国家制造业直接投资引发国际关注，一个重要的原因在于其建立和加强了沿线各国间互联互通的伙伴关系，构建起全方位、多层次、复合型的互联互通网络，为沿线地区经济的网络化发展规划了方向。中国在"一带一路"框架下所推动的互联互通基础设施建设与合作，将"一带一路"沿线国家连接起来，激发基础设施互联互通所产生的空间溢出效应，实现要素和资源的汇聚和整合，在推动"一带一路"地区互联互通水平的同时，也把"一带一路"地区打造成中国系列新优势发挥的舞台，为中国在"一带一路"区域价值链网络中发挥价值链整合者的角色创造了条件。

（二）"一带一路"互联互通塑造中国区域价值链整合者角色

经济全球化的推进，尤其是全球基础设施的发展让世界各国从割裂日渐走向互联，让民族从分隔日渐走向融合。如果从互联互通的视角看世界，全球互联互通的发展构成了一张功能性网络，这张网不断突破着地理因素的束缚，将地球上的人、要素、市场、组织都紧紧联系在一起，世界也由此进入全球网络时代。

全球互联互通的大发展让世界日趋网络化。互联互通将每个国家、每个市场、每类通信媒介以及每种自然资源都互相联系起来（康纳，2016）。今天全球基础设施的全幅图景中有长约 6 400 万千米的高速公路，200 万千米的油气管道，120 万千米的铁路以及 75 万千米的海底电缆，这些设施将全球主要人口聚居区和经济中心联系在一起。相比之下，全球的国境线仅有 25 万千米（康纳，2016）。基础设施互联互通正在消弭传统的政治地理边界，虽然世界各国并非都直接相连，但港口和机场等基础设施却让货物和人员的往来变得更加频繁和便利。以中国为例，2016 年，欧盟和美国分别位居我国对外贸易伙伴的前两位，贸易额为 5 469.0 亿美元和 5 196.1 亿美元，分别占中国进出口贸易总额的 14.8% 和 14.1%。[①]欧盟国家和美国与中国在地理上并不相连，然而，这并不妨碍其成为中国最主要的贸易对象。从人员流动来看，由携程旅游、国家旅游局[②]直属研究机构——中国旅游研究院联合发布的《向中国游客致敬——2016 年中国出境旅游者大数据》显示，2016 年我国出境旅游人数达到 1.2 亿人次，继续蝉联全球出境旅游人次世界冠军。[③]最受中国游客欢迎的二十大目的地国家和地区依次是：泰国、韩国、日本、印度尼西亚、新加坡、美国、马来西亚、马尔代夫、越南、菲律宾、柬埔寨、俄罗斯、澳大利亚、毛里求斯、意大利、阿联酋、斯里兰卡、英国、埃及和德国。从这些国家和地区的地理分布可见，空间距离不再是制约人员流动的主要障碍，这一切都源自互联互通基础设施网络的拓展。

全球互联互通的大发展正在不断地改变着边境线的政治地理角色。边境线不再仅仅用于分隔领土和社会，而是成为发挥实际效用的功能连线。在国际贸易中，当一国通过国际分工而参与国际贸易时，该国的产业及人口就会大规模地集聚到距离国际市场比较近的边界地区，即经济

---

① 佚名. 2016 年进出口简要统计［EB/OL］.［2018-01-06］. http://tjxh.mofcom.gov.cn/article/tongjiziliao/feihuiyuan/201701/20170102505094.shtml.
② 2018 年改为文化和旅游部.
③ 佚名. 2016 中国出境旅游大数据：1.22 亿人次花了 1 098 亿美元［EB/OL］.［2018-01-06］. http://www.traveldaily.cn/article/111673.

地理效应。如果一国拥有漫长的海岸线，并且具有良好的港口条件，那么该国的产业、人口与城市就会大规模地向国际运输成本相对较低的沿海地区集聚；反之，如果该国是一个内陆国家，那么该国的产业、人口与城市就会在靠近邻国的边界地区大规模集聚，催生出边境贸易。以中国为例，2016年GDP总量排名前三甲的省份分别是广东省、江苏省和山东省，其地区生产总值分别为79 512.1亿元、76 086.2亿元和67 008.2亿元。①这三个省份均地处沿海地区，基础设施发达，便于实现与全球市场的互联互通。位居第四的河南省，近年来交通基础设施联通进程提速，开通了郑州至德国汉堡的国际铁路货运班列，形成境内覆盖全国四分之三省区市、境外覆盖24个国家121个城市的集疏网络，实现每周去程4班、回程4班均衡对开，货值货重指标位居中欧班列首位②，打通了串联境内外集疏节点的"米"字形高速铁路网，河南省也借此构建起一个连通境内外、辐射东中西的国际物流大通道，在巩固交通枢纽优势的同时也为经济发展提供了新助力。

全球互联互通的大发展正在不断塑造着全球经济组织的新图景。全球基础设施的发展正推动世界从割离走向互联。工业革命以来互联互通的加深弱化了国家的概念，形成了整体大于部分之和的全球化社会。正如世界曾从垂直整合的帝国体系走向扁平的独立民族国家体系一样，现在世界正慢慢步入全球网络体系。在互联互通的世界体系中，连接线的重要性远远大于国境线，由各种交易组成的功能性网络正在塑造一个供应链世界。伴随经济全球化的推进，产业链、供应链所涉及的广度、深度和连接力都不断增强，迫使人们去思考，相对于国家而言，产业链、供应链是否代表了一种更深层次、更具整合力的组织力量？供应链是连接全世界的管线，是人和物移动的通道（康纳，2016）。产业链、供应链的延伸为发展中国家嵌入全球生产网络提供了可能，有助于其克服要素禀赋约束，在不改变地理边界的前提下参与全球生产网络。诺贝尔经济学奖获得者安格斯·迪顿（Angus Deaton）在《逃离不平等》一书中

---

① 佚名. 31省份GDP大比拼 东部实力强、中西部潜力大［EB/OL］.［2023-02-22］. http://money.163.com/17/0314/00/CFESHQ2D002580S6.
② 佚名. 大通道拓展经贸新版图［EB/OL］.［2023-02-22］. http://www.henan.gov.cn/jrhn/system/2017/05/11/010718749.shtm.

指出，开放发展是逃离不平等的出路。对于广大发展中国家而言，加入全球生产网络，扩大与区域内外国家间的经贸合作，发挥贸易投资的倍增效应是实现经济发展，逃离不平等的现实选择（迪顿，2014）。

亚欧大陆各经济体发展不均衡，人均国内生产总值低于世界平均水平，基础设施互联互通的能力仍有待加强，区域内部贸易投资潜力尚未充分发挥。拥有丰富资源和强烈发展意愿的"一带一路"沿线国家，迫切需要深化在经济各领域的连接，推动生产要素在更大范围内整合和有效流动，促进沿线各经济体经贸关系的深度融合。"一带一路"倡议强调基础设施互联互通的重要性，这不仅能够满足沿线国家消除国内发展不平衡和提升国家治理能力的现实需求，也能够促进沿线国家在地区政治结构和经济结构脱节的情况下开辟新的合作空间（付宇珩、李一平，2017），通过基础设施建设的"互联互通"来实现其他领域的"互联互通"。亚欧大陆幅员辽阔的内陆地区的经济发展能够同东亚经济圈和欧洲经济圈的经济发展更加有效地连接起来，激发内陆地区潜在的经济活力，在嵌入全球产业链、供应链的过程中更积极地消弭经济发展的不平衡。

如今，一国在全球产业链、供应链中的实力取决于该国通过连接所能发挥的作用的大小。影响国家实力的根本因素不再仅仅是其地理位置或人口规模，而是其互联互通的程度，即在地理互联、经济互联、数字互联层面深度参与全球资源、资本、数据、人才和其他有价值的资产流的程度。中国是全球100多个国家最大的贸易伙伴国，这赋予中国强大的产业链连接能力和影响力。中国对"一带一路"沿线国家制造业直接投资的网络化发展为中国提升沿线互联互通水平，构建"一带一路"区域价值链网络，发挥"一带一路"区域价值链整合者角色创造了基础性条件。

二、区域价值链整合者与中国的角色升级

伴随综合国力的不断提升和对外开放的持续深化，中国在全球价值链治理中的角色也在悄然发生着变化，从全球价值链的参与者一步步演变成为全球价值链治理的倡导者和践行者，进而演化成为全球价值链的

整合者。与以往不同，站在新历史节点上的中国不仅要加强与世界各国间的商品和人员往来，而且要更积极地参与全球价值链治理，为地区乃至世界提供公共产品。"一带一路"互联互通正是新形势下中国向国际社会提供的新型跨国公共产品。互联互通将有力塑造中国未来发展的地缘经济路径，打造中国与世界互联、互通、互动、互赢的新方式（傅梦孜、徐刚，2017），赋予中国额外的治理能力，而中国也将在这一过程中实现全球价值链的角色升级。

"一带一路"建设以"互联互通"为核心。基于地理空间的考虑，基础设施互联互通成为"一带一路"建设的优先领域。2008年全球金融危机过后，"一带一路"沿线国家间贸易、投资、跨境旅游等国际经济交往日益密切，大大提升了基础设施的建设需求。由中国对外承包工程商会发布的《"一带一路"国家基础设施发展指数报告（2017）》指出，"一带一路"沿线国家基础设施投资与建设整体呈波动上升态势，市场需求旺盛（参见表6-1）。其中，交通和电力行业成为国际基础设施发展的重要引擎。多数"一带一路"沿线国家将交通基础设施建设作为塑造经济空间格局的重要途径，主要集中于公路、铁路的升级改造、高速公路网及铁路网的构建。例如，阿塞拜疆力求打造欧亚大陆交通枢纽地位，对公路、铁路均有较大需求，安哥拉计划加强与刚果（金）、赞比亚、纳米比亚等邻国的经贸合作，倡导建设南部非洲铁路交通枢纽等。[1]

表6-1　　　　　"一带一路"沿线国家基础设施发展指数

年份	2008	2009	2010	2011	2012	2013	2014	2015	2016	2017
总指数	100	102	121	105	101	118	119	110	136	117

资料来源：《"一带一路"国家基础设施发展指数报告（2017）》。

尽管"一带一路"沿线国家基础设施建设需求旺盛，但在加快基础设施建设过程中也面临诸多问题和挑战。其中，最大的挑战在于基础设施的资金缺口和融资瓶颈。毕马威预测，到2030年，全球基础设施建设的资金缺口将高达20万亿美元，发展中国家的资金短缺问题尤为严

---

① 《"一带一路"国家基础设施发展指数报告（2022）》，第30页。

重。① 与巨额资金缺口相对应的是，大量的社会资本缺乏进入基础设施领域的环境和渠道，融资难已成为"一带一路"沿线国家基础设施建设领域面临的共同问题，迫切需要搭建新的渠道，将基础设施建设的潜在市场需求转化为现实经济价值。从"一带一路"沿线国家基础设施建设所需的资金看，一些国家尤其是亚洲的国民储蓄率较高，现已沉淀了约 62 万亿美元的私人资本。然而，额度大、期限长、风险高、收益低、不确定性强等特点制约了一般私人投资者对基础设施的投资意愿，从而遏制了民间存量资本进入基础设施投资领域。与此同时，世界银行-亚洲开发银行主导的国际多边融资支持体系每年数百亿美元的融资规模无法满足区域内巨大的资金需求。为此，迫切需要建设能够辐射"一带一路"沿线国家和地区的多边融资机构和制度安排。

经过多年的发展，中国不仅在经济规模上仅次于美国，而且拥有位居世界首位的进出口贸易和外汇储备，同时在工程施工能力、基础设施装备制造能力、投融资模式整合能力等方面具备了参与"一带一路"基础设施建设和投融资市场的能力。中国已经有资本、有实力且有需要在"一带一路"沿线地区基础设施建设及投融资领域发挥引领作用②。目前，在亚洲基础设施投资银行的基础上，中国出资设立的丝路基金致力于推动相关区域包括铁路、公路、水路、空路、管路、信息高速路在内的"六大网路"基础设施建设，构建全方位、多层次、复合型的互联互通网络，不仅可以有效弥补基础设施类公共品的投资缺口，而且可以凭借自身的资金实力和高等级信用，对社会资本产生引领作用，灵活组合多种投资工具，发挥投资杠杆作用。

在中国的积极参与和推动下，"一带一路"沿线国家基础设施连点成线，织线成网，互联互通推进迅速。中欧班列贯通欧亚，匈塞铁路、雅万高铁开工建设，中国-东盟信息港进展顺利，瓜达尔港正式开航……③ 中国作为"一带一路"沿线国家基础设施提供者的角色日益显

---

① 佚名. 毕马威：2030年全球基础设施资金缺口将达20万亿美元 [EB/OL]. [2023-02-22]. http://finance.sina.com.cn/stock/t/2016-06-02/doc-ifxsvexw8301029.shtml.

② 在"一带一路"倡议的引领下，中国的工程企业开始快速扬帆出海。2016年中国对外承包工程业务完成营业额 1 594 亿美元，同比增长 3.5%。其中，对"一带一路"沿线国家完成营业额 760 亿美元，同比增长 9.7%，占对外承包工程业务完成营业额的比重为 47.7%。

③ 曾搏星，林翰."一带一路"基础设施建设的中国担当 [EB/OL]. [2023-02-22]. http://www.qstheory.cn/economy/2017-04-25/c_1120869718.htm.

现，正如2017年5月14日中华人民共和国主席习近平在"一带一路"国际合作高峰论坛开幕式上所指出的，"目前，以中巴、中蒙俄、新亚欧大陆桥等经济走廊为引领，以陆海空通道和信息高速路为骨架，以铁路、港口、管网等重大工程为依托，一个复合型的基础设施网络正在形成。"①

2008年全球金融危机的爆发进一步凸显了现有全球经济治理模式存在的问题。近年来，新兴经济体和发展中国家经济表现抢眼，尤其是全球金融危机后更是贡献了约80%的全球经济增量。然而，全球经济治理的投票权、话语权分配并未充分反映国际力量对比的这一革命性变化。国际社会行为体间的互动模式需要伴随结构的变化而调整（多尔蒂、普法尔茨格拉夫，2003），为此，增加新兴经济体和发展中国家的投票权和话语权，推动全球经济治理体系顺应国际经济格局的深刻变化，已成为全球经济治理亟待解决的问题。在此变革的关键期，国际社会期待推进全球经济治理改革的新智慧（隆国强，2017）。

"一带一路"建设为中国参与全球经济治理变革提供了舞台，中国将在其中发挥引领作用、联动作用和稳定器作用。改革开放以来，中国在经济体制改革、正确处理政府与市场关系、创新宏观调控、扶贫减贫、基础设施建设等方面积累了丰富经验。为完善全球经济治理体系贡献中国方案，引导全球经济治理体系朝着更加开放包容、更加公平高效和更有利于可持续发展的方向演进，是中国作为一个负责任大国的责任，也是国际社会对中国的殷切期待。中国所推动的基础设施互联互通为全球经济治理提供了新理念、新载体和新模式。

冷战结束后，世界发生了深刻变化，而全球治理理念却并没有随之调整，导致了全球治理失灵的出现（秦亚青，2013）。全球经济治理要重新焕发活力，需要顺应新兴市场国家崛起的国际现实以及广大发展中国家谋求发展的愿望，即需要实现全球经济治理理念的创新。"一带一路"倡议以共商、共建、共享为原则，以互利共赢为追求，为全球经济治理尤其是全球价值链治理提供了全新理念。所谓共商，就是由全球所

---

① 习近平. 携手推进"一带一路"建设——在"一带一路"国际合作高峰论坛开幕式上的演讲 [EB/OL]. [2023-02-22]. http://news.xinhuanet.com/2017-05/14/c_1120969677.htm.

有参与治理方协商，突出各方的参与实践与共同进化（Qin，2011）；所谓共建，就是沿线各国发挥各自的比较优势和潜能，共同推进地区经济发展；所谓共享，就是让全球经济治理所带来的收益更多、更公平地惠及各方，营造伙伴感而非异化感（Jones，2009）。共商、共建、共享理念的提出，契合了沿线国家参与地区价值链治理的迫切意愿，展现了中国推动沿线各国共同发展的诚意，得到了国际社会的认可。

全球价值链治理新理念的贯彻需要辅之以相应的载体。为推动基础设施互联互通发挥实效，中国发起成立了亚洲基础设施投资银行。亚洲基础设施投资银行是中国首次主导筹建的多边金融开发机构，可以有效弥补世界银行、亚洲开发银行等现有多边金融开发机构在治理结构和资金供给上的不足，更广泛地动员国际资金，为基础设施互联互通提供融资支持。亚洲基础设施投资银行参与国广泛，可以将资金、项目供给国有机结合在一起，有助于减少信息不对称问题和投资风险，将亚洲内外的各种资金引入"一带一路"沿线国家基础设施建设中，弥补沿线国家面临的基础设施投资缺口，加速设施联通的进程。亚洲基础设施投资银行的登场是中国从被动的全球价值链参与者成长为主动参与者，参与塑造新的全球化秩序的第一次尝试（沈铭辉、张中元，2016）。

通过推动互联互通，中国正在为世界贡献一种新的区域经济合作发展模式。与既往的区域经济合作不同，中国所推动的是一种更具包容性和多样性的经济合作模式。包容性体现在"一带一路"倡议对接了沿线众多国家的经济发展战略，包括俄罗斯提出的欧亚经济联盟、东盟2025发展愿景及互联互通总体规划、哈萨克斯坦的"光明之路"、土耳其的"中间走廊"、蒙古国的"发展之路"、越南的"两廊一圈"、英国的"英格兰北方经济中心"、波兰的"琥珀之路"等。各方通过发展战略和政策对接，可以共享区域经济发展的成果，以协同发展实现效用最大化。多样性表现在"一带一路"基础设施互联互通将沿线地区现存的各类双边、多边、正式、非正式的合作机制都囊括其中，多样性发展兼顾了沿线国家经济、社会和文化发展的多样性，求同存异、聚同化异，有助于构建多领域合作体系，打造多层次合作格局，发展多渠道合作框架。中国倡导的国际合作将开辟出一条不同发展水平、不同文化传统、不同资源禀赋、不同社会制度的国家间开展平等合作、共享发展成果的有效途径（涂永前，2017）。

提出10年多以来，"一带一路"倡议已成为中国参与构建持久和平、普遍安全、共同繁荣、开放包容、清洁美丽世界的重要舞台和主要突破口。中国在"一带一路"沿线地区推动的基础设施互联互通，在现有的海洋经济全球化基础上，开启了内陆经济全球化的新征程。"一带一路"整合了集装箱海运、高速公路、高速铁路、空运、互联网、现代网络金融产品等基础设施，全方位打通海洋经济和内陆经济，进而带动欧亚大陆从东到西直至联通非、美大陆的经济合作与发展。"一带一路"互联互通打破了自然地理的束缚，将那些远离海洋而经济体量巨大的内陆地区通过设施联通与全球生产网络连接起来，使其参与到国际分工中来，通过发挥贸易投资的倍增效应实现经济发展的共赢，进而重构了区域及全球价值链的面貌。

20世纪90年代以来，伴随着信息化和经济全球化进程的加快，国际制造业生产体系出现了前所未有的垂直分离和重构，出现了大量的中间产品，国际分工由产业内分工进一步渗透至产品内部，全球价值链分工出现。随着全球价值链分工的推进，受中间品的可贸易性、生产分工环节的可分解性以及资源要素的可扩散性等因素的影响，全球价值链中的增值环节不断增多（王直、魏尚进和祝坤福，2015）。分工的细化导致国与国之间的比较优势更多地体现为全球价值链上的某一特定环节，而非传统贸易的最终产品。全球价值链分工的发展降低了发展中国家参与国际分工的门槛，使其可以通过参与全球生产网络实现经济的发展。然而，在现有的全球价值链分工模式下，产品研发、关键环节生产以及营销策划等高附加值环节被发达国家的跨国企业牢牢掌握，发展中国家仅能参与一般零部件的加工和组装，无法通过全球价值链分工实现产业升级，进而陷入"低端锁定"的困境（刘志彪、张杰，2009）。这导致新兴经济体和发展中国家不得不在市场、技术两方面落入双重追赶的艰难境地（黄先海、余骁，2017）。广大发展中国家迫切希望建立全球价值链分工新体系，以便更好地维护自身的经济权益，实现经济的可持续发展。以基础设施为优先建设领域的"一带一路"倡议在为沿线国家搭建参与新型国际分工基础的过程中，也将通过基础设施的互联互通构建起"一带一路"区域价值链网络，而中国也可以凭借自身广泛的贸易投资联系及生产网络连接能力而成为这一区域价值链网络的整合者。

2008 年全球金融危机后，企业面临着与金融危机引发经济衰退时截然不同的一系列供应链挑战——其中包括不断增大的全球竞争压力和消费者期望，以及日趋复杂的客户需求模式。2010 年 10 月 12—22 日麦肯锡开展了一次全球网上调查，超过 2/3 的受访企业高管表示，过去 3 年来供应链风险在增大，而且有几乎相同比例的高管认为，今后风险还会继续增大。有 82% 的高管表示，在未来 5 年，自己企业的供应链风险会进一步增大（麦肯锡，2018）。基于此种认识，跨国企业开始谋求分散风险的供应链设计，这推动全球生产网络向区域性生产网络集中（Henderson 和 Dicken，2002）①。

区域生产网络有助于重塑区域内各经济体之间的分工结构，共享全球价值链分工的发展机遇。区域生产网络形成的基本条件就是区域内各节点基于要素禀赋的差异化而专注于产品不同生产区段的生产，通过专业化生产优势的积累而构建起兼具产业间、产业内和产品内分工的复合型网络分工体系。

经过多年的发展，"一带一路"区域日渐成长为继大西洋贸易中心和太平洋贸易中心之后的全球第三大贸易中心。仅以 2010—2013 年为例，"一带一路"对外贸易、外资净流入年均增长速度分别达到 13.9% 和 6.2%，比全球平均水平高出 4.6 个百分点和 3.4 个百分点（张茉楠，2018）。不仅如此，"一带一路"区域贯穿亚欧非大陆，非常契合地将活跃的东亚经济圈和发达的欧洲经济圈连接起来，其未来的经济发展潜力巨大。

在"一带一路"区域经济快速发展的过程中，中国与沿线国家间的制造业投资往来日益密切。在中国面向"一带一路"沿线国家制造业直接投资影响力不断上升的背景下，通过共建"一带一路"重构经济地理、推进投资便利化进程、扩大中国与沿线各国的国际产能合作，将为

---

① 全球意味着多种规模范围，既可以是全球的，也可以是区域的，而并非必须覆盖全球。

中国与沿线国家产业结构优化提供全新的平台（卢锋等，2015）。受诸多因素的限制，部分沿线发展中国家被排除在全球价值链分工体系之外。而中国在"一带一路"地区积极推动的基础设施互联互通将沿线国家全面连接起来，加入到区域价值链网络中来。"一带一路"地区国家间具有地理优势，在贸易产品和资源禀赋方面存在互补性（桑百川、杨立卓，2015），基础设施互联互通导致的区域经济地理重构将激发贸易投资的倍增效应，实现区域内各经济体经济发展的共赢。在此过程中，中国可以充分发挥贸易投资的倍增效应，利用国际产能合作机制加快与沿线国家构建产业的梯度转移，构建起以中国为核心的"一带一路"区域价值链网络，并整体嵌入至全球价值链网络中，形成"双嵌套"型的国际分工新体系（黄先海、余骁，2017），逐步实现从发达国家引领包括中国在内的发展中国家融入全球价值链向中国引领其他发展中国家融入区域及全球价值链的转变。凭借长期积累的资金、技术和经验优势，中国作为"一带一路"区域生产网络核心枢纽的角色将推动中国全球价值链嵌入模式从低端"外部依赖"型嵌入变为中高端"主动连接"型嵌入，全面提升中国在全球价值链中的作用和影响力。

基础设施互联互通挖掘了基础设施建设所蕴含的经济价值和潜能，凭借自身丰富的发展经验、配套能力和资金优势，中国所倡导的设施联通将极大推动沿线国家基础设施发展水平，提升其参与全球价值链分工的能力，吸引到更多的投资和产业转移，从而拉近沿线各国在地理空间、经济空间以及制度空间上的距离，将"一带一路"打造成互联互通之路（曾培炎，2015）。而中国也将在这一过程中扮演起区域价值链整合者的新角色，进而实现全球价值链的角色升级。

第二节 投资网络化、区域价值链引领者与中国角色升级

如前所述，"一带一路"建设的推进，为中国制造业企业延伸产业链、构建由中国自己主导的区域价值链网络提供了方向。这意味着中国逐步由全球价值链的参与者向全球价值链的引领者转变。在区域价值链

网络中，作为全球价值链引领者的中国不仅要实现自身的价值链升级，而且要带领"一带一路"沿线国家实现价值链升级。为此，本节将考察中国对"一带一路"沿线国家制造业直接投资的网络化对沿线国家价值链升级的影响，以此来验证中国在"一带一路"区域价值链网络中的价值链引领者角色，为论证中国实现全球价值链角色升级提供论据。

一、投资网络化与区域价值链引领者

近年来，作为中国制造业全球价值链升级的重要一环，中国政府大力推动制造业企业开展对外直接投资，积极参与、主动布局区域生产网络建设，旨在提升区域价值链整体地位，实现区域内各国经济的共同发展。"一带一路"倡议提出后，中国对"一带一路"沿线国家的对外直接投资不断增加，极大地丰富了中国与沿线国家的投资合作。根据《2020年度中国对外直接投资统计公报》，截至2020年底，中国在"一带一路"沿线国家（地区）设立境外企业超过1.1万家，2013—2020年，中国对"一带一路"沿线国家累计投资达到1 398.5亿美元。[①] 截至2020年底，中国对"一带一路"沿线国家直接投资存量2 007.9亿美元。值得一提的是，中国在"一带一路"沿线国家直接投资的流向存在明显的集聚现象。从国别构成看，投资主要流向新加坡、印度尼西亚、泰国、越南、阿拉伯联合酋长国、老挝、马来西亚、柬埔寨、巴基斯坦、俄罗斯等国家。尤其是东盟，因其是海上丝绸之路的重要组成部分，加之与中国签署了双边自由贸易协定，是中国对"一带一路"沿线国家直接投资的汇聚之地。2020年中国对东盟的直接投资额为160.6亿美元，占当年中国对外直接投资总额的10.4%，远超欧盟（6.6%）和美国（3.9%）。[②] 在东盟国家中，又以对新加坡的投资最为集中，占中国对东盟直接投资总额的36.9%。[③]

中国对"一带一路"沿线国家对外直接投资呈现出的这种集聚性一方面反映出中国企业在对外直接投资过程中倾向于采取跟进模式。这是因为在"一带一路"框架下，中国政府虽然为企业开展对外直接投资提

① 数据源自《2020年度中国对外直接投资统计公报》，第18页。
② 数据源自《2020年度中国对外直接投资统计公报》，第33页。
③ 数据源自《2020年度中国对外直接投资统计公报》，第35页。

供了融资便利、注册便利等一揽子扶持措施,但"一带一路"沿线国家政治、经济、文化、法律环境的差异性和不稳定性仍然是制约中国制造业企业对外直接投资的不利因素。东道国市场的复杂性和不确定性促使中国制造业企业在对外直接投资过程中倾向于采取跟进模式,即受同行或者投资趋势的影响,从而形成一定程度的投资集聚。另一方面,中国在"一带一路"沿线国家设立的境外经贸合作区为对外直接投资企业提供了信息咨询服务、运营管理服务、物业管理服务以及突发事件应急服务四项服务,合作区通常围绕园区主导产品,引入相互关联的产业或者同一产业链条中的上下游企业,这也导致了中国制造业对"一带一路"沿线国家直接投资的集群性。

20世纪90年代以来,在全球价值链分工延伸过程中,作为价值链分工体系微观主导者的跨国公司不断在世界范围内寻求比较优势并在全球布局生产活动,这种行为极大地推动了国际分工的深化,而国际分工的深化又进一步推动了全球价值链的发展。相较于国际贸易,对外直接投资对于跨国公司而言更具有主动性和确定性,因此跨国公司将对外直接投资作为其在全球整合资源的主要手段,这也大大地加速了全球价值链在全球的拓展。通过对外直接投资,发达国家的跨国公司建立起符合自身利益的价值链分工格局,并将价值链中的低端环节转移至发展中国家,利用发展中国家丰富的资源优势和劳动力优势,生产附加值低但需要投入大量劳动要素的产品,以获取分工利益。相比之下,发展中国家由于在资源、技术等方面的劣势,被"锁定"在全球价值链中的低端环节。

作为参与全球价值链分工的主要方式之一,对外直接投资极大地影响着全球价值链的塑造与变革。一方面,对外直接投资通过资本跨境流动带动中间品贸易的发展,推动国际分工不断深化,加深了各国之间的经济联系,加快了价值链由国内价值链向外部价值链转变以及区域价值链向全球价值链转变的进程。另一方面,越来越多的新兴经济体和发展中国家通过对外直接投资主动融入全球价值链,为全球价值链的网络化发展提供了更多的可能性。与此同时,在价值链向全球拓展的过程中不可避免地伴随着产业的集聚与扩张,某一区域直接投资的集聚可以产生集聚的经济性。具体而言，从横向发展看，产品的同一生产分工环节在空间上的重新配置和深化形成了水平方向的产业集聚；从纵向发展看，产品的不同生产分工环节或与其关联的上下游环节在某一区域的集聚形成了垂直方向的产业集聚，当对外直接投资同时在横向和纵向推动生产过程的全球布局时，对外直接投资就会推动全球价值链网络的构建与动态演进。国际生产环节的跨国配置形成了生产活动的链条和网络，从国家和行业的层面看，这是增加值创造的全球价值链；从企业的层面看，这构成了连接上下游的供应链。由此，对外直接投资已经转变为产业链各环节在世界范围内拓展的载体，通过对区域内经济体进行投资，新兴经济体和发展中国家同样可以实现产业链各环节的优化配置，进而构建区域价值链，通过提升区域价值链发展水平，改变只能被动参与由发达国家主导的全球价值链的处境。

那么，中国面向"一带一路"沿线制造业直接投资的网络化发展是否能够促进东道国的全球价值链升级进而推动中国在"一带一路"区域价值链网络中的角色升级呢？本节将对这一问题进行解析，以便为中国制造业企业通过开展对"一带一路"沿线制造业直接投资实现全球价值链角色升级提供支持。

（一）影响机制分析

从中国制造业对"一带一路"沿线直接投资的区域分布看，既分散又集聚是一个突出特点。作为对外直接投资行为的微观主体，具有相似战略动机的企业的投资行为往往非常相似，而且往往做出决策的时间也非常接近（Gul 和 Lundholm，1995）。现有研究表明，出于各种投资动机所进行的对外直接投资均表现出不同程度的投资集聚。其中，新企业和市场寻求型企业更青睐于投资那些已经被其他企业占据的特定地点，从而形成地理上的集聚（Porter，1990；Shaver 和 Flyer，2000），来自同一国家和行业的企业也往往会步调一致地进入国际市场（Head、Mayer 和 Ries，2002）。此外，由于国际的相互投资不可避免地会受到投资国和国际市场竞争环境的影响，企业为了减少竞争和避免来自行业方面的不确定性，往往会遵循先行企业的投资决策（Gimeno，2005），从而形成投资集聚。林毅夫（2007）也曾提出存在一种"激增现象"，即发展中国家的企业在选择新的、有前景的产业时，由于信息不对称，很可能会达成共识，继而对所确定的产业进行集群投资。因此与母国的其他产业相比，同一国家同一产业内先行企业的投资行为会影响该产业内后续企业的投资决策。除此之外，对外直接投资也可以通过产业的前后向关联引发跨产业的投资集聚。

由以上分析可以发现，对外直接投资往往会在特定的地理空间内形成集聚。这种既分散又集聚的分布结构可以视为对外直接投资网络化发展的一种表现，即对外直接投资在纵向拓展产业链的同时，也会横向重组，在特定国家（地区）形成集聚。基于此，本节以对外直接投资集聚作为对外直接投资网络化发展的代理变量，来考察中国制造业对"一带一路"沿线直接投资网络化发展对沿线国家价值链升级的影响。

对外直接投资集聚会带来集聚效益，这些集聚效益可以通过多种渠道推动东道国实现全球价值链升级。需要强调的是，此处的全球价值链升级是广义的，换言之，既包含了产业升级的"链式"升级，又包含了产业结构高级化的"结构"升级。一方面，投资集聚会产生规模经济效应，规模经济效应可以降低东道国的生产成本，提高东道国的生产效率，进而推动东道国实现全球价值链升级。另一方面，投资集聚能带动东道国相关产业尤其是上下游关联产业的发展，有利于建立更加完善的中间品市场。通过拓宽获取中间品的途径、增加中间品的供给种类以及降低中间品的价格，可以直接降低东道国企业的生产成本，推动其将节省出来的资金用于产品开发和技术研发等高端环节，通过优化生产要素的产业配置实现价值链的结构升级。基于此，可以提出假设1。

假设1：对外直接投资集聚有利于推动东道国实现全球价值链升级。

作为发展中国家，中国对外直接投资的发展起步较晚，与发达国家的企业相比，中国企业在国际化发展过程中普遍面临资源、知识和经验不足的问题，需要辅之以制度上的支持（Scott，1995）。换言之，源自母国政府的政策支持对于中国企业获取国际化所需的资源和知识、抵御国际化风险至关重要（Luo和Tung，2007）。"一带一路"倡议，是统筹国内国际两个大局，谋划我国全方位对外开放新格局所做出的重大战略决策。为更好地推动"一带一路"国际产能合作，中国政府采取了多元化的政策支持，鼓励制造业企业开展对"一带一路"沿线直接投资。中国已先后同哈萨克斯坦、埃及、埃塞俄比亚等40多个"一带一路"沿线国家签署了产能合作文件，同东盟、非盟等区域组织进行合作对接，开展机制化产能合作。①政府的政策支持为中国制造业企业面向"一带一路"沿线开展投资创造了良好的制度环境，有利于资本向"一带一路"沿线国家汇聚。投资集聚产生的规模经济效应可以降低"一带一路"沿线国家的生产成本，提高沿线国家的生产效率，进而推动"一带一路"沿线国家实现全球价值链升级。基于此，可以提出假设2。

假设2：对外直接投资集聚有利于推动"一带一路"沿线国家实现全球价值链升级。

（二）模型设定与指标选取

1.模型设定

基于以上分析，构建影响东道国全球价值链地位的基准模型。对外直接投资集聚是本书的研究重点，也是模型的重要核心解释变量，通过适当选取控制变量，运用面板数据模型考察对外直接投资的集聚效应（即对外直接投资的网络化）对东道国全球价值链地位的影响，基准模型如下：

$$GVC_{jt} = \alpha_0 + \alpha_1 agg_{jkt} + \alpha_2 Controls + v_j + \varepsilon_{jkt} \qquad (6-1)$$

其中，下标 j、k、t 分别表示国家、行业和年份，被解释变量 GVC_{jt} 是 j 国在 t 年所处的全球价值链"分工地位"，核心解释变量 agg_{jkt} 表示中国在 t 年对 j 国 k 行业对外直接投资的集聚效应，Controls 为其他控制变量，包括经济开放度（open）、物质资本水平（fix）、技术创新水平（tech）、制度环境（ins）、自然资源丰裕度（nat）、公共服务水平（pub）、经济发展水平（pgdp）、研发水平（res），v_j 为国家固定效应，ε_{jkt} 为随机扰动项。

2.指标选取

（1）被解释变量

东道国全球价值链分工地位（GVC_{jt}）：由于常用的全球价值链嵌入

---

① 推进"一带一路"建设工作领导小组办公室. 共建"一带一路"倡议：进展、贡献与展望 [EB/OL]. [2019-04-22]. http://www.mofcom.gov.cn/article/i/jyjl/e/201904/20190402855421.shtml.

度测算方法,如HIY方法(Hummels等,2001)、DRS方法(Daudin等,2011)、KWW方法(Koopman等,2012)等均以国家或者世界投入产出表为基础,在国家数量或时间跨度上不适用于对"一带一路"沿线国家全球价值链地位的刻画。因此,本节借鉴Yeats(1998)的方法,用一国中间品贸易额占贸易总额的比重来衡量该国在全球价值链分工中的地位。其中,2005年中国对外直接投资总额达到137.3亿美元,[1]首次突破100亿美元大关,中国对外直接投资也由此进入快速发展的新时期,因此本书采用2005年作为中国对外直接投资集聚效应的研究起点。在UN Comtrade数据库中,BEC(Broad Economic Catalogue)分类法将国际贸易中的商品按资本货物、中间货物和消费品分成三大类19个基本类型,将每个国家所属中间货物[2]的基本类型贸易额加总除以该国贸易总额,即可得到该国的全球价值链分工地位。时间区间为2005—2018年。

(2)核心解释变量

对外直接投资集聚水平(agg_{jkt}):目前针对产业集聚的测算方法有很多,但多以东道国当地的静态指标进行刻画,考虑到本书所刻画的产业集聚是由对外直接投资所引致的,因此结合产业集聚中较为成熟的区位熵指数和对外直接投资的存量数据构建对外直接投资集聚水平这一变量。本节借鉴Liu(2018)的做法,其计算公式为:

$$agg_{jkt} = (ofdi_{jkt}/ofdi_{kt})/(ofdi_{kt}/ofdi_{t}) \tag{6-2}$$

其中,$ofdi_{jkt}$表示中国对j国k行业在t年的对外直接投资存量,$ofdi_{jt}$表示中国对j国在t年的对外直接投资存量,$ofdi_{kt}$表示经济合作发展组织(OECD)国家对k行业在t年的对外直接投资存量,$ofdi_{t}$表示OECD国家在t年的对外直接投资存量。其中,将OECD国家作为对外直接投资集聚的参考标准是由于在对外直接投资中,OECD国家的对外直接投资规模已经占到了全球对外直接投资金额的较大比例,如2018年OECD国家的对外直接投资存量总额占全球对外直接投资存量总额的62.8%,[3]因此在世界各国对外直接投资的行业流向数据可得性受限的情况下,可以认为OECD国家的对外直接投资行为具有较强的代表性,

---

① 相关数据根据《2005年度中国对外直接投资统计公报》整理而得。
② 中间品的BEC代码为"111""121""21""22""31""322""42""53"。
③ 数据来源于https://data.oecd.org/fdi/fdi-flows.htm#indicator-chart。

即可以用OECD国家的对外直接投资来反映世界的对外直接投资，继而可以用OECD国家作为中国对外直接投资集聚的参考标准。

（3）控制变量

经济开放度（open）：随着全球化发展程度的不断加深，经济开放度的提升能够显著提高一国出口中所含的外国增加值比重，即经济开放度会对一国在全球价值链中的分工地位产生重要影响。为此，本书借鉴胡昭玲和张玉（2015）的方法，以各国货物及服务出口总额与GDP的比值来表示经济开放度。

经济发展水平（pgdp）：由于"一带一路"沿线国家中多为发展中国家，其经济发展水平会直接影响其在全球价值链中的嵌入深度和广度，故本书以各国人均GDP来表示各国的经济发展水平。

物质资本水平（fix）：新贸易理论认为，一国国内物质资本的积累可以提升资源优化与配置的效率，加速产业结构的转型与升级，资本积累是地区产业高速发展的基本动力，发达国家与发展中国家均能通过资本积累对产业结构升级起到不可或缺的影响，因此一国的物质资本水平会对其全球价值链分工地位产生影响（蔡海亚、徐盈之，2017）。为此，本书以固定资本形成额占GDP的比重来衡量物质资本水平。

技术创新水平（tech）：随着国际分工的不断深化，技术作为一种特殊的生产力要素对一国的全球价值链升级产生潜在的重要影响，一国的技术创新水平越高，就越容易占据全球价值链的上游环节，在全球价值链中就越能获取较高的附加值。目前诸多学者认为专利数量是衡量区域创新能力的有效指标（钱晓烨，2014；杨明海等，2017）。为此，本书选取各国专利申请数量来衡量技术创新水平，包括非居民的专利申请数量（tecn）和居民的专利申请数量（tecy）。

研发水平（res）：在全球价值链中，价值的创造并不主要源于生产环节，相反，研发、设计等环节往往是价值链中具有高附加值的环节，对一国的全球价值链分工地位产生着重要影响，发达国家也正是凭借着极强的研发能力牢牢地占据着全球价值链分工的高端环节。为此，本书选取每百万人中R&D研究人员的数量作为该国研发水平的代理变量。

制度环境（ins）：经济制度作为一种特殊的生产关系，对一国经济的运行以及发展均存在决定性影响，一国的经济制度越宽松，越有利于该国开展生产与创新活动以及降低分工合作的交易成本，从而越有利于该国的全球价值链升级。为此，在制度环境变量的选择上，本书参考了唐海燕和张会清（2009）以及邱斌等（2012）的做法，选择 Fraser Institute 发布的经济自由度指标（Economic Freedom Index）作为制度环境的代理变量，该指标综合测度了一国贸易、法律以及商业管制等多方面信息，可以较为全面地反映一国的制度环境，该指数范围为（0，10）。

自然资源丰裕度（nat）：一国的自然资源是一国的原始资源积累，也是维持生产与技术进步的最基本投入（祝树金等，2010）。一国自然资源的丰裕度越高，就越能够为其他国家的制造业提供初级产品，越有利于该国嵌入全球价值链，但自然资源也可能会对一国的发展产生负面影响，原因是这些国家的物质和人力资本会大量流入自然资源密集型行业而不利于高技术行业的发展。为此，本书引入一国农林牧渔业及采矿采石业总出口占该国总出口的比重来表示其自然资源丰裕度。

公共服务水平（pub）：一国的公共消费支出占比越高，表明政府提供的公共产品与公共服务越多，即该国的整体资源配置效率越高，越有利于该国的全球价值链升级。为此，本书借鉴刘海云和毛海欧（2015）的做法，以一般政府公共消费支出占 GDP 的比重来衡量一国政府的公共服务水平。

（三）数据来源与处理

本书主要选取 2005—2018 年 CNRDS 数据库发布的中国对外直接投资事件数据、世界银行数据库、联合国贸易与发展会议（UNCTAD）数据库和 OECD 数据库，其中被解释变量——全球价值链分工地位（GVC_{jt}）根据 UN Comtrade 数据库计算得出，解释变量——对外直接投资集聚水平（agg_{jkt}）根据 CNRDS 数据库的对外直接投资事件和 OECD 数据库中的对外直接投资数据计算得出。经济开放度（open）、经济发展水平（pgdp）、物质资本水平（fix）、技术创新水平（tech）、研发水平（res）、自然资源丰裕度（nat）、公共服务水平（pub）直接来源于世界银行数据库，制度环境（ins）来源于 Fraser Institute。各变量的描述性统计见表6-2。

表6-2 **变量描述性统计**

变量类型	变量代码	变量说明	样本量	均值	标准差
被解释变量	gvc	全球价值链分工地位	1 444	0.45	0.07
核心解释变量	agg	对外直接投资的集聚效应	920	3.67	2.60
控制变量	open	经济开放度	1 664	3.65	0.63
	pgdp	经济发展水平	1 695	8.85	1.53
	fix	物质资本水平	1 624	3.15	0.30
	tecy	本国居民专利申请数量	1 358	5.55	2.67
	tecn	非本国居民专利申请数量	1 384	5.81	2.50
	res	研发水平	1 114	6.71	1.66
	ins	制度环境	1 596	2.05	0.14
	nat	自然资源丰裕度	1 607	1.63	1.13
	pub	公共服务水平	1 647	2.76	0.37

（四）实证检验和结果分析

本部分主要从两个方面进行检验：一是针对全样本建立模型以验证制造业对外直接投资的集聚效应是否能够影响东道国的全球价值链分工地位，即假设1。二是分别以"一带一路"沿线国家和非"一带一路"沿线国家作为样本进行异质性检验，即假设2。鉴于全球经济发展的不平衡性会导致不同国家对外直接投资的差异以及全球价值链分工地位的不同，考察对外直接投资的集聚效应能否影响东道国的全球价值链分工地位也要考虑不同国家经济发展水平的差异。为此，本部分先从总体上检验对外直接投资的集聚效应对全球价值链分工地位的影响，再分样本组检验对外直接投资的集聚效应对全球价值链分工地位的影响对不同组别的国家是否存在异质性，以全面实证检验本部分的研究假设。

1.全样本回归

表6-3给出了中国制造业对外直接投资集聚效应影响东道国全球价值链升级的 OLS 回归结果。在回归分析中，首先以制造业对外直接投资的集聚效应为基础变量，依次纳入其他控制变量进行 OLS 回归分析。这种处理方法使得回归结果更加稳健和令人信服。

表6-3 　　　　　　　**对外直接投资集聚效应影响东道国**

全球价值链升级的OLS回归结果

被解释变量	（1）	（2）	（3）	（4）	（5）
	gvc	gvc	gvc	gvc	gvc
agg	0.004***	0.004***	0.003***	0.003***	0.002***
	(5.174)	(5.065)	(3.461)	(3.453)	(2.854)
open		0.010*	0.011*	0.010*	0.019***
		(1.777)	(1.838)	(1.812)	(3.064)
pgdp			−0.030***	−0.028**	−0.023**
			(−2.834)	(−2.554)	(−1.976)
fix				−0.003	0.019**
				(−0.435)	(2.415)
tecy					−0.006**
					(−1.977)
tecn					
res					
ins					

续表

被解释变量	（1）	（2）	（3）	（4）	（5）
	gvc	gvc	gvc	gvc	gvc
nat					
pub					
cons	0.432***	0.395***	0.674***	0.670***	0.568***
	（146.512）	（19.278）	（6.703）	（6.643）	（5.171）
国家固定效应	是	是	是	是	是
N	820	818	818	818	754
R²	0.034	0.043	0.053	0.053	0.069

注：（1）括号内数值为 t 统计量；（2）*、**和***分别代表在 10%、5%和 1%的水平下显著。

续表6-3 　　对外直接投资集聚效应影响东道国
全球价值链升级的OLS回归结果

被解释变量	（6）	（7）	（8）	（9）	（10）
	gvc	gvc	gvc	gvc	gvc
agg	0.002***	0.002***	0.002***	0.002***	0.002***
	（2.847）	（3.022）	（2.663）	（2.536）	（2.526）
open	0.021***	0.012**	0.018***	0.019***	0.019***
	（3.309）	（2.288）	（3.274）	（3.440）	（3.393）
pgdp	−0.018	−0.048***	−0.021*	−0.015	−0.015
	（−1.570）	（−4.186）	（−1.711）	（−1.213）	（−1.202）
fix	0.015*	0.017**	0.026***	0.027***	0.027***
	（1.922）	（2.542）	（3.843）	（4.088）	（3.840）
tecy	−0.009***	−0.002	−0.001	−0.001	−0.001
	（−2.717）	（−0.843）	（−0.343）	（−0.504）	（−0.496）

续表

被解释变量	（6）	（7）	（8）	（9）	（10）
	gvc	gvc	gvc	gvc	gvc
tecn	0.006***	0.010***	0.010***	0.010***	0.010***
	(3.034)	(5.714)	(6.346)	(6.465)	(6.424)
res		0.015***	0.009**	0.008**	0.008**
		(4.084)	(2.327)	(2.104)	(2.054)
ins			−0.169***	−0.180***	−0.180***
			(−5.486)	(−5.801)	(−5.786)
nat				0.011**	0.011**
				(2.418)	(2.416)
pub					−0.000
					(−0.034)
cons	0.508***	0.640***	0.718***	0.668***	0.670***
	(4.556)	(6.230)	(6.477)	(5.952)	(5.352)
国家固定效应	是	是	是	是	是
N	748	654	640	640	640
R^2	0.088	0.131	0.146	0.155	0.155

注：（1）括号内数值为t统计量；（2）*、**和***分别代表在10%、5%和1%的水平下显著。

在表6-3的估计结果中，第（1）列仅将制造业对外直接投资的集聚效应作为解释变量，结果表明，其估计值为正数，且在1%的显著性水平下通过了检验。换言之，制造业对外直接投资的集聚效应对东道国的全球价值链分工地位具有显著的正向促进作用。这也进一步佐证了对外直接投资不仅可以推动东道国嵌入全球价值链，而且还能够提升东道国的全球价值链分工地位。表6-3中第（2）—（10）列回归结果是在方程已经纳入核心解释变量的基础上，依次纳入其余控制变量后得到的回归结果。从表中可以看出，在纳入上述各控制变量后，核心解释变量即制造业对外直接投资集聚效应对东道国全球价值链升级的影响以及显著性基本没有发生变化。具体来说，在第（2）—（10）列的估计结果中，制造业对外直接投资集聚效应的系数估计值均为正值，且均在1%的显著性水平下通过检验，这充分说明，制造业对外直接投资的集聚效应对东道国全球价值链分工地位的提升具有积极作用。

2. 基于"一带一路"沿线与非"一带一路"沿线的分样本回归结果

在"一带一路"背景下，中国制造业企业积极对"一带一路"沿线国家开展投资，谋求区域内经济体全球价值链分工地位的整体提升，这是中国努力构建的"一带一路"区域生产网络的发展方向。《"一带一路"国际合作高峰论坛圆桌峰会联合公报》就曾指出，要携手推进"一带一路"建设和加强互联互通倡议对接的努力，推动实现开放、包容和普惠的全球化。那么，中国对"一带一路"沿线国家制造业直接投资的集聚（即投资的网络化）是否能够促进沿线国家的全球价值链升级仍需进一步探讨。为此，本部分将东道国按照"一带一路"沿线国家（地区）和非"一带一路"沿线国家（地区）进行划分，以进一步探究中国制造业对外直接投资的集聚效应是否切实推动了"一带一路"沿线国家的全球价值链升级。

表6-4的第（1）列报告了制造业对外直接投资的集聚效应在全样本中对东道国全球价值链地位的影响，第（2）列和第（3）列则分别报告了制造业对外直接投资的集聚效应对东道国为"一带一路"沿线国家（地区）和非"一带一路"沿线国家（地区）的影响。对样本进行分类后的回归结果显示，制造业对外直接投资对东道国为"一带一路"沿线国家（地区）的全球价值链升级有显著的促进作用，而对非"一带一路"沿线国家（地区）的全球价值链升级没有显著的促进作用。这说明，中国制造业对外直接投资的网络化发展提高了"一带一路"沿线国家的价值增值能力，并为其向全球价值链的高端环节攀升提供了更多机会，这也为构建"共商""共建""共享"的"一带一路"区域生产网络，进而实现区域经济包容性增长提供了强有力的证明。

表6-4　　对外直接投资集聚效应影响东道国全球价值链升级的

固定效应回归结果

被解释变量	（1）ALL	（2）YES	（3）NO
	gvc	gvc	gvc
agg	0.002**	0.003**	0.001
	（2.526）	（2.102）	（0.690）
open	0.019***	0.005	0.021***
	（3.393）	（0.398）	（3.259）
pgdp	−0.015	0.018	−0.078***
	（−1.202）	（0.888）	（−4.224）
fix	0.027***	0.005	0.037***
	（3.840）	（0.331）	（4.327）
tecy	−0.001	0.010*	−0.008**
	（−0.496）	（1.667）	（−2.257）
tecn	0.010***	0.004	0.013***
	（6.424）	（1.441）	（6.686）
res	0.008**	0.001	0.014***
	（2.054）	（0.118）	（2.803）
ins	−0.180***	−0.217***	−0.184***
	（−5.786）	（−3.486）	（−4.903）
nat	0.011**	0.019**	0.010**
	（2.416）	（2.000）	（2.041）
pub	−0.000	−0.037	0.003
	（−0.034）	（−1.431）	0.247
cons	0.670***	0.678***	1.227***
	（5.352）	（3.368）	（6.449）
国家固定效应	是	是	是
N	640	208	432
R^2	0.155	0.144	0.240

注：（1）括号内数值为t统计量；（2）*、**和***分别代表在10%、5%和1%的水平下显著。

3.稳健性检验

通过异方差与自相关检验，表明模型存在异方差与自相关。对于扰动项存在异方差与自相关的面板数据可以通过两种方法进行估计：一是用 LSDV 来估计系数，只对标准误差进行校正，即面板校正标准误方法；二是对异方差或者自相关的具体形式进行假设，然后使用可行广义最小二乘法（FGLS）进行估计。两种方法各有优劣，FGLS 方法是最有效的，但是需要对异方差或自相关的具体形式进行假设，如果该形式设定错误，则根据FGLS计算的标准误可能失效，进而导致有误的统计推断，而面板校正标准误方法是最为稳健的，更适用于一般的情形。这里同时使用更稳健的 LSDV 估计方法以及最有效的 FGLS 方法对模型进行稳健性检验，得到的估计结果（见表6-5）仍然与基本估计结果保持一致。

表6-5   稳健性检验回归结果

被解释变量	(1) FGLS_ALL	(2) FGLS_YES	(3) FGLS_NO
	gvc	gvc	gvc
agg	0.001***	0.002***	0.001
	(3.167)	(3.858)	(1.457)
open	0.021***	0.011*	0.029***
	(5.714)	(1.784)	(5.606)
pgdp	0.001	−0.003	−0.012
	(0.112)	(−0.216)	(−0.827)
fix	0.005	−0.001	0.010
	(0.884)	(−0.104)	(1.284)
tecy	0.000	0.004	−0.002
	(0.231)	(1.190)	(−0.717)
tecn	0.005***	0.005***	0.005***
	(4.443)	(3.190)	(2.801)
res	0.000	0.002	0.001
	(0.059)	(0.444)	(0.200)

续表

被解释变量	(1) FGLS_ALL	(2) FGLS_YES	(3) FGLS_NO
	gvc	gvc	gvc
ins	−0.082***	−0.140***	−0.063**
	(−3.510)	(−3.321)	(−2.105)
nat	0.018***	0.017***	0.022***
	(6.685)	(3.290)	(6.043)
pub	−0.020**	−0.049***	−0.006
	(−2.303)	(−3.160)	(−0.589)
cons	0.528***	0.739***	0.543***
	(6.426)	(5.028)	(4.065)
国家固定效应	是	是	是
N	634	205	429
R²			

注：（1）括号内数值为t统计量；（2）*、**和***分别代表在10%、5%和1%的水平下显著。

续表6-5 　　　　　　　　　　**稳健性检验回归结果**

被解释变量	(4) LSDV_ALL	(5) LSDV_YES	(6) LSDV_NO
	gvc	gvc	gvc
agg	0.001**	0.002**	0.000
	(2.293)	(2.153)	(0.280)
open	0.026***	0.018**	0.025***
	(3.831)	(1.995)	(3.001)
pgdp	−0.015	0.008	−0.053**
	(−1.006)	(0.388)	(−2.342)
fix	0.023***	0.013	0.027**
	(2.748)	(0.760)	(2.544)

续表

被解释变量	(4) LSDV_ALL	(5) LSDV_YES	(6) LSDV_NO
	gvc	gvc	gvc
tecy	−0.001	0.008	−0.004
	(−0.159)	(1.516)	(−0.863)
tecn	0.007***	0.004*	0.008**
	(2.697)	(1.835)	(2.310)
res	0.010**	0.006	0.013**
	(2.107)	(0.888)	(1.983)
ins	−0.140***	−0.169***	−0.120**
	(−3.396)	(−2.729)	(−2.335)
nat	0.009**	0.016**	0.009**
	(2.411)	(1.979)	(2.004)
pub	−0.003	−0.046*	0.004
	(−0.267)	(−1.948)	(0.322)
cons	0.610***	0.626***	0.881***
	(4.203)	(3.248)	(3.940)
国家固定效应	是	是	是
N	640	208	432
R²	0.929	0.916	0.937

注：（1）括号内数值为 t 统计量；（2）*、**和***分别代表在10%、5%和1%的水平下显著。

二、区域价值链引领者与中国的角色升级

本部分就中国制造业对外直接投资的集聚效应对"一带一路"沿线国家全球价值链升级的影响进行了研究，发现中国制造业对外直接投资集聚显著促进了"一带一路"沿线国家的全球价值链升级，这说明中国

正在成为“一带一路”区域生产网络的价值链引领者。

2008 年全球金融危机爆发后，国际分工格局的变化推动全球价值链进入重构期，发展中国家在全球价值链分工中的作用和影响日渐显著。中国经济在全球金融危机后的发展和转型在不断提升中国经济在世界经济体系中的影响力，同时，也在不断推动中国实现在全球价值链分工体系中的角色转换。从经济体量看，中国已发展成为仅次于美国的经济大国，不仅如此，中国还是全球最大贸易国，并于 2020 年首次成为全球第一大对外直接投资国。与此同时，中国对世界经济的依存度相对下降，而世界对中国经济的依存度则相对上升，这反映出中国作为全球消费市场、供应方和资本提供方的重要性日益凸显。中国经济的体量和影响力赋予中国转变国际分工角色的经济基础，推动中国逐步由全球价值链分工的“参与者”向全球价值链分工的“引领者”转变（刘斌、王晓娜，2020）。

第四章的网络分析表明，中国已成为“一带一路”区域生产网络的核心节点和枢纽，通过发挥“桥接”作用将“一带一路”沿线国家连接起来。而本章的分析进一步表明，中国对“一带一路”沿线制造业直接投资的网络化发展推动了沿线国家实现全球价值链升级。由此，我们可以认为，中国提出的“一带一路”倡议不仅积极推动了全球价值链在“一带一路”沿线的延伸，而且对于“一带一路”沿线国家来说，更是极大地助力了其在全球价值链中的地位攀升，而中国也通过充当“一带一路”区域价值链网络的引领者而实现了其在全球价值链分工体系中的角色转换，进而实现了全球价值链角色升级。

第七章　研究结论与政策建议

第一节　主要结论

本书以"一带一路"倡议为背景，探究了中国制造业在"一带一路"沿线直接投资的网络化发展以及价值链升级。研究发现：

第一，"一带一路"沿线国家已经成为中国制造业对外直接投资的重要目的地。中国制造业在"一带一路"沿线的直接投资有效地促进了沿线国家制造业的发展，并推动了中国与沿线国家间区域生产网络的构建。2018—2020年中国对"一带一路"沿线国家制造业直接投资流量分别为58.8亿美元、67.9亿美元及76.8亿美元，总体呈上升态势。制造业已成为中国对"一带一路"沿线绿地投资最主要的投资行业，其中，在中东欧国家的制造业投资份额更是高达70%。随着更多资本介入和国家配套政策的完善，民营企业对"一带一路"沿线制造业直接投资的数量和规模都呈增长态势，中国企业对"一带一路"沿线制造业直接投资呈现出"国企开路、民企跟进"的双轮驱动格局。由于"一带一路"

沿线国家国情复杂，境外经贸合作区成为中国制造业企业参与国际投资合作的创新模式，日益发挥深化产业投资合作、实现"产业联通"抓手的重要作用，已经发展成为共建"一带一路"的生动实践。

第二，中国制造业在"一带一路"沿线国家直接投资的纵向推进为"一带一路"区域生产网络的构建奠定了基础。本书采用双重差分方法对政府政策（即"一带一路"倡议）是否促进了中国制造业对外直接投资发展这一问题进行了验证。研究发现，从政策实施效果来看，"一带一路"倡议显著促进了中国制造业企业面向"一带一路"沿线市场的投资，这一发现肯定了中国通过推动制造业对外直接投资实现价值链升级的做法，具有重要的政策含义。从异质性分析来看，研究发现，"一带一路"倡议对于国有、东部地区及处于发展期的制造业企业对外直接投资水平的提升作用更突出。研究还发现，中国制造业企业在"一带一路"沿线的投资分布并不均衡，中国制造业企业倾向于选择贸易成本低、营商环境好的国家开展对外直接投资，拓展产业链，对于那些想深耕"一带一路"沿线国家市场的企业，则会选择贸易连通性相对较低的国家开展投资。

第三，在面向"一带一路"沿线投资过程中，中国制造业企业需要通过横向重组，与"一带一路"沿线当地企业构建起国际化网络，通过资源补充效应、规模经济效应、能力提升效应以及网络经济效应获取网络价值，进而确立起国际化竞争新优势。为刻画中国制造业企业在面向"一带一路"投资过程中网络化的发展现状，本书依据经济社会学中的结构洞理论（Burt，1992），把"一带一路"沿线国家多元化的制造业产业发展视为占据"结构洞"的过程，探讨中国制造业对外直接投资如何进行有效的网络连接，进而逐步形成以中国为核心的"一带一路"区域生产网络。研究发现，"一带一路"沿线国家的制造业实现了区域协同发展，尤其是部分发展中国家制造业发展迅速，网络内贸易往来日益频繁。尤其是2013年共建"一带一路"倡议的提出，进一步加速了沿线国家制造业网络的密集化发展，区域内贸易合作进一步深化，"一带一路"区域生产网络已见雏形。与此同时，研究还发现，中国在"一带一路"区域生产网络中的枢纽地位显著提升，在网络中发挥的桥接作用不断凸显，拥有的网络控制力随之上升，获取的网络租金收益也在增加。

第四，2008 年全球金融危机爆发后，来自全球价值链高端环节和低端环节的双向挤压，迫使中国制造业重新审视自身在全球价值链分工中的地位，通过向全球价值链中高端攀升以扭转价值链低端嵌入的被动局面，进而获取新的价值创造空间。国际产能合作既可以通过产品输出的方式进行产能位移，又可以通过产业转移的方式进行产能位移。国际产能合作形式的多元化意味着中国倡导的国际产能合作不仅有望通过对外直接投资实现制造业全产业链升级，而且可以构建起"一带一路"区域生产网络。为验证中国制造业对外直接投资的价值链升级效应，本书依据联合国商品贸易统计数据库（UN Comtrade Database），计算出口相似度指数（ESI），并将其作为全球价值链地位的替代变量，用于考察中国制造业对外直接投资的全球价值链升级效应。研究发现，中国对"一带一路"沿线国家的直接投资能够显著促进中国高技术和中技术产业全球价值链地位的提升，这一回归结果验证了中国制造业企业可以通过开展对外直接投资、主动构建价值链来提升自身在国际分工中的地位和引领作用。

第五，"一带一路"建设的推进，为中国制造业企业延伸产业链、建立由中国自己主导的区域价值链网络提供了方向。中国制造业正在改变自身在全球价值链网络中的角色，实现由模块供应商向系统集成商、规则制定商的升级。为刻画中国在"一带一路"区域生产网络中的角色升级，本书分别从互联互通以及区域生产网络构建两方面入手，探讨中国如何通过角色升级实现全球价值链升级的目标。研究发现，以基础设施为优先建设领域的"一带一路"倡议在为沿线国家搭建参与新型国际分工基础的过程中，也将通过互联互通构建起"一带一路"区域价值链网络，而中国也可以凭借自身广泛的贸易投资联系及生产网络连接能力而成为这一区域价值链网络的整合者。在此基础上，本书就中国对外直接投资的网络化发展对"一带一路"沿线国家全球价值链升级的影响进行了实证研究，发现中国对外直接投资的网络化发展显著促进了"一带一路"沿线国家的全球价值链升级，这说明中国正在成为"一带一路"

区域价值链网络的价值链引领者。由此，我们可以进一步认为，中国提出的"一带一路"倡议不仅积极地推动了全球价值链的延伸，而且对于"一带一路"沿线国家来说，更是极大地助力了其在全球价值链中的地位攀升，而中国也通过充当"一带一路"区域价值链网络的引领者而实现了在全球价值链分工中的角色转换和升级。

第二节　政策建议

提出 10 多年以来，"一带一路"倡议从中国倡议变为全球行动，在推动沿线国家经济增长的同时，也提升了中国经济对外开放的水平。在此过程中，中国制造业对"一带一路"沿线直接投资的网络化发展不仅推动"一带一路"沿线国家成为中国制造业拓展产业链、开展国际产能合作的重要目的地，而且提升了中国在全球价值链分工中的地位。2020年新冠肺炎疫情在全球大暴发，在沿线各国携手抗击疫情的过程中，已收获早期成果的"一带一路"成为相关国家合作抗击疫情的重要媒介。尤其值得一提的是，中国与沿线国家间的投资合作逆风上扬，中国对"一带一路"沿线国家的投资占对外投资总额的比重由 2019 年的 13.6%上升到了 2020 年的 16.2%。但同时也要看到，面对疫情和贸易保护主义的双重压力，中国制造业在"一带一路"沿线直接投资的发展依然面临重重挑战，"一带一路"沿线国家的政治社会形势依然错综复杂，这要求中国政府和中国制造业企业采取更加积极有效的措施，克服风险和挑战，推动制造业对"一带一路"沿线直接投资的高质量发展，进而达成通过对外直接投资实现全球价值链升级的目的。

一、加强制度设计，完善政策支持体系

面对疫情和贸易保护主义的双重挤压，中国制造业企业开展对外直接投资所面临的国际环境十分严峻。为此，更需要加强制度设计，以国家产业发展为导向引导企业进行全球价值链整合，提升"走出去"企业的资源配置能力和国际竞争力，进而提升中国制造业企业在全球价值链分工和区域生产网络中的地位。

强化对外直接投资保障体系。对投资权益加以保护并降低对外直接投资的不确定性，是"一带一路"投资法律保障体系的重中之重，而双边投资协定就是一个常见的工具。在63个纳入商务部与国家统计局统计的"一带一路"沿线国家中，已有56个国家与中国签订了双边投资协定①。下一步，要力争实现与"一带一路"沿线国家双边投资协定的全覆盖，以便为中国制造业企业在"一带一路"沿线的投资发展提供法律保障。与此同时，还需要考虑实现双边投资协定的升级。在已经签署的双边投资协定中，有相当大比重的双边投资协定在2000年前签署，与目前"一带一路"建设对于投资保护的需求存在较大差距，重新签署双边投资协定、升级协定条款已迫在眉睫。除了双边投资协定，双边避免双重征税协定也是"一带一路"投资法律保障体系的重要组成部分。目前"一带一路"沿线国家中还有东帝汶、马尔代夫、阿富汗等国未与中国签署双边避免双重征税协定，这意味着在这些国家开展对外直接投资的中国制造业企业将面临重复纳税的风险，因此需要尽快签署双边避免双重征税协定并尽快落实已经签署的税收协定，以切实维护在"一带一路"沿线投资的中国制造业企业的合理利益。

加大对外直接投资金融支持力度。随着"一带一路"建设走深走实，中国制造业对"一带一路"沿线的投资主体已由国有企业为主导向国有企业和民营企业并进的方向转变。与国有企业不同，民营企业尤其是民营企业中的广大中小企业较少获得国家级信贷支持，资金匮乏就成为制约民营中小企业在"一带一路"沿线扩展产业链的重要因素。为此，可以考虑设立"一带一路"制造业直接投资专项支持基金，用于鼓励民营企业进军相关领域重点项目建设，鼓励民营企业以建设运营一体化、投资建设运营一体化等方式实施项目，支持民营企业开展品牌、营销网络等领域的境外并购，走品牌国际化发展道路，支持中小企业开展国际化经营，拓展产业链。要落实好银保监会发布的关于保险业服务"一带一路"建设的指导意见，进一步完善对外投资保险机制，扩大保险规模、增加险种。探索将境外投资保险、中长期出口信用保险等金融

---

① 还有阿富汗、东帝汶、马尔代夫、尼泊尔、伊拉克、黑山和塞尔维亚等7个国家尚未与中国签订双边投资协定。

产品相结合，支持制造业企业以更加积极的姿态参与"一带一路"区域生产网络构建，在有效规避各类投资风险的同时参与更高层次的国际产能合作。

完善"走出去"人才和信息服务平台。"一带一路"沿线国家数量众多，国情差异大，这给"走出去"企业的人力资源建设提出了很高要求。鉴于大多数企业不具备独立进行国际化人才培养的能力，需要由相关部门协调建立面向"一带一路"沿线直接投资的人才服务平台。在调查并梳理"走出去"企业人才需求的基础上，委托专业机构制定培训套餐，开展包括法律、税务、会计、语言、宗教、文化等方面的专项培训。适时探索建立动态的、成体系的人才培训机制，全面提升包括经营者在内的"走出去"企业的人力资源建设水平。除了国际化人才，信息也是制造业企业"走出去"所必备的"知识"。目前，中国已建立起多层次、多元化的国际化信息服务平台，如全国工商联已启动"一带一路"信息服务平台，集中发布海内外最新时事动态、有关国家政策法规、境外投资指引、专家观点解读、"走出去"企业典型案例等信息。为更好地服务在"一带一路"沿线国家投资的企业，各信息服务平台还需要上线内容丰富的在线培训服务，提供专业而易于掌握的信用保险、会计、法律等专业咨询服务，搭建国际化信息交流平台，为在"一带一路"沿线国家投资的制造业企业答疑解惑，加快手机APP建设，便于"走出去"企业实现即时信息查询和服务。

二、提高园区发展质量，鼓励企业"抱团发展"

作为共建"一带一路"的重要实践，境外经贸合作区开启了中国制造业企业参与国际产能合作的模式创新，①不仅推动了园区所在国的经济发展和社会就业，而且加快了中国制造业企业投资网络化发展的进程，受到广泛关注。随着中国制造业投资在"一带一路"沿线的推进，提高园区发展质量，鼓励企业"抱团发展"已成为对外直接投资企业实现价值链升级的重要一环。

---

① 胡必亮. 推动"一带一路"境外经贸合作区高质量发展 [N]. 光明日报，2019-07-28.

推动企业在园区内的集群式发展。境外经贸合作区是一个特定的空间载体，在这个特定空间内不仅汇聚了各种生产要素，而且被赋予了各种政策优惠。对于缺乏国际化知识和经验的中国制造业企业而言，入驻园区是其降低国际化风险、提升国际化收益的理想选项。要想充分发挥境外经贸合作区的规模和集聚效应，就需要推动企业在园区内实现集群式发展。从境外经贸合作区的发展实践看，凡是发展得好的经贸合作区，都建立起了很强的产业支撑。例如，作为中国企业最早"走出去"建立的境外经贸合作区之一的经贸合作区，泰中罗勇工业园已成为中国传统优势产业在泰国的产业集群中心。入驻园区的德晋昌光电科技（泰国）有限公司，原先只制作铜拉丝和铜导体，进入工业园后，开始与园区内的太阳能关联设备生产企业开展合作，不仅拓展了业务领域，而且成功实现了产业转型。随着境外经贸合作区入驻企业数量的增加，园区内的企业要想发挥协同效应，要在自身拓展产业链的同时，谋求与园区内以及东道国企业的集群式发展。集群式发展不仅能够充分发挥园区的规模效应和集聚效应，而且有助于中国制造业产业链在当地的进一步延伸和拓展，助力"一带一路"区域生产网络的建设。

完善境外经贸合作区的发展模式。面对全球产业链、供应链重构的新挑战，"一带一路"沿线的境外经贸合作区也需要转型升级，走数字化、韧性化的发展道路。在疫情防控中，泰中罗勇工业园尝试利用数字技术，探索出一整套"云招商""云服务"的新模式，吸纳更多新企业入园。未来，在促成园区内的企业之间以及园区内的企业与东道国的企业之间开展业务合作时，也可以采用"云服务"的模式，为合作提供多元化的应用场景。疫情后，中国制造业企业会更加重视产业链的境外布局，以对冲风险。经历了中美经贸摩擦叠加疫情蔓延的影响，会有更多的中国制造业企业研讨在境外建立生产基地，也会更多地思考境外供应链的安全布局。这给"一带一路"沿线的境外经贸合作区发展带来了新机遇，如何助力中国制造业企业增强境外供应链的韧性，在安全发展中实现价值链升级，应成为境外经贸合作区发展模式创新的新方向。

三、完善风险管理体系，提升抗风险能力

中国企业在"走出去"的过程中，正面临着日益复杂的对外投资环境及风险形势。近年来频发的中国企业境外投资风险事件，凸显出对外投资风险管理的重要性和必要性。尤其是"一带一路"沿线，地缘政治风险水平相较于其他地区处于高位。2017年5月中国出口信用保险公司发布的《"一带一路"65个国家风险状况分析》显示，位于亚欧大陆的俄罗斯、哈萨克斯坦等20国处于较高风险。地缘政治风险是影响资本跨境流动的重要因素，直接关系跨境投资的成败。"一带一路"沿线国家和地区地缘政治经济关系复杂多变，国别与人口数量众多，传统上多为殖民地或附属国，是大国争夺资源与全球影响力的博弈焦点。以中亚地区为例，中亚位于欧亚大陆的结合地带，是东西互联的必经之地，被地缘政治学家称为"世界历史的地理枢纽"。特殊的地缘位置赋予中亚地区在"一带一路"互联互通中不可替代的重要地位，可谓"通"中之重①。冷战结束后，因苏联影响力的消退，中亚地区出现地缘政治影响力真空，导致中亚地区成为大国争夺的热点和各种政治力量竞争的舞台。俄罗斯和美国是两个不容忽视的外部力量，尤其是美国先后提出"大中亚计划"和"新丝绸之路计划"，不断加大对中亚地区政治渗透的力度。在共建"一带一路"的过程中，中国在中亚地区对外直接投资的增长以及由此带来的地区影响力的上升，势必会引发美国的猜忌，在中美关系渐趋紧张的背景下，中资企业在中亚的投资将面临愈加复杂的环境以及美国因素的多重干扰。由此可见，在上述沿线国家开展对外直接投资面临相对较高的风险，加强对外投资风险管理十分必要。

建立投资风险动态评估机制。《普华永道2020境外投资风险管理白皮书》显示，仅有39%的被调查企业表示会委托专业机构开展专项风险评估并形成专项报告。这说明，中国对外直接投资企业对境外投资风险的认知度不足，风险跟踪的意识也不强。为此，需要适时引入专业机构对境外投资的各类风险进行实时监控，"走出去"企业要时刻关注东

---

① 曾向红．"通"中之重："丝绸之路经济带"建设在中亚［EB/OL］．［2019-02-26］．http://world.people.com.cn/n1/2019/0226/c187656-30903169.html.

道国的社会经济形势，并对可能出现的各类风险保持警惕。与此同时，"走出去"企业内部也要加大对风险动态评估的资源和技术投入，对境外投资项目的风险水平进行动态监控，对高风险项目加大风险评估力度，如增加审计、现场检查的频率，增派专职人员等。

实施全生命周期投资风险管理。鉴于"一带一路"沿线国家的高风险性，在开展对外投资项目的过程中，需要实施事前、事中、事后的全生命周期风险管理，以最大限度地降低投资风险。事前风险管理主要包括全面深入的风险调查、设计明确的实施方案以及民主科学的评审决议三个环节，尤其是境外市场风险调查的深度及广度，可以委托专业机构进行实施，多角度展开测评。事中风险管理的主要目标是确保投资项目落地以及对可能的风险及时预警，事中风险管理要定期化，要对合同履约、投资进度及项目风险情况进行定期跟踪，要建立风险应对方案。事后风险管理可采用包括财务审计、定期获取财务及经营数据等方式，以便及时、全面、有效地发现境外项目的风险点，降低或避免投资损失。通过全生命周期投资风险管理，"走出去"企业可以转变境外投资各环节孤立式的管理现状，建立覆盖投资管理全流程的闭环式管理程序，使得每一环节的风险管理结果都可以作为其他环节风险管理活动的必要依据。

四、增强合规意识，提高合规管理水平

"一带一路"沿线国家隶属不同的法律体系，法律法规、适用规则差异较大，这给中国制造业企业在当地开展合规经营提出了较高要求。合规（compliance）意为符合一定的准则或规则，国际标准化组织在2014年发布的ISO19600《合规管理体系指南》中将合规定义为"履行组织的全部义务"。[①]2018年12月，国家发展和改革委员会等七部门共同制定的《企业境外经营合规管理指引》进一步将合规定义为"企业及其员工的经营管理行为符合有关法律法规、国际合约、监管规定、行业准则、商业惯例、道德规范和企业依法制定的章程及规章制度等

---

① 王耀辉，苗绿. 中国企业全球化报告（2020）[M]. 北京：社会科学文献出版社，2020.

要求"。①

因合规经营不当所引发的风险即合规经营风险。合规经营风险原本是金融业的风险形式,自 2002 年《萨班斯-奥克斯利法案》②颁布以来,合规经营风险的概念便逐渐从银行业延伸至非银行类公司层面的内部控制风险。随着中国企业国际化步伐的加快,合规经营风险已成为中国企业国际化经营中的主要风险,而合规竞争也成为中国制造业企业在全球化发展过程中必须尽早适应的新规则。③2018 年中兴通讯事件就充分暴露出中资企业在国际化经营中存在的合规经营风险管控能力缺乏、合规管理体系滞后的短板。中兴通讯因合规经营风险而遭受巨额罚款并非个例。中资企业合规管理意识缺乏是一个普遍存在的现象,成为制约中国制造业企业国际化可持续发展的一大障碍。

习近平总书记在推进"一带一路"建设工作 5 周年座谈会上的重要讲话中指出,要规范企业投资经营行为,合法合规经营,……成为共建"一带一路"的形象大使。"一带一路"沿线国家的经济和社会环境与中国存在较大差距,中国制造业企业在境外拓展产业链的过程中,不仅要遵守所在国的法律法规,而且要推动企业在项目建设、采购、招投标以及运营等环节按照普遍接受的国际规则标准进行,这样才能使中国制造业企业在"走出去"的同时在所在国"融进去"。

积极培育合规经营文化。近年来,全球合规监管日趋严格,违规经营所要付出的成本越来越高。中国制造业企业在融入全球产业链、供应链的过程中,合规经营已成为无法回避的现实课题。2018 年 12 月 26 日,国家发改委联合外交部、商务部、人民银行、国资委、外汇局、全国工商联等七个部门联合制定发布了《企业境外经营合规管理指引》,但中国制造业企业在境外合规经营领域仍频出问题。中兴通讯事件就是一个非常有代表性的案件。因此,要提高合规管理水平,首先需要培育合规经营文化,让合规经营成为"走出去"的中国制造业企业的自然选

① 国家发展和改革委员会. 关于印发〈企业境外经营合规管理指引〉的通知 [EB/OL]. [2018-12-26]. https://www.ndrc.gov.cn/fggz/lywzjw/zcfg/201812/t20181229_1047064.html.
② 《萨班斯-奥克斯利法案》全称为《2002 年公众公司会计改革和投资者保护法案》,由时任美国参议院银行委员会主席的萨班斯和众议院金融服务委员会主席的奥克斯利联合提出,以强化公司治理规章。
③ 王耀辉,苗绿. 中国企业全球化报告(2020)[M]. 北京:社会科学文献出版社,2020.

择。"走出去"企业要提高对合规经营重要性的认知度，不仅企业的管理层要提高认识，更要将合规经营纳入企业文化，成为企业员工的共同认知。要做好合规经营的相关培训，"走出去"企业需要全面掌握关于贸易管制、质量安全与技术标准、知识产权保护等方面的具体要求，关注所在国在贸易救济调查领域的相关规定，跟踪所在国在环境保护、就业等方面的政策及法律规定，全方位提升合规经营意识。

努力提高合规经营水平。合规经营是一个系统性工作。对于"走出去"企业而言，要从决策、管理和执行三个层级分工合作，确保企业决策层的表率作用、企业管理层的带动作用、企业执行层的落实作用，协同实现合规经营。要成立专门的合规经营机构，负责搜集全球层面以及东道国层面关于劳工权利保护、环境保护、数据和隐私保护、知识产权保护、反腐败、反贿赂、反垄断、贸易管制、财务税收等方面的具体要求，及时提出合规经营的建议，划定合规经营的风险，为国际化经营保驾护航。要在合规管理中实时追踪外部合规的新要求，并定期评估和改进企业内部的管理流程，防范不合规风险。要加强与智库以及公共服务平台的沟通与交流，获取专业化的法律咨询服务以及国际条约、经贸规则、规范指引、典型案例等合规管理信息，助推"走出去"企业合规经营水平的提升。

参考文献

[1] 迪顿.逃离不平等：健康、财富及不平等的起源[M].崔传刚，译.北京：中信出版社，2014.

[2] 白俊红，刘宇英.对外直接投资能否改善中国的资源错配[J].中国工业经济，2018（1）.

[3] 北京大学"一带一路"五通指数研究课题组."一带一路"沿线国家五通指数报告[M].北京：经济日报出版社，2017.

[4] 蔡　.人口转变、人口红利与刘易斯转折点[J].经济研究，2010（4）.

[5] 蔡海亚，徐盈之.贸易开放是否影响了中国产业结构升级？[J].数量经济技术经济研究，2017（10）.

[6] 蔡翼飞，魏后凯，吴利学.我国城市高端制造业综合成本测算及敏感度分析[J].中国工业经济，2010（1）.

[7] 曹悦.东道国制度环境与我国对外直接投资区位选择——基于经济、政治、法律的视角[J].现代商贸工业，2018（14）.

[8] 岑丽君.中国在全球生产网络中的分工与贸易地位——基于TiVA数据与GVC指数的研究[J].国际贸易问题，2015（1）.

[9] 曾培炎."一带一路"：全球共同需要　人类共同梦想[J].求是，2015（10）.

[10] 陈恩，曾纪斌.我国对外直接投资（OFDI）的出口效应研究——基于随机前沿引力型分析[J].工业技术经济，2014（7）.

[11] 陈俊聪，黄繁华.对外直接投资与出口技术复杂度[J].世界经济研究，2013（11）.

［12］ 陈立敏，杨振，侯再平.出口带动还是出口代替？——中国企业对外直接投资的边际产业战略检验[J].财贸经济，2010（2）．

［13］ 陈立敏.贸易创造还是贸易替代——对外直接投资与对外贸易关系的研究综述[J].国际贸易问题，2010（4）．

［14］ 陈林灵，吉余峰.中国对欧盟直接投资逆向技术溢出效应研究——基于吸收能力视角[J].时代金融，2019（5）．

［15］ 陈培如，冼国明.中国对外直接投资的逆向技术溢出效应——基于二元边际的视角[J].科研管理，2020（4）．

［16］ 陈强，刘海峰，汪冬华，等.中国对外直接投资能否产生逆向技术溢出效应？[J].中国软科学，2016（7）．

［17］ 陈伟光，郭晴.中国对"一带一路"沿线国家投资的潜力估计与区位选择[J].宏观经济研究，2016（9）．

［18］ 陈闻鹤，常志朋."中欧班列"沿线国家贸易网络特征及其影响因素研究[J].兰州财经大学学报，2019（1）．

［19］ 陈岩，翟瑞瑞，郭牛森.基于多元距离视角的中国对外直接投资决定因素研究[J].系统工程理论与实践，2014（11）．

［20］ 陈银飞.2000—2009年世界贸易格局的社会网络分析[J].国际贸易问题，2011（11）．

［21］ 陈兆源.东道国政治制度与中国对外直接投资的区位选择——基于2000—2012年中国企业对外直接投资的定量研究[J].世界经济与政治，2016（11）．

［22］ 程衍生.影响中国对外直接投资区位选择因素研究[J].华东经济管理，2019（5）．

［23］ 程中海，南楠.中国对"一带一路"国家直接投资的效率及潜力评估[J].商业研究，2017（8）．

［24］ 程中华，刘军.产业集聚、空间溢出与制造业创新——基于中国城市数据的空间计量分析[J].山西财经大学学报，2015（4）．

［25］ 池永明.中欧班列发展的困境与出路[J].国际经济合作，2016（12）．

［26］ 迟歌.中国对外直接投资对全球价值链升级的影响研究——基于灰色关联理论的实证分析[J].工业技术经济，2018（5）．

［27］ 崔娜，柳春，胡春田.中国对外直接投资效率、投资风险与东道国制度——来自"一带一路"沿线投资的经验证据[J].山西财经大学学报，2017（4）．

［28］ 崔新健.FDI微观理论-OL模型[J].管理世界，2001（3）．

［29］ 戴冠.中国对外直接投资区位选择的影响因素分析[J].经济研究导刊，2019（15）．

[30] 戴金平，谭书诗.美国经济再平衡中的制造业复兴战略[J].南开学报（哲学社会科学版），2013（1）.

[31] 戴翔，宋婕."一带一路"有助于中国重构全球价值链吗？[J].世界经济研究，2019（11）.

[32] 戴翔，徐柳，张为付."走出去"如何影响中国制造业攀升全球价值链？[J].西安交通大学学报（社会科学版），2018（2）.

[33] 戴翔，张二震.逆全球化与中国开放发展道路再思考[J].经济学家，2018（1）.

[34] 邓新明，许洋.双边投资协定对中国对外直接投资的影响——基于制度环境门槛效应的分析[J].世界经济研究，2015（3）.

[35] 邸玉娜，由林青.中国对"一带一路"国家的投资动因、距离因素与区位选择[J].中国软科学，2018（2）.

[36] 丁小艺，程慧芳.高、低端型产品内国际分工模式变迁及驱动因素分析[J].数量经济技术经济研究，2018（9）.

[37] 董千里."一带一路"背景下国际中转港战略优势、条件及实现途径[J].中国流通经济，2017（2）.

[38] 董艳，张大永，蔡栋梁.走进非洲-中国对非洲投资决定因素的实证研究[J].经济学，2011（1）.

[39] 董志勇，李成明.国内国际双循环新发展格局：历史溯源、逻辑阐释与政策导向[J].中共中央党校（国家行政学院）学报，2020（5）.

[40] 杜传忠，冯晶，李雅梦.我国高技术制造业低端锁定及其突破路径实证分析[J].中国地质大学学报（社会科学版），2016（16）.

[41] 杜群阳，李中源，于友伟.双边经济政策不确定性与企业对外直接投资[J].浙江社会科学，2020（9）.

[42] 范子英，田彬彬.税收竞争、税收执法与企业避税[J].经济研究，2013（9）.

[43] 方俊雄.市场化进程与资本配置效率的改善[J].经济研究，2006（5）.

[44] 方希桦，包群，赖明勇.国际技术溢出：基于进口传导机制的实证研究[J].中国软科学，2004（7）.

[45] 冯华，辛成国.母国制度因素对中国对外直接投资影响的实证研究[J].制度经济学研究，2015（3）.

[46] 符淼.地理距离和技术外溢效应——对技术和经济集聚现象的空间计量学解释[J].经济学（季刊），2009（4）.

[47] 付海燕.对外直接投资逆向技术溢出效应研究——基于发展中国家和地区的实证检验[J].世界经济研究，2014（9）.

[48] 付韶军，王茜.中国对东盟10国直接投资效率及影响因素研究[J].兰州学刊，2019（3）.

[49] 付韶军，张璐超.国家政治风险因素对中国OFDI影响研究——基于"一带一路"沿线54国数据的实证分析[J].经济问题探索，2019（9）.

[50] 付宇珩，李一平.资本主义世界体系结构性危机中的"一带一路"倡议[J].当代亚太，2017（4）.

[51] 傅梦孜，徐刚."一带一路"：进展、挑战与应对[J].国际问题研究，2017（3）.

[52] 傅元海，唐未兵，王展祥.FDI溢出机制、技术进步路径与经济增长绩效[J].经济研究，2010（6）.

[53] 傅元海，叶祥松，王展翔.制造业结构优化的技术进步路径选择——基于动态面板的经验分析[J].中国工业经济，2014（9）.

[54] 盖冠祎，李玉娟.中国对东盟直接投资的区位选择的影响因素研究——基于空间计量经济学的方法[J].生产力研究，2020（2）.

[55] 高鸿业.西方经济学[M].北京：中国人民大学出版，2020.

[56] 葛璐澜，金洪飞."一带一路"沿线国家制度环境对中国企业海外并购区位选择的影响研究[J].世界经济研究，2020（3）.

[57] 顾振华，沈瑶.知识产权保护、技术创新与技术转移——基于全球价值链分工的视角[J].国际贸易问题，2015（3）.

[58] 郭百红."一带一路"战略框架下中国境外经贸合作区风险防范研究[J].现代管理科学，2018（8）.

[59] 郭朝先，王宏霞.中国制造业发展与"中国制造2025"规划[J].经济研究参考，2015（31）.

[60] 郭晨曦.对华关系如何影响对外直接投资的区位选择——基于"一带一路"沿线国家的研究[J].新金融，2019（3）.

[61] 郭凡礼.抢占极端制造产业制高点[J].中国工业评论，2015（8）.

[62] 郭建民，黄柏钧."一带一路"产业园区高质量发展的模式与路径分析[J].中国经贸导刊，2019（22）.

[63] 国家信息中心."一带一路"大数据报告2017[M].北京：商务印书馆，2017.

[64] 国胜铁，钟廷勇.制度约束、FDI技术溢出渠道与国内企业技术进步——基于中国工业企业数据的考察[J].经济学家，2014（6）.

[65] 韩国高，高铁梅，王立国，等.中国制造业产能过剩的测度、波动及成因研究[J].经济研究，2011（12）.

[66] 韩佳书.对外直接投资对我国产业结构升级的影响[J].中国集体经济，

2020（16）.

[67] 韩剑，郑秋玲.政府干预如何导致地区资源错配——基于行业内和行业间错配的分解[J].中国工业经济，2014（11）.

[68] 郝旭，刘健，陈宇倩，等."一带一路"背景下海外产业园区开发运营模式[J].水运工程，2016（S1）.

[69] 洪俊杰，商辉.中国开放型经济的"共轭环流论"：理论与证据[J].中国社会科学，2019（1）.

[70] 洪联英，唐寅，彭媛.中国企业对外直接投资的微观障碍分析——基于生产率异质性理论的分析方法[J].世界经济研究，2012（9）.

[71] 胡冰，王晓芳.对"一带一路"国家对外投资支点选择：基于金融生态环境视角[J].世界经济研究，2019（7）.

[72] 胡大立.我国产业集群全球价值链"低端锁定"的诱因及其突围[J].现代经济探讨，2013（2）.

[73] 胡峰，王芳.美国制造业回流的原因、影响及对策[J].科技进步与对策，2014（31）.

[74] 胡浩，金钏，谢杰.中国对外直接投资的效率估算及其影响因素分析[J].世界经济研究，2017（10）.

[75] 胡江云.支持境外经贸合作区发展 服务"一带一路"建设[J].发展研究，2017（10）.

[76] 胡小娟.中国企业对外直接投资区位技术逆向溢出效应的实证研究[J].求索，2015（1）.

[77] 胡旭阳，史晋川.民营企业的政治资源与民营企业多元化投资——以中国民营企业500强为例[J].中国工业经济，2008（4）.

[78] 胡昭玲，张玉.制度质量改进能否提升价值链分工地位？[J].世界经济研究，2015（8）.

[79] 胡昭玲，张咏华.中国制造业国际分工地位研究——基于增加值贸易的视角[J].南开学报（哲学社会科学版），2015（3）.

[80] 黄迪，胡麦秀.中国对外直接投资与产业结构升级关系研究——基于"海上丝绸之路"战略[J].上海管理科学，2018（7）.

[81] 黄群慧.从当前经济形势看我国"双循环"新发展格局[N].学习时报，2020-07-08.

[82] 黄荣斌，陈丹敏.全球供应链视角下中国对"一带一路"国家直接投资的贸易效应再探讨[J].商业经济研究，2019（5）.

[83] 黄森，吕小明.我国对"中欧班列"沿线国家绿色投资效率评价及影响因素研究——基于SBM-undesirable模型与空间计量模型的结合[J].国际商务研

究，2018（6）.

[84] 黄先海，余骁.以"一带一路"建设重塑全球价值链[J].经济学家，2007（3）.

[85] 黄先海，张云帆.我国外贸外资的技术溢出效应分析[J].国际贸易问题，2005（1）.

[86] 黄玉沛.中非经贸合作区建设：挑战与深化路径[J].国际问题研究，2018（4）.

[87] 霍忻，刘黎明.中国对外直接投资发展影响因素与经济增长动态效果探究——基于主成分分析和 VAR 模型的实证分析[J].浙江工商大学学报，2017（5）.

[88] 霍忻.全球制造业质量竞争：基本格局、驱动因素与发展对策[J].国际贸易，2020（4）.

[89] 霍忻.新时期下中国对非洲直接投资的贸易效应研究——基于大样本时间序列数据的实证考察[J].兰州财经大学学报，2016（3）.

[90] 冀相豹，葛顺奇.中国对外直接投资影响因素分析——基于制度的视角[J].国际贸易问题，2014（9）.

[91] 贾妮莎，申晨.中国对外直接投资的制造业产业升级效应研究[J].国际贸易问题，2016（8）.

[92] 贾玉成，张诚.双边投资协定（BIT）对中国OFDI区位选择的影响[J].河北大学学报（哲学社会科学版），2016（2）.

[93] 简晓彬，周敏.基于VAR模型的制造业价值链攀升影响因素研究——以江苏为例[J].科技进步与对策，2013（15）.

[94] 蒋殿春，张宇.行业特征与外商直接投资的技术溢出效应——基于高新技术产业的经验分析[J].世界经济，2006（10）.

[95] 蒋殿春，张宇.经济转型与外商直接投资技术溢出效应[J].经济研究，2008（7）.

[96] 蒋冠宏，蒋殿春.中国工业企业对外直接投资与企业生产率进步[J].世界经济，2014（9）.

[97] 蒋晓丹，范厚明."一带一路"战略下中欧班列开行中的问题与对策探讨[J].对外经贸实务，2017（1）.

[98] 孔群喜，王晶，王紫绮.高质量发展阶段中国OFDI逆向技术溢出效应研究——基于吸收能力视角的解释[J].财经问题研究，2018（10）.

[99] 孔孝云，袁锦富，郑俊.境外产业园区规划评估研究与编制应对——以柬埔寨西哈努克港经济特区为例[J].国际城市规划，2020（1）.

[100] 黎绍凯，张广来.我国对"一带一路"沿线国家直接投资布局与优化选择：

兼顾投资动机与风险规避[J].经济问题探索，2018（9）.

[101] 李超，张诚.中国对外直接投资与制造业全球价值链升级[J].经济问题探索，2017（11）.

[102] 李华，何芹.全球价值链、产业升级与转变经济增长方式研究[J].经营与管理，2018（10）.

[103] 李嘉楠，龙小宁，张相伟.中国经贸合作新方式——境外经贸合作区[J].中国经济问题，2016（6）.

[104] 李建军，孙慧，田原.产品内分工如何影响发展中国家全球价值链攀升——以"丝绸之路经济带"沿线国家为例[J].国际贸易问题，2019（12）.

[105] 李建军，孙慧.全球价值链分工、制度质量与丝绸之路经济带建设研究[J].国际贸易问题，2016（4）.

[106] 李金叶，沈晓敏.境外园区对中国对外直接投资的影响研究——基于"一带一路"沿线国家面板数据的分析[J].华东经济管理，2019（12）.

[107] 李俊久，蔡琬琳.对外直接投资与中国全球价值链分工地位升级——基于"一带一路"的视角[J].四川大学学报（哲学社会科学版），2018（3）.

[108] 李可.中国境外经贸合作区建设对东道国经济的影响研究[J].营销界，2019（46）.

[109] 李磊，刘斌，王小霞.外资溢出效应与中国全球价值链参与[J].世界经济研究，2017（4）.

[110] 李平，马晓辉.对外直接投资是否缓解了企业要素错配？——基于中国工业企业数据的实证分析[J].上海对外经贸大学学报，2019（5）.

[111] 李萍，赵曙东.我国制造业价值链分工贸易条件影响因素的实证研究[J].国际贸易问题，2015（7）.

[112] 李琼寇，寇小萱.制度环境对企业投资效率的影响研究[J].中国中小企业，2020（1）.

[113] 李薇.联盟网络中强势供应商的市场进入决策[J].系统工程，2015（6）.

[114] 李霞，廖泽芳.21世纪海上丝绸之路架构下中国对外直接投资的区位考察——贸易密集度和引力模型的视角[D]//广东工业大学，广州：2030可持续发展目标与一带一路建设——中国新兴经济体研究会2017年会暨2017新兴经济体论坛（国际学术会议）论文集（下），2017.

[115] 李小平，朱钟棣.国际贸易、R&D溢出和生产率增长[J].经济研究，2006（2）.

[116] 李晓静，艾兴政，唐小我.创新驱动下竞争供应链的纵向整合决策[J].管理工程学报，2018（2）.

[117] 李杏，钟亮.对外直接投资的逆向技术溢出效应研究——基于中国行业异质性的门槛回归分析[J].山西财经大学学报，2016（11）.

[118] 李焱，吕品，黄庆波.中国汽车产业在全球价值链中的地位——基于Koopman的地位指数和Fally的长度指数分析[J].国际贸易问题，2018（4）.

[119] 李耀华.中欧班列的运行现状与发展对策[J].对外经贸实务，2015（2）.

[120] 李怡，李平.FDI对中国工业价值链升级影响的异质性考察[J].世界经济研究，2018（5）.

[121] 李优树，唐家愉.终端市场转移趋势下"一带一路"区域价值链与中国全球价值链升级研究[J].经济问题，2020（6）.

[122] 李玉龙，李忠富.基于DEA方法的我国基础设施投资绩效评价：2003—2007年实证分析[J].系统管理学报，2009（3）.

[123] 梁文化.中国OFDI区位选择决定因素研究——基于2003—2014年28个经济体面板数据[J].贵州财经大学学报，2017（2）.

[124] 梁中云.对外直接投资对母国全球价值链地位的影响研究[D].济南：山东大学，2017.

[125] 林创伟，谭娜，何传添.中国对东盟国家直接投资的贸易效应研究[J].国际经贸探索，2019（4）.

[126] 林良沛，揭筱纹.比较视角下中国对"一带一路"国家直接投资的影响因素分析[J].广东财经大学学报，2017（1）.

[127] 林毅夫，王燕.超越发展援助：在一个多极世界中重构发展合作新理念[M].北京：北京大学出版社，2016.

[128] 林毅夫，巫和懋，邢亦青."潮涌现象"与产能过剩的形成机制[J].经济研究，2010（10）.

[129] 林毅夫.潮涌现象与发展中国家宏观经济理论的重新构建[J].经济研究，2007（1）.

[130] 林毅夫.双循环的深意与落实中的关键点[N].中华工商时报，2021-01-07.

[131] 刘光友.日本企业的"中国+1"海外直接投资战略探析[J].现代日本经济，2016（6）.

[132] 刘海云，董志刚.全球价值链视角下IFDI是否促进了OFDI——基于跨国面板数据的实证分析[J].国际商务（对外经济贸易大学学报），2018（1）.

[133] 刘海云，廖庆梅.中国对外直接投资对国内制造业就业的贡献[J].世界经济研究，2017（3）.

[134] 刘海云，毛海欧.国家国际分工地位及其影响因素——基于"GVC地位指数"的实证分析[J].国际经贸探索，2015（8）.

［135］ 刘海云，毛海欧.制造业OFDI对出口增加值的影响[J].中国工业经济，2016（7）.

［136］ 刘海云，聂飞.中国OFDI动机及其双向技术溢出——基于二元边际的实证研究[J].世界经济研究，2015（6）.

［137］ 刘海云，聂飞.中国制造业对外直接投资的空心化效应研究[J].中国工业经济，2015（4）.

［138］ 刘佳骏."21世纪海上丝绸之路"沿线产能合作路径探析[J].国际经济合作，2016（8）.

［139］ 刘佳骏."一带一路"沿线中国海外园区开放发展趋势与政策建议[J].发展研究，2019（8）.

［140］ 刘景卿，于佳雯，车维汉.FDI流动与全球价值链分工变化——基于社会网络分析的视角[J].财经研究，2019（3）.

［141］ 刘凯，邓宜宝.制度环境、行业差异与对外直接投资区位选择——来自中国2003—2012年的经验证据[J].世界经济研究，2014（10）.

［142］ 刘凯，张文文.中国对外直接投资存在制度偏好吗？——基于投资动机异质视角[J].宏观经济研究，2018（7）.

［143］ 刘敏，刘金山，李雨培.母国投资动机、东道国制度与企业对外直接投资区位选择[J].经济问题探索，2016（8）.

［144］ 刘青峰，姜书竹.从贸易引力模型看中国双边贸易安排[J].浙江社会科学，2002（6）.

［145］ 刘瑞明，赵仁杰.国家高新区推动了地区经济发展吗？——基于双重差分方法的验证[J].管理世界，2015（8）.

［146］ 刘伟，郭濂.一带一路：全球价值双环流下区域互惠共赢[M].北京：北京大学出版社，2016.

［147］ 刘小鲁.知识产权保护、自主研发比重与后发国家的技术进步[J].管理世界，2011（10）.

［148］ 刘晓凤，葛岳静，赵雅博.国家距离与中国企业在"一带一路"投资区位选择[J].经济地理，2017（11）.

［149］ 刘晓光，杨连星.双边政治关系、东道国制度环境与对外直接投资[J].金融研究，2016（12）.

［150］ 刘雪娇.GVC、ODI逆向技术溢出与制造业升级路径研究[D].北京：对外经济贸易大学，2017.

［151］ 刘英奎，敦志刚.中国境外经贸合作区的发展特点、问题与对策[J].区域经济评论，2017（3）.

［152］ 刘友金，尹延钊，曾小明.中国向"一带一路"国家产业转移的互惠共生效

应——基于双边价值链升级视角的研究[J].经济地理，2020（10）.

[153] 刘再起，谢润德.中国对东盟OFDI的国别贸易效应实证分析[J].世界经济研究，2014（6）.

[154] 刘泽胜.中国OFDI绿色技术溢出效应对全球价值链跃升的影响研究——来自"一带一路"沿线国家的证据[J].生产力研究，2020（10）.

[155] 刘志彪，陈柳.疫情冲击对全球产业链的影响、重组与中国的应对策略[J].南京社会科学，2020（5）.

[156] 刘志彪，张杰.从融入全球价值链到构建国家价值链：中国产业升级的战略思考[J].学术月刊，2009（9）.

[157] 隆国强.全球经济治理体系变革的历史逻辑与中国作用[J].中国领导科学，2017（11）.

[158] 卢锋，李昕，李双双，等.为什么是中国？——"一带一路"的经济逻辑[J].国际经济评论，2015（3）.

[159] 卢福财，胡平波.全球价值网络下中国企业低端锁定的博弈分析[J].中国工业经济，2008（10）.

[160] 陆铭，陈钊，严冀.收益递增、发展战略与区域经济的分割[J].经济研究，2004（1）.

[161] 路红艳.中国境外经贸合作区发展的经验启示[J].对外经贸，2013（10）.

[162] 路宁.中国制造业对外直接投资区位分析[J].经贸实践，2017（19）.

[163] 吕越，尉亚宁.全球价值链下的企业贸易网络和出口国内附加值[J].世界经济，2020（12）.

[164] 马述忠，刘梦恒.中国在"一带一路"沿线国家OFDI的第三国效应研究——基于空间计量方法[J].国际贸易问题，2016（7）.

[165] 马述忠，吴国杰.中间品进口、贸易类型与企业出口产品质量——基于中国企业微观数据的研究[J].数量经济技术经济研究，2016（11）.

[166] 毛海欧，刘海云.中国对外直接投资促进了产业升级吗？——基于出口劳动结构视角的研究[J].世界经济研究，2018（6）.

[167] 毛其淋，许家云.中国对外直接投资促进抑或抑制了企业出口？[J].数量经济技术经济研究，2014（9）.

[168] 毛其淋，许家云.中国企业对外直接投资是否促进了企业创新[J].世界经济，2014（8）.

[169] 梅冠群.推进"一带一路"沿线国家经贸合作的协同策略[J].经济纵横，2017（9）.

[170] 聂辉华，贾瑞雪.中国制造业企业生产率与资源误置[J].世界经济，2011（7）.

[171] 聂聆，李三妹.制造业全球价值链利益分配与中国的竞争力研究[J].国际贸易问题，2014（12）.

[172] 欧阳康，刘志彪，吴福象，等."'一带一路'与全球化新趋势"笔谈[J].中国社会科学，2018（8）.

[173] 欧阳艳艳.中国对外直接投资逆向技术溢出的境外地区分布差异性研究[J].华南农业大学学报（社会科学版），2012（11）.

[174] 康纳.超级版图——全球供应链、超级城市与新商业文明的崛起[M].崔传刚，周大昕，译.北京：中信出版社，2016.

[175] 潘峰.中国与21世纪亚洲基础设施互联互通进程[J].国际研究参考，2015（8）.

[176] 潘素昆，杨雅琳."一带一路"国家基础设施和中国对外直接投资区位选择[J].统计与决策，2020（10）.

[177] 裴长洪，樊瑛.中国企业对外直接投资的国家特定优势[J].中国工业经济，2010（7）.

[178] 彭支伟，张伯伟.中间品贸易、价值链嵌入与国际分工收益——基于中国的分析[J].世界经济，2017（10）.

[179] 齐晓飞，关鑫.中国企业对外直接投资的母国制度解释[J].经济与管理研究，2017（8）.

[180] 祁春凌，黄晓玲，樊瑛.技术寻求、对华技术出口限制与我国的对外直接投资动机[J].国际贸易问题，2013（4）.

[181] 祁志军.海外产业园区推动"一带一路"新发展[J].中国外汇，2020（20）.

[182] 钱晓烨，杨百寅，迟巍.心理资本与区域创新活动：来自我国地级市的实证研究[J].中国软科学，2014（2）.

[183] 乔敏健.对外直接投资对东道国经济增长影响路径分析——基于"一带一路"国家投资的面板数据[J].工业技术经济，2019（8）.

[184] 梅奥.工业文明的人类问题[M].陆小斌，译.北京：电子工业出版社，2013.

[185] 秦亚青.全球治理失灵与秩序理念的重建[J].世界经济与政治，2013（4）.

[186] 邱斌，叶龙凤，孙少勤.参与全球生产网络对我国制造业价值链提升影响的实证研究——基于出口复杂度的分析[J].中国工业经济，2012（1）.

[187] 饶华，朱延福.效率寻求视角下中国对东盟国家直接投资研究——基于引力模型的实证分析[J].亚太经济，2013（6）.

[188] 桑百川，杨立卓，郑伟.中国对外直接投资扩张背景下的产业空心化倾向防范——基于英、美、日三国的经验分析[J].国际贸易，2016（2）.

[189] 桑百川，杨立卓.拓展我国与"一带一路"国家的贸易关系——基于竞争性与互补性研究[J].经济问题，2015（8）.

［190］尚涛，尚德强.对外直接投资对中国产业结构升级的影响研究——基于空间面板回归模型[J].南京财经大学学报，2019（6）.

［191］邵宇佳，刘文革，陈红.制度距离、投资动机与企业OFDI区位选择——中国对外直接投资"制度风险偏好"的一种解释[J].西部论坛，2020（2）.

［192］邵宇佳，卫平东，何珊珊，等.投资动机、制度调节与OFDI逆向技术溢出对中国对外投资区位选择的影响[J].国际经济合作，2020（3）.

［193］沈铭辉，张中元.亚投行：利益共同体导向的全球经济治理探索[J].亚太经济，2016（2）.

［194］沈正平，简晓彬，赵洁."一带一路"沿线中国境外合作产业园区建设模式研究[J].国际城市规划，2018（2）.

［195］盛斌，苏丹妮，邵朝对.全球价值链、国内价值链与经济增长：替代还是互补[J].世界经济，2020（4）.

［196］施展.从贸易摩擦到商人秩序——从中越制造业关系看"复合双循环"结构[J].探索与争鸣，2020（1）.

［197］施展.溢出：中国制造未来史[M].北京：中信出版社，2020.

［198］石柳，张捷.广东省对外直接投资与产业"空心化"的相关性研究——基于灰色关联度的分析[J].国际商务（对外经济贸易大学学报），2013（2）.

［199］宋林，谢伟，郑雯."一带一路"战略背景下我国对外直接投资的效率研究[J].西安交通大学学报（社会科学版），2017（4）.

［200］宋清辉.中国经济的增长潜力[J].中国经济信息，2015（20）.

［201］宋维佳，王军徽.ODI对母国制造业产业升级影响机理分析[J].宏观经济研究，2012（11）.

［202］宋维佳，许宏伟.对外直接投资区位选择影响因素研究[J].财经问题研究，2012（10）.

［203］宋勇超."一带一路"战略下中国对外直接投资与国际产能合作[J].技术经济与管理研究，2018（1）.

［204］苏宁.对外直接投资，进出口贸易对经济的增长效应的实证研究——基于2005—2014年中国省级面板数据[J].时代经贸，2018（29）.

［205］孙国辉，刘培，杨一翁.国家形象对中国对外直接投资区位选择的影响[J].中国流通经济，2019（6）.

［206］覃达美.我国制造业对外直接投资的价值链升级效应研究[D].武汉：华中科技大学，2019.

［207］汤永川，潘云鹤，张雪，等."一带一路"沿线六大经济走廊优势产业及制造业国际合作现状分析[J].中国工程科学，2019（4）.

［208］唐海燕，张会清.中国在新型国际分工体系中的地位——基于价值链视角的

分析[J].国际贸易问题,2009(2).

[209] 唐海燕,张会清.产品内国际分工与发展中国家的价值链提升[J].经济研究,2009(9).

[210] 唐礼智,章志华.中国对外直接投资的贸易效应研究[J].统计与决策,2015(11).

[211] 唐未兵,傅元海,王展祥.技术创新、技术引进与经济增长方式转变[J].经济研究,2014(7).

[212] 唐宜红,张鹏杨.FDI、全球价值链嵌入与出口国内附加值[J].统计研究,2017(4).

[213] 陶锋.吸收能力、价值链类型与创新绩效——基于国际代工联盟知识溢出的视角[J].中国工业经济,2011(1).

[214] 田巍,余淼杰.企业生产率和企业"走出去"对外直接投资:基于企业层面数据的实证研究[J].经济学(季刊),2012(11).

[215] 田泽,顾欣,杨欣远.我国对非洲直接投资的效率与对策[J].经济纵横,2015(11).

[216] 田泽,许东梅."丝路经济带"背景下中国对中东OFDI环境及效应研究[J].宁夏社会科学,2016(5).

[217] 涂永前.夯实"一带一路"倡议:创新全球治理新路径[J].理论导报,2017(5).

[218] 王碧 .被误读的官方数据——揭示真实的中国对外直接投资模式[J].国际经济评论,2013(1).

[219] 王博君.经济制度对中国对外直接投资的影响——以"一带一路"沿线国家数据为例[J].湖南社会科学,2019(1).

[220] 王德占.集装箱铁水联运参与海上丝绸之路建设研究[J].大陆桥视野,2015(9).

[221] 王国顺,郑准.企业国际化研究的基本问题:理论演进视角[J].中南大学学报(社会科学版),2008(1).

[222] 王浩宇,肖健.中欧班列的战略转型:以"渝新欧"为例[J].综合运输,2018(11).

[223] 王建华."一带一路"区域建设境外产业园区的战略思考[J].技术经济与管理研究,2018(1).

[224] 王金波.双边政治关系、东道国制度质量与中国对外直接投资的区位选择——基于2005—2017年中国企业对外直接投资的定量研究[J].当代亚太,2019(3).

[225] 王静文.外资企业撤离不会成为主流[N].中国银行保险报,2020-04-20.

[226] 王军，黄卫冬.东道国制度质量对中国OFDI的影响[J].产业经济评论，2016（6）.

[227] 王岚，李宏艳.中国制造业融入全球价值链路径研究——嵌入位置和增值能力的视角[J].中国工业经济，2015（2）.

[228] 王立明，刘丽文.供应链上的后向整合外包与协调策略分析[J].管理科学学报，2008（3）.

[229] 王璐雯，孔群喜，孙爽.制度环境、资源禀赋与我国对外直接投资——基于OECD国家门槛模型的实证研究[J].上海商学院学报，2017（3）.

[230] 王培志，潘辛毅，张舒悦.制度因素、双边投资协定与中国对外直接投资区位选择——基于"一带一路"沿线国家面板数据[J].经济与管理评论，2018（1）.

[231] 王恕立，吴楚豪."一带一路"倡议下中国的国际分工地位——基于价值链视角的投入产出分析[J].财经研究，2018（8）.

[232] 王恕立，向姣姣.对外直接投资逆向技术溢出与全要素生产率：基于不同投资动机的经验分析[J].国际贸易问题，2014（9）.

[233] 王雪辰，李锦生.东道国治理水平对中国OFDI区位选择影响——以对"一带一路"沿线国投资为例[J].经济研究导刊，2019（15）.

[234] 王艳波.中欧班列建设发展规划研究[J].铁道运输与经济，2017（1）.

[235] 王杨堃.中欧班列发展现状、问题及建议[J].综合运输，2015（S1）.

[236] 王永钦，杜巨澜，王凯.中国对外直接投资区位选择的决定因素：制度、税负和资源禀赋[J].经济研究，2014（12）.

[237] 王玉柱.发展阶段、技术民族主义与全球化格局调整——兼论大国政治驱动的新区域主义[J].世界经济与政治，2020（11）.

[238] 王直，魏尚进，祝坤福.总贸易核算法：官方贸易统计与全球价值链的度量[J].中国社会科学，2015（9）.

[239] 魏景赋，金瑞.多维距离对中国企业OFDI区位选择的影响——基于"海上丝绸之路"沿线国家的实证分析[J].江汉大学学报（社会科学版），2019（3）.

[240] 文淑惠，胡琼，程先楠."一带一路"国家金融发展、制度环境与中国OFDI[J].华东经济管理，2019（5）.

[241] 吴彬，黄韬.二阶段理论：外商直接投资新的分析模型[J].经济研究，1997（7）.

[242] 吴先明，黄春桃.中国企业对外直接投资的动因：逆向投资与顺向投资的比较研究[J].中国工业经济，2016（1）.

[243] 吴泽林.解析中国的全球互联互通能力[J].世界经济与政治，2017（11）.

[244] 西美尔.货币哲学[M].北京：华夏出版社，2002．

[245] 项本武.对外直接投资对国内投资的影响——基于中国数据的协整分析[J].中南财经政法大学学报，2007（5）．

[246] 谢建国，周露昭.进口贸易、吸收能力与国际R&D技术溢出：中国省区面板数据的研究[J].世界经济，2009（9）．

[247] 谢里，张敬斌.中国制造业集聚的空间技术溢出效应：引入制度环境差异的研究[J].地理研究，2016（5）．

[248] 谢孟军，郭艳茹.法律制度质量对中国对外直接投资区位选择影响研究——基于投资动机视角的面板数据实证检验[J].国际经贸探索，2013（6）．

[249] 熊彬，王梦娇.基于元回归分析的外商直接投资对中国碳排放的影响研究[J].软科学，2017（12）．

[250] 徐坚.逆全球化风潮与全球化的转型发展[J].国际问题研究，2017（3）．

[251] 许晓芹，周雪松，张清正.中国省域视角下对外直接投资、逆向技术溢出与创新能力研究[J].经济问题探索，2019（12）．

[252] 许英明."一带一路"战略视角下中欧班列综合效益发挥路径探讨[J].前沿，2015（11）．

[253] 薛求知，帅佳旎.制度距离、经验效应与对外直接投资区位选择——以中国制造业上市公司为例[J].中国流通经济，2019（8）．

[254] 荀克宁."一带一路"时代背景下境外园区发展新契机[J].理论学刊，2015（10）．

[255] 阎大颖.中国企业对外直接投资的区位选择及其决定因素[J].国际贸易问题，2013（7）．

[256] 杨成玉."一带一路"共促沿线国家贸易转型[N].国际商报，2017-05-18．

[257] 杨丽君."一带一路"战略下我国对沿线国家直接投资的区位选择——基于引力模型的实证分析[J].新疆社会科学，2017（3）．

[258] 杨丽丽，刘利.中国对外直接投资与价值链分工地位升级研究——基于制造业动态面板的系统GMM实证分析[J].中国商论，2016（24）．

[259] 杨丽丽，盛斌，吕秀梅.OFDI的母国产业效应：产业升级抑或产业"空心化"——基于我国制造业行业面板数据的经验研究[J].华东经济管理，2018（7）．

[260] 杨连星，胡舜杰.对外直接投资对母国行业产出的影响研究——来自中国的经验证据[J].南京财经大学学报，2018（4）．

[261] 杨连星，罗玉辉.中国对外直接投资与全球价值链升级[J].数量经济技术经济研究，2017（6）．

［262］杨明海，张红霞，孙亚男.七大城市群创新能力的区域差距及其分布动态演进[J].数量经济技术经济研究，2017（3）.

［263］杨仁发，李娜娜.产业集聚、FDI与制造业全球价值链地位[J].国际贸易问题，2018（6）.

［264］杨文龙，杜德斌，游小　，等.世界跨国投资网络结构演化及复杂性研究[J].地理科学，2017（9）.

［265］杨小凯.经济学——新兴古典与新古典框架[M].北京：社会科学文献出版社，2003.

［266］杨晓琰，郭朝先.加强国际产能合作推进"一带一路"建设高质量发展[J].企业经济，2019（7）.

［267］吾扎提，张薇，刘志高.我国在"一带一路"沿线海外园区建设模式研究[J].中国科学院院刊，2017（4）.

［268］赫克歇尔，俄林.赫克歇尔-俄林贸易理论[M].北京：商务印书馆，2018.

［269］尹美群，盛磊，吴博."一带一路"东道国要素禀赋、制度环境对中国对外经贸合作方式及区位选择的影响[J].世界经济研究，2019（1）.

［270］尹伟华.中国制造业产品全球价值链的分解分析——基于世界投入产出表视角[J].世界经济研究，2016（1）.

［271］余东华.新工业革命时代全球制造业发展新趋势及对中国的影响[J].天津社会科学，2019（2）.

［272］余晓钟，刘利."一带一路"倡议下国际能源产业园区合作模式构建——以中亚地区为例[J].经济问题探索，2020（2）.

［273］余振岳，常志有.中国对东盟国家直接投资的贸易效应分析[J].中国经贸导刊（中），2020（2）.

［274］多尔蒂，普法尔茨格拉夫.争论中的国际关系理论[M].阎学通，陈寒溪，等译.北京：世界知识出版社，2003.

［275］张保仓，任浩，佟星.产业园区合作的动因及模式研究[J].现代管理科学，2017（2）.

［276］张波，周芳."一带一路"境外产业园区建设面临的挑战与对策研究[J].中国物价，2018（12）.

［277］张春萍.中国对外直接投资的贸易效应研究[J].数量经济技术经济研究，2012（6）.

［278］张红霞.东亚地区产业分工模式的演进及中国的对策[J].东北亚论坛，2006（5）.

［279］张华容，散长剑.金融歧视、市场分割与FDI配置效率——基于中国制造业面板数据的实证分析[J].产业经济研究，2015（4）.

[280] 张辉.技术进步与畅通国内大循环：产业结构升级视角[J].上海对外经贸大学学报，2020（1）.

[281] 张辉.全球价值双环流架构下的"一带一路"战略[J].经济科学，2015（3）.

[282] 张吉鹏，衣长军.东道国技术禀赋与中国企业OFDI区位选择——文化距离的调节作用[J].工业技术经济，2014（4）.

[283] 张纪凤.制度因素、资源寻求与中国对外直接投资的区位选择[J].工业技术经济，2013（9）.

[284] 张娟，雷辉，王云飞，等."一带一路"沿线国家的交通基础设施投资效率的比较[J].统计与决策，2016（19）.

[285] 张亮.财政分权对区域产业外商投资的影响研究[J].上海财经大学学报，2013（2）.

[286] 张茉楠.一带一路"有望构建新的全球经济大循环[N].人民政协报，2016-04-12.

[287] 张倩，李芳芳，程宝栋.双边政治关系、东道国制度环境与中国OFDI区位选择——基于"一带一路"沿线国家的研究[J].国际经贸探索，2019（6）.

[288] 张述存."一带一路"倡议下推进中国对外投资布局优化的对策[J].经济研究参考，2017（30）.

[289] 张崴."一带一路"背景下中国企业海外产业园区投资与运营研究[J].商业会计，2017（16）.

[290] 张晓涛.加强海外产业园区建设 为"一带一路"命运共同体贡献中国智慧[J].国家治理，2018（28）.

[291] 张秀华，王子祺.我国对"一带一路"沿线国家直接投资研究——基于金融生态环境视角[J].武汉金融，2020（9）.

[292] 张耀辉.基础设施、大国技术与高铁效应[J].广东社会科学，2011（3）.

[293] 张寅.中国境外经贸合作区发展现状研究[J].中国商论，2018（22）.

[294] 张宗庆，张寅.产业集聚、知识溢出与区域增长：基于长三角区域的实证研究[J].东南大学学报（哲学社会科学版），2012（14）.

[295] 赵明亮.国际投资风险因素是否影响中国在"一带一路"国家的OFDI——基于扩展投资引力模型的实证检验[J].国际经贸探索，2017（2）.

[296] 赵奇伟，陈雨梅，严兵.东道国政治稳定性、母国政府支持与中国对外直接投资[J].管理研究，2019（2）.

[297] 赵胜波，王兴平，胡雪峰."一带一路"沿线中国国际合作园区发展研究——现状、影响与趋势[J].城市规划，2018（9）.

[298] 赵永波，郭淼.中欧班列对亚欧国家贸易潜力影响研究[J].人文杂志，

2017（3）.

[299] 赵瑜嘉，马妍，贺灿飞.中国对外直接投资区位选择影响因素探究[J].商业时代，2014（30）.

[300] 赵志浩，卢进勇.国际技术溢出：获取路径与对策探讨——基于贸易保护主义抬头背景下的思考[J].国际经济合作，2020（1）.

[301] 郑丹青.对外直接投资与全球价值链分工地位——来自中国微观企业的经验证据[J].国际贸易问题，2019（8）.

[302] 郑东超，张权.“一带一路”为世界提供四大公共产品[J].当代世界，2017（5）.

[303] 中国银行课题组，陈卫东，等.国内国际双循环大格局下居民消费研究及扩大居民消费的政策建议[J].国际金融，2020（10）.

[304] 钟飞腾.“一带一路”产能合作的国际政治经济学分析[J].山东社会科学，2015（8）.

[305] 钟锋.东道国营商环境对中国OFDI区位选择的影响[J].合作经济与科技，2019（23）.

[306] 钟寻.经济距离对中国对外直接投资的影响——基于多维度视角的实证分析[J].吉林工商学院学报，2016（4）.

[307] 仲其庄.“中欧班列”：“一带一路”国家战略的先行实践——访中国铁路驻欧洲代表处代表王德占先生[J].大陆桥视野，2015（23）.

[308] 周吉，季凯文.“一带一路”建设下我国对外直接投资效率及其影响因素——基于随机前沿引力模型[J].经济与管理评论，2018（4）.

[309] 周济.智能制造——“中国制造2025”的主攻方向[J].中国机械工程，2015（17）.

[310] 周小虎.企业社会资本与战略管理——基于网络结构观点的研究[M].北京：人民出版社，2006.

[311] 竺彩华.互联互通引领的新型全球化之路[J].国际经济合作，2017（9）.

[312] 祝树金，戢璇，傅晓岚.出口品技术水平的决定性因素：来自跨国面板数据的证据[J].世界经济，2010（4）.

[313] 左思明.投资便利化对中国对外直接投资及技术溢出的影响研究[D].北京：对外经济贸易大学，2019.

[314] AIGNER, LOVELL, SCHMIDT.Formulation and Estimation of Stochastic Frontier Production Function Models[J].Journal of Econometrics，1977，6（1）：21-37.

[315] ALDEN, ALVES.China's Economic and Trade Cooperation Zones in Africa: A Viable Model of Development? [J]//北京大学、北京市教育委员

会、韩国高等教育财团. 北京论坛(2017)文明的和谐与共同繁荣——变化中的价值与秩序: 中非发展合作的新趋势论文与摘要集. 北京大学、北京市教育委员会、韩国高等教育财团: 北京大学北京论坛办公室, 2017.

[316] AMIGHINI, RABELLOTTI, SANFILIPPO. 2011 China Outward FDI: An Industry-Level Analysis of Host Country Determinants[D]. Munich: CESifo Working Paper, 2011: 3688.

[317] AMIT, SCHOEMAKER. Strategic Assets and Organizational Rent[J]. Strategic Management Journal, 1993, 14 (1): 33-46.

[318] ARMSTRONG. Measuring Trade and Trade Potential: A Survey[J]. Asia Pacific Economic Paper, 2007: 368.

[319] AVINASH, JOSEPH. Monopolistic Competition and Optimum Product Diversity[J]. The American Economic Review, 1977, 67 (3): 297-308.

[320] BACCARA. Outsourcing, Information Leakage, and Consulting Firms[J]. The Rand Journal of Economics, 2007, 38 (1): 269-289.

[321] BALDWIN. Finland: Economics and Politics of EU Accession: A Comment[J]. The World Economy, 1994, 17 (5): 711-714.

[322] BALDWIN, et al. Economic Geography and Public Policy[M]. Princeton: Princeton University Press, 2002.

[323] BANERJEE, DUFLO. Growth Theory through the Lens of Development Economics[J]. Handbook of Economic Growth, 2005 (1): 473-552.

[324] BANERJEE, MOLL. Why Does Misallocation Persist[J]. American Economic Journal, 2010, 2 (1): 189-206.

[325] BARNEY. Firm Resources and Sustained Competitive Advantage? [J]. Academy of Management Review, 1991, 17 (1): 99-120.

[326] BARRO. Government Spending in a Simple Model of Endogeneous Growth[J]. Journal of Political Economy, 1990, 98 (5): 103-125.

[327] BARTELSMAN, HALTIWANGER, SCARPETTA. Cross-Country Differences in Productivity: The Role of Allocation and Selection[J]. The American Economic Review, 2013, 103 (1): 305-334.

[328] BELDERBOS, SLEUWAEGEN. Tariff Jumping DFI and Export Substitution: Japanese Electronics Firms in Europe[J]. International Journal of Industrial Organization, 1998, 16 (5): 601-638.

[329] BERGLAS, HELPMAN, PINES. The Economic Theory of Clubs: Some Clarifications[J]. Economics Letters, 1982, 10 (3-4): 343-348.

[330] BILKEY, TESAR. The Export Behavior of Smaller - Sized Wisconsin

Manufacturing Firms[J].Journal of International Business Studies, 1977, 8（1）: 93-98.

[331] BLONIGEN. In Search of Substitution between Foreign Production and Exports[J].Journal of International Economics, 2001, 53（1）: 81-104.

[332] BLONIGEN.A Review of the Empirical Literature on FDI Determinants[J]. Atlantic Economic Journal, 2005, 33（4）: 383-403.

[333] BOARNET. Spillovers and the Locational Effects of Public Infrastructure [J].Journal of Regional Science, 1998, 38（3）: 381-403.

[334] BOISOT, MEYER.Which Way through the Open Door? Reflections on the Internationalization of Chinese Firms[J]. Management and Organization Review, 2008, 4（3）: 349-365.

[335] BOURLAND, POWELL, PYKE. Exploiting Timely Demand Information to Reduce Inventories[J]. European Journal of Operational Research, 1996, 92（2）: 239-253.

[336] BRACH, KAPPEL.Global Value Chains, Technology Transfer and Local Firm Upgrading in Non - OECD Countries[D]. GIGA Working Paper, 2009: 110.

[337] BRANSTETTER. Is Foreign Direct Investments a Channel of Knowledge Spillovers? Evidence form Japan's FDI in the United States[D].NBER Working Paper, 2000: 8015.

[338] BRASS, BURKHARDT. Potential Power and Power Use: An Investigation of Structure and Behavior[J]. Academy of Management Journal, 1993, 36（3）: 441-470.

[339] BUCKLEY. The Impact of the Global Factory on Economic Development [J].Journal of World Business, 2009, 44（2）: 131-143.

[340] BUCKLEY, et al. The Determinants of Chinese Outward Foreign Direct Investment[J]. Journal of International Business Studies, 2007（38）: 499-518.

[341] BUCKLEY, et al.What Can Emerging Markets Learn from the Outward Direct Investment Policies of Advanced Economies? [M]. London: Palgrave Macmillan, 2010.

[342] BUCKLEY, CASSON.The Optimal Timing of Foreign Direct Investment[J]. Economic Journal, 1981, 91（361）: 75-87.

[343] BUERA, KABOSKI, SHIN. Finance and Development: A Tale of Two Sectors [J].American Economic Review, 2011, 101（5）: 1964-2002.

[344] RONALD. Structural Holes: The Social Structure of Competition[M]. Cambridge: Harvard University Press, 1992.

[345] BUSKENS, RIJT. Dynamics of Networks if Everyone Strives for Structural Holes[J]. American Journal of Sociology, 1992, 114 (2): 371-407.

[346] BUSSE, HEFEKER. Political Risk, Institution and Foreign Direct Investment[J]. European Journal of Political Economy, 2007, 23 (2): 397-415.

[347] CHEN, TANG. The Dragon is Flying West: Micro-Level Evidence of Chinese Outward Direct Investment[J]. Asian Development Review, 2014 (31): 109-140.

[348] CHEN, JIANG. State ownership effect on firms' FDI Ownership Decisions Under Institutional Pressure: A Study of Chinese Outward Investing Firms[J]. Journal of International Business Studies, 2012 (43): 264-284.

[349] CHEUNG, et al. The Missing Link: China's Contracted Engineering Projects in Africa[J]. Review of Development Economics, 2014, 18 (3): 546-580.

[350] CHOI, KIM. Structural Embeddedness and Supplier Management: A Network Perspective[J]. Journal of Supply Chain Management, 2008, 44 (4): 5-15.

[351] COE, HELPMAN. International R&D Spillover[J]. European Economic Review, 1995, 39 (5): 859-887.

[352] COE, HELPMAN, HOFFMAISTER. North-South Spillovers[J]. Economic Journal, 1997, 107 (440): 134-149.

[353] COHEN, PAUL. Public Infrastructure Investments, Interstate Spatial Spillovers and Manufacturing Costs[J]. Review of Economics and Statics, 2004, 86 (2): 551-560.

[354] CYERT, MARCH. A Behavioral Theory of the Firm [M]. NJ: Prentice-Hall, 1963.

[355] DAUDIN, RIFFLART, SCHWEISGUTH. Who Produces for Whom in the World Economy? [J]. The Canadian Journal of Economics, 2011, 44 (4): 1403-1437.

[356] DEMETRIADES, MAMUNEAS. Intertemporal Output and Employment Effects of Public Infrastructure Capital: Evidence from 12 OECD

Economies[J].The Economic Journal, 2000,110 (465): 687-712.

[357] DENG. Specialization Dynamics, Convergence, and Idea Flows[D]. Series Working Papers, 2016.

[358] DENG.Investing for Strategic Resources and Its Rationale: The Case of Outward FDI from Chinese Companies[J].Business Horizons, 2006, 50 (1): 71-81.

[359] DUANMU. Firm Heterogeneity and Location Choice of Chinese Multinational Enterprises[J].Journal of World Business, 2012, 47 (1): 64-72.

[360] DUNNING, MCQUEEN.The Eclectic Theory of International Production: A Case Study of the International Hotel Industry[J]. Managerial and Decision Economics, 1981, 2 (4): 197-210.

[361] DUNNING. Trade, Location of Economic Activity and the MNE: A Search for An Eclectic Approach[J]. The International Allocation of Economic Activit, 1977 (5): 395-419.

[362] DUNNING. The Eclectic Paradigm of International Production: A Restatement and Some Possible extensions[J]. Journal of International Business Studies, 1988, 19 (1): 1-31.

[363] DUNNING. Multinational Enterprises and the Global Economy[M]. New York: Addison-Wesley, 1993.

[364] DUNNING. The Geographical Sources of Competitiveness of Firms: Some Results of a New Survey[J]. Transnational Corporations, 1996 (3): 1-29.

[365] DUNNING. Location and the Multinational Enterprise: A Neglected Factor? [J].Journal of International Business Studies, 1998, 29 (1): 45-66.

[366] DURANTON, PUGA.Urban Diversity, Process Innovation, and the Life Cycle of Products[J].The American Economic Review, 2001, 91 (5), 1454-1477.

[367] DYER, SINGH, KALE. Splitting the Pie: Rent Distribution in Alliances and Networks[J]. Managerial and Decision Economics, 2008, 29 (2-3): 137-148.

[368] ERIKSSON, et al.Experiential Knowledge and Cost in the Internationalization Process[J]. Journal of International Business Studies, 1997, 28 (2): 337-360.

［369］ ERIKSSON. Localized Spillovers and Knowledge Flows: How does Proximity Influence the Performance of Plants? [J]. Economic Geography, 2015, 87（2）: 127-152.

［370］ ERNST. Catching - Up Crisis and Industrial Upgrading: Evolutionary Aspects of Technological Learning in Korea's Electronics Industry[J]. Asia Pacific Journal of Management, 1998, 15（2）: 247-283.

［371］ FAGIOLO. The International - Trade Network, Gravity Equations and Topological Properties[J]. Journal of Economic Interaction and Coordination, 2010, 5（1）: 1-25.

［372］ FAGIOLO, REYES, SCHIAVO. The Evolution of the World Trade Web: A Weighted-Network Analysis[J]. Journal of Evolutionary Economics, 2010, 20（4）: 479-514.

［373］ FAN, SHERMAN, SHUM. Estimation and Inference in an Ecological Inference Model[J]. Journal of Econometric Methods, 2016, 5（1）: 17-48.

［374］ FEENSTRA. Symposium on Business and Social Networks in International Trade[J]. Journal of International Economics, 1999, 48（1）: 1.

［375］ FEENSTRA, et al. Who Shrunk China? Puzzles in the Measurement of Real GDP[J]. The Economic Journal, 2013, 123（573）: 1100-1129.

［376］ FISCHER, SCHERNGELL, REISMANN. Cross-Reigon Knowledge Spillovers and Total Factor Productivity: European Evidence Using a Spatial Panel Data Model[J]. Social Science Electronic Publishing, 2007, 41（2）: 204-220.

［377］ FLORES, AGUILERA. Globalization and Location Choice: An Analysis of US Multinational Firms in 1980 and 2000[J]. Journal of International Business Studies, 2007, 38（7）: 1187-1210.

［378］ FREEMAN. Centrality in Social Networks: Conceptual Clarification[J]. Social Networks, 1979（I）: 215-239.

［379］ FROST. Chinese Outward Direct Investment in Southeast Asia: How Big are the Flows and What does it Mean for the Region? [J]. The Pacific Review, 2004, 17（3）: 323-340.

［380］ FUJIA, KRUGMAN, VENABLES. The Spatial Economy: Cities, Regions and International Trade[M]. Cambridge: The MIT Press, 1999.

［381］ FUNG, GARCIA - HERRERO. Foreign Direct Investment Outflow from

China and India[J].China Economic Policy Review, 2012, 1 (1): 1369-1379.

[382] GALEOTTI, et al.Network Games[J].The Review of Economic Studies, 2010, 77 (1): 218-244.

[383] GIMENO, et al. Explaining the Clustering of International Expansion Moves: A Critical Test in the US Telecommunications Industry[J]. Academy of Management Journal, 2005, 48 (2): 297-319.

[384] GRANOVETTER. The Strength of Weak Tie[J]. American Journal of Sociology, 1973, 78 (6): 1360-1380.

[385] GRANOVETTER.Economic Action and Social Structure: The Problem of Embeddedness[J]. American Journal of Sociology, 1985, 91 (3): 481-510.

[386] GREENWALD. Encyclopedia of Economics[M]. New York: McCraw-Hill Book Company, 1982.

[387] GREENWOOD, JUAN, WANG . Quantifying the Impact of Financial Development on Economic Development[J]. Review of Economic Dynamics, 2013, 16 (1): 194-215.

[388] GRILLICHES. Issues in Assessing the Contribution of Research and Development to Productivity Growth[J]. Bell Journal of Economics, 1979, 10 (1): 92-116.

[389] GROSSMAN, HELPMAN.Trade, Knowledge Spillovers, and Growth[J]. European Economic Review, 1991, 35 (2): 517-526.

[390] GUL, LUNDHOLM. Endogenous Timing and the Clustering of Agents' Decisions[J].Journal of Political Economy, 1995, 103 (5): 1039-1066.

[391] GULATI. Social Structure and Alliance Formation Patterns: A Longitudinal Analysis[J]. Administrative Science Quarterly, 1995, 40 (4): 619-652.

[392] HALLAK, SCHOTT.Estimating Cross-country Differences in Product Quality [D].NBER Working Paper, 2011.

[393] HANG, JIN, YANG. The Impact of OFDI on Firm Innovation in an Emerging Country[J]. International Journal of Technology Management, 2017, 74 (1/4): 167-184.

[394] HE, et al. How would Capital Account Liberalization Affect China's Capital Flows and the Renminbi Real Exchange Rates? [J]. China & World Economy, 2012, 20 (6): 29-54.

[395] HEAD, RIES. Overseas Investment and Firm Exports[J]. Review of

International Economics，2001a，9（1）：108-122.

[396] HEAD，RIES.Increasing Returns Versus National Product Differentiation as An Explanation for the Pattern of US-Canada Trade[J]. American Economic Review，2001b，91（4）：858-876.

[397] HEAD，MAYER，RIES.On the Pervasiveness of Home Market Effects [J].Economica，2002，69（275）：371-390.

[398] HELPMAN，KRUGMAN. Market Structure and Foreign Trade：Increasing Returns，Imperfect Competition and the International Economy[M].Cambridge, MA:MIT Press，1985.

[399] HELPMAN. Imperfect Competition and International Trade： Opening Remarks[J].European Economic Review，1987，31（1-2）：77-81.

[400] HELPMAN，MELITZ，RUBINSTEIN. Estimating Trade Flows：Trading Partners and Trading Volumes[J]. The Quarterly Journal of Economics，2008，123（2）：441-487.

[401] HENDERSON，et al. Global Production Networks and the Analysis of Economic Development[J]. Review of International Political Economy，2002，9（3）：436-464.

[402] HIJZEN，et al. Employment Job Turnover and Trade in Producer Services： UK Firm-level Evidence[J]. Canadian Journal of Economics，2011（44）：1020-1043.

[403] HORST. Firm and Industry Determinants of the Decision to Invest Abroad： An Empirical Study[J].The Review of Economics and Statistics，1972，54（3）：258-266.

[404] HSIEH，KLENOW .Misallocation and Manufacturing TFP in China and India[J].Quarterly Journal of Economics，2009，124（4）：1403-1448.

[405] JOHANSON，MATTSSON. Internationalization in Industrial Systems-A Network Approach[J].Strategies in Global Competition，1988：303-321.

[406] JOHANSON，VAHLNE.The Internationalization Process of the Firm： A Model of Knowledge Development and Increasing Foreign Market Commitments[J]. Journal of International Business Studies，1977，8（1）：23-32.

[407] JONATHAN，AKIKO.Bilateralism and Regionalism in Japanese and U.S. Trade and Direct Foreign Investment Patterns[J].Journal of the Japanese & International Economies，1994（8）：478-510.

[408] KALI，MENDEZ，REYES.Trade Structure and Economic Growth[J].

Journal of International Trade & Economic, 2007 (16): 245-269.

[409] KALI, REYES.The Architecture of Globalization: A Network Approach to International Economic Integration[J]. Journal of International Business Studies, 2007, 38 (4): 595-620.

[410] KALIRAJAN. Stochastic Varying Coefficients Gravity Model: An Application in Trade Analysis[J].Journal of Applied Statistics, 1999, 26 (2): 185-193.

[411] KALIRAJAN. Regional Cooperation and Bilateral Trade Flows: An Empirical Measurement of Resistance[J].The International Trade Journal, 2007, 21 (2): 85-107.

[412] KAM.International Production Networks and Host Country Productivity: Evi-dence from Malaysia[J].Asian-Pacific Economic Literature, 2013, 27 (1): 127-146.

[413] KAUFMANN, KRAAY, MASTRUZZI.The Worldwide Governance Indicators: A Summary of Methodology, Data and Analytical Issues[D].World Bank Working Paper, 2012.

[414] KELLER.Geographic Localization of International Technology Diffusion[J]. American Economic Growth, 2002, 4 (1): 39-54.

[415] KERCKHOFF, BACK, MILLER.Sociometric Patterns in Hysterical Contagion [J].Sociometry, 1965 (28): 12-15.

[416] KOGUT, CHANG. Technological Capabilities and Japanese Foreign Direct Investment in the United States[J].The Review of Economics and Statistics, 1991, (73) 3: 401-413.

[417] KOJIMA.Japanese Direct Foreign Investment: A Model of Multinational Business Operations[M].Tokyo: Charles E.Tuttle Company, 1978.

[418] KOJIMA.The 'Flying Geese' Model of Asian Economic Development: Origin, Theoretical Extensions, and Regional Policy Implications[J]. Journal of Asian Economics, 2000, 11 (4): 375-401.

[419] KOLSTAD, WIIG. Is Transparency the Key to Reducing Corruption in Resource-Rich Countries? [J]. World Development, 2009, 37 (3): 521-532.

[420] KOLSTAD, WIIG.What Determines Chinese Outward FDI? [J].Journal of World Business, 2010, 478 (2): 124-132.

[421] KOOPMAN, et al.Give Credit Where Credit is Due: Tracing Value Added in Global Production Chains[D].NBER Working Paper, 2010.

[422] KOOPMAN，WANG，WEI.Estimating Domestic Content in Exports When Processing Trade is Pervasive[J]. Journal of Development Economics，2012a，99（1）：178-189.

[423] KOOPMAN，WANG，WEI.Tracing Value-Added and Double Counting in Gross Exports[D].NBER Working Paper，2012b：18579.

[424] KOUFTEROS，VICKERY，DRÖGE. The Effects of Strategic Supplier Selection on Buyer Competitive Performance in Matched Domains：Does Supplier Integration Mediate the Relationships？[J]. Journal of Supply Chain Management，2012，48（2）：93-115.

[425] KRAVTSOVA.Foreign Presence and Efficiency in Transition Economies[J]. Journal of Productivity Analysis，2008，29（2）：91-102.

[426] KRUGMAN.Scale Economies，Product Differentiation，and the Pattern of Trade[J].The American Economic Review，1980，70（5）：950-959.

[427] KWAN. Asia：Inflation is Abating，But More Challenges Lie Ahead[J]. China's Foreign Trade，2011（19）：12-13.

[428] LARSSON，FINKELSTEIN. Integrating Strategic，Organizational，and Human Resource Perspectives on Mergers and Acquisitions：A Case Survey of Synergy Realization[J].Organization Science，1999，10（1）：1-26.

[429] LI. State‐Society Synergy and Export Sophistication[J]. Economics and Politics，2015，27（3）：433-458.

[430] LIPSEY，WEISS. Foreign Production and Exports of Individual Firms[J]. The Review of Economics and Statistics，1984，66（2）：304-308.

[431] LIU，et al. OFDI Agglomeration and Chinese Firm Location Decisions under the 'Belt and Road' Initiative[J]. Sustainability，2018，10（11）：40-60.

[432] LIU，DUNFORD，LIU.Coupling National Geo-Political Economic Strategies and the Belt and Road Initiative：The China-Belarus Great Stone Industrial Park[J].Political Geography，2021（84）：102296.

[433] LUO，TUNG. International Expansion of Emerging Market Enterprises：A Springboard Perspective[J]. Journal of International Business Studies，2007，38（4）：481-498.

[434] LUO.Dynamic Capabilities in International Expansion[J].Journal of World Business，2000，34（5）：355-378.

[435] LUO，XUE，HAN．How Emerging Market Governments Promote Outward

FDI：Experience from China[J]. Journal of World Business，2010，45 (1)：68-79.

[436] MADHOK. Cost, Value and Foreign Market Entry Mode：The Transaction and the Firm[J]. Strategic Management Journal，1997，18 (1)：39-61.

[437] MAHUTGA. The Persistence of Structural Inequality?：A Network Analysis of International Trade，1965—2000[J]. Social Forces，2006，84 (4)：1863-1889.

[438] MARKUSEN. Sticky Places in Slippery Space：A Typology of Industrial Districts[J].Economic Geography，2016，72 (3)：293-313.

[439] MARSHALL，MARSHALL. The Economics of Industry[M]. New York：The Macmillan and Company，1920.

[440] MEEUSEN，BROECK. Efficiency Estimation from Cobb - Douglas Production Functions with Composed Error[J]. International Economic Review，1977，18 (2)：435-444.

[441] MORCK，YEUNG，ZHAO.Perspectives on China's Outward Foreign Direct Investment[J].Journal of International Business Studies，2008，39 (3)：337-350.

[442] MUNDELL. International Trade and Factor Mobility[J]. The American Economic Review，1957，47 (3)：321-335.

[443] MYLE，FLYER. Agglomeration Economies，Firm Heterogeneity，and Foreign Direct Investment in the United States[J].Strategic Management Journal，2000，21 (12)：1175-1193.

[444] NADKAMI，HERRMANN.CEO Personality，Strategic Flexibility and Firm Performance：The Case of the Indian Business Process Outsourcing Industry[J].Academy of Management Journal，2010，53 (5)：1050-1073.

[445] NEVEN，SIOTIS.Foreign Direct Investment in the European Community：Some Policy Issues[J]. Oxford Review of Economic Policy，1993 (2)：72-93.

[446] NEVEN，SIOTIS.Technology Sourcing and FDI in the EC：An Empirical Evaluation[J]. International Journal of Industrial Organization，1996，14 (5)：543-560.

[447] OBERFIELD. Productivity and Misallocation during A Crisis：Evidence from the Chilean Crisis of 1982[J].Review of Economic Dynamics，2013，16 (1)：100-119.

［448］ OVIATT, MCDOUGALL.Toward a Theory of International New Venture[J]. Journal of International Studies, 1994, 25 (1): 45-64.

［449］ OZCAN, EISENHARDT. Origin of Alliance Portfolios: Entrepreneurs, Network Strategies, and Firm Performance[J].Academy of Management Journal, 2009, 52 (2): 246-279.

［450］ PENG.Identifying the Big Question in International Business Research[J]. Journal of International Business Studies, 2004, 35 (2): 99-108.

［451］ PENG, WANG, JIANG. An Institution - Based View of International Business Strategy: A Focus on Emerging Economies[J]. Journal of International Business Studies, 2008, 39 (5): 920-936.

［452］ PENG.The Resources-Based View and International Business[J].Journal of Management, 2001, 27 (6): 803-829.

［453］ PENROSE.The Theory of the Growth of the Firm[M].New York: John Wiley, 1959.

［454］ PETERSEN, HANDFIELD, RAGATZ.Supplier Integration into New Product Development: Coordinating Product, Process and Supply Chain Design [J].Journal of Operations Management, 2005, 23 (3): 371-388.

［455］ PETRI.The Regional Clustering of Foreign Direct Investment and Trade[J]. Transnational Corporations, 1994, 3 (3): 1-24.

［456］ PORTER. The Competitive Advantage of Nations[J]. Harvard Business Review, 1990, 68 (2): 73-93.

［457］ POTTELSBERGHE, LICHTENBERG. Does Foreign Direct Investment Transfer Technology across Borders? [J].The Review of Economics and Statistics, 2001, 83 (3): 490-497.

［458］ PURVIS. Technology, Trade and Factor Mobility[J]. The Economic Journal, 1972, 82 (327): 991-999.

［459］ QIN. Rule, Rules and Relations: Towards a Synthetic Approach to Governance[J]. The Chinese Journal of International Politics, 2011, 4 (2): 117-145.

［460］ RADCLIFFE - BROWN. On Social Structure[J]. The Journal of the Royal Anthropological Institute of Great Britain and Ireland, 1940, 70 (1): 1-12.

［461］ RAMOUS, GARCIA-SANTANA, ASTURIAS.Misallocation, Internal Trade and the Role of Transportation Infrastructure[D]. Society for Economic Dynamics Meeting Paper, 2014.

[462] RAVISHANKAR, STACK. The Gravity Model and Trade Efficiency: A Stochastic Frontier Analysis of Eastern European Countries' Potential Trade[J].The World Economy, 2014, 37 (5): 690-704.

[463] RESTUCCIA, ROGERSON.Policy Distortions and Aggregate Productivity with Heterogeneous Establishments[J].Review of Economic Dynamics, 2008, 11 (4): 707-720.

[464] REUBER, FISCHER. The Influence of the Management Team's International Experience on the Internationalization Behaviors of SMEs[J]. Journal of International Business Studies, 1997, 28 (4): 807-826.

[465] RODRIGUES, CHILD. The Development of Corporate Identity: A Political Perspective[J].Journal of Management Studies, 2008, 45 (5): 885-911.

[466] ROWLEY. Moving beyond Dyadic Ties: A Network Theory of Stakeholder Influences[J].The Academy of Management Review, 1997, 22 (4): 887-910.

[467] SABAN, STIER-MOSESC, BONOMO.Analysis and Models of Bilateral Investment Treaties Using A Social Networks Approach[J]. Physica A: Statistical Mechanics and Its Applications, 2010, 389 (17): 3661-3673.

[468] SADOZAI, et al. Recent Developments in Liposome-Based Veterinary Therapeutics[J].ISRN Veterinary Science, 2013 (167): 521.

[469] SCOTT. Institutions and Organizations[M]. Thousand Oaks, CA: Sage Publications, 1995.

[470] SIRMON, HITT, IRELAND. Managing Firm Resources in Dynamic Environments to Create Value: Looking Inside the Black Box[J]. Academy of Management Review, 2007, 32 (1): 273-292.

[471] SUBASAT, KASMAN.Exports and Growth: A Panel Data Perspective[J]. China Quarterly, 2009 (206): 446-448.

[472] SUTHERLIN.Power & Responsibility: Building International Order in An Era of Transitional Threats[J].Joint Force Quaterly: JFQ, 2010 (58): 110-111.

[473] TEECE, PISANO, SHUEN.Dynamic Capabilities and Strategic Management [J].Strategic Management Journal, 1997, 18 (7): 509-533.

[474] TICHY, TUSHMAN, FOMBRUN.Social Network Analysis for Organizations [J].The Academy of Management Review, 1979, 4 (4): 507-519.

[475] TINBERGEN.Shaping the World Economy，Appendix Ⅵ，an Analysis of World Trade Flow[M].New York：Twentieth Century Fund，1962.

[476] WANG ，et al. Exploring the Role of Government Involvement in Outward FDI from Emerging Economies[J]. Journal of International Business Studies，2012，43（7）：655-676.

[477] WASSERMAN，FAUST. Social Network Analysis：Methods and Applications[M].Cambridge：Cambridge University Press，1994.

[478] WASSMER. Alliance Portfolios：A Review and Research Agenda[J]. Journal of Management，2010，36（1）：141-171.

[479] WATTS，STROGATZ.Collective Dynamics of 'Small World' Networks[J]. Nature，1998，393（6684）：440-442.

[480] WHEELER，MODY. International Investment Location Decision：The Case of US Firms[J]. Journal of International Economics，1992，33（1-2）：57-76.

[481] WILLAMSON. Extrastatecraft：The Power of Infrastructure Space[J]. Textual Practice，2015，29（7）：1407-1411.

[482] WITTE，HUGET，BROECK.A Comparative Study of Three Consolidation Methods on Limestone[J]. Studies in Conservation，1977，22（4）：190-196.

[483] WORLD BANK.World Report 1994：Infrastructure for Development[M]. New York：Oxford University Press，1994.

[484] YEATS. Just How Big Is Global Production Sharing?[M]//In: ARNDT S W. KIERZKOWSKI, FRAGMENTATION. New Production Patterns in the World Economy．Oxford：Oxford University Press, 2001.

[485] ZHAO，LIU.Outward Direct Investment and R&D Spillovers：China's Case[D]. Outward Foreign Direct Investment from Emerging and Developing Economies Paper，2008.

附 录

稳健性检验1

变量	基础回归	跨国并购	绿地投资
	模型（3）	模型（6）	模型（7）
东道国贸易连通性	−0.110**	0.047	−0.069
	（−2.567）	（0.264）	（−1.466）
东道国与我国双边贸易成本	−0.775***	−0.061	−0.800***
	（−2.908）	（−0.069）	（−2.978）
东道国营商环境	0.256***	0.485**	0.207***
	（3.770）	（2.449）	（2.793）
国家控制变量	Yes	Yes	Yes
制造业控制变量	Yes	Yes	Yes
样本量	291 630	61 472	242 720
Pseudo R^2	0.129	0.189	0.142

续表

变量	国有企业			非国有企业		
	模型(8)	模型(9)	模型(10)	模型(11)	模型(12)	模型(13)
东道国贸易连通性*企业属性	-0.169*** (-3.048)			0.169*** (3.048)		
东道国与我国双边贸易成本*企业属性		1.170** (2.363)			-1.170** (-2.363)	
东道国营商环境*企业属性			-0.127 (-1.591)			0.127 (1.591)
国家控制变量	Yes	Yes	Yes	Yes	Yes	Yes
制造业控制变量	Yes	Yes	Yes	Yes	Yes	Yes
样本量	291 630	291 630	291 630	291 630	291 630	291 630
Pseudo R^2	0.131	0.130	0.130	0.131	0.130	0.130

东盟区域

变量	国有企业			非国有企业		
	模型(14)	模型(15)	模型(16)	模型(17)	模型(18)	模型(19)
东道国贸易连通性*企业属性	-0.169 (-0.964)			0.169 (0.964)		
东道国与我国双边贸易成本*企业属性		2.747*** (2.604)			-2.747*** (-2.604)	
东道国营商环境*企业属性			-0.106 (-0.998)			0.106 (0.998)
国家控制变量	Yes	Yes	Yes	Yes	Yes	Yes
制造业控制变量	Yes	Yes	Yes	Yes	Yes	Yes
样本量	26 162	26 162	26 162	26 162	26 162	26 162
Pseudo R^2	0.068	0.071	0.068	0.068	0.071	0.068

续表

	非东盟区域					
变量	国有企业			非国有企业		
	模型(20)	模型(21)	模型(22)	模型(23)	模型(24)	模型(25)
东道国贸易连通性*企业属性	-0.172** (-2.350)			0.172** (2.350)		
东道国与我国双边贸易成本*企业属性		-0.255 (-0.268)			0.255 (0.268)	
东道国营商环境*企业属性			-0.105 (-1.128)			0.105 (1.128)
国家控制变量	Yes	Yes	Yes	Yes	Yes	Yes
制造业控制变量	Yes	Yes	Yes	Yes	Yes	Yes
样本量	150 331	150 331	150 331	150 331	150 331	150 331
Pseudo R^2	0.175	0.173	0.173	0.175	0.173	0.173

注：***、**和*分别代表在1%、5%和10%水平下显著，括号内为t值。

附录2   **稳健性检验2**

变量	基础回归	跨国并购	绿地投资
	模型（3）	模型（6）	模型（7）
东道国贸易连通性	-1.007** (-2.064)	2.083 (0.465)	-0.511 (-0.940)
东道国与我国双边贸易成本	-1.105*** (-2.631)	-0.677 (-0.382)	-0.902** (-2.109)
东道国营商环境	0.276*** (3.257)	0.594 (1.240)	0.180* (1.827)
国家控制变量	Yes	Yes	Yes
制造业控制变量	Yes	Yes	Yes
样本量	181 692	41 748	139 944
Pseudo R^2	0.082	0.234	0.082

续表

变量	国有企业			非国有企业		
	模型(8)	模型(9)	模型(10)	模型(11)	模型(12)	模型(13)
东道国贸易连通性*企业属性	-1.703*** (-2.855)			1.703*** (2.855)		
东道国与我国双边贸易成本*企业属性		1.862*** (2.797)			-1.862*** (-2.797)	
东道国营商环境*企业属性			-0.238*** (-2.965)			0.238*** (2.965)
国家控制变量	Yes	Yes	Yes	Yes	Yes	Yes
制造业控制变量	Yes	Yes	Yes	Yes	Yes	Yes
样本量	181 692	181 692	181 692	181 692	181 692	181 692
Pseudo R^2	0.084	0.084	0.085	0.084	0.084	0.085

东盟区域

变量	国有企业			非国有企业		
	模型(14)	模型(15)	模型(16)	模型(17)	模型(18)	模型(19)
东道国贸易连通性*企业属性	-3.896** (-2.337)			3.896** (2.337)		
东道国与我国双边贸易成本*企业属性		4.151*** (3.648)			-4.151*** (-3.648)	
东道国营商环境*企业属性			-0.224** (-2.052)			0.224** (2.052)
国家控制变量	Yes	Yes	Yes	Yes	Yes	Yes
制造业控制变量	Yes	Yes	Yes	Yes	Yes	Yes
样本量	15 768	15 768	15 768	15 768	15 768	15 768
Pseudo R^2	0.069	0.073	0.069	0.069	0.073	0.069

续表

	非东盟区域					
变量	国有企业			非国有企业		
	模型(20)	模型(21)	模型(22)	模型(23)	模型(24)	模型(25)
东道国贸易连通性*企业属性	-1.563** (-2.149)			1.563** (2.149)		
东道国与我国双边贸易成本*企业属性		1.383 (1.186)			-1.383 (-1.186)	
东道国营商环境*企业属性			-0.223** (-2.060)			0.223** (2.060)
国家控制变量	Yes	Yes	Yes	Yes	Yes	Yes
制造业控制变量	Yes	Yes	Yes	Yes	Yes	Yes
样本量	78 240	78 240	78 240	78 240	78 240	78 240
Pseudo R^2	0.088	0.086	0.087	0.088	0.086	0.087

注：***、**和*分别代表在1%、5%和10%水平下显著，括号内为t值。

附录3　　　　　　　　　　稳健性检验3

变量	基础回归	跨国并购	绿地投资
	模型（3）	模型（6）	模型（7）
东道国贸易连通性	-0.588 (-1.258)	2.136 (0.976)	-0.164 (-0.311)
东道国与我国双边贸易成本	-0.676** (-2.079)	-0.302 (-0.278)	-0.706** (-2.131)
东道国营商环境	0.405*** (4.513)	0.759** (2.239)	0.329*** (3.321)
国家控制变量	Yes	Yes	Yes
制造业控制变量	Yes	Yes	Yes
样本量	237 226	44 184	193 042
Pseudo R^2	0.094	0.194	0.103

续表

变量	国有企业			非国有企业		
	模型(8)	模型(9)	模型(10)	模型(11)	模型(12)	模型(13)
东道国贸易连通性*企业属性	-1.942*** (-3.498)			1.942*** (3.498)		
东道国与我国双边贸易成本*企业属性		1.990*** (3.618)			-1.990*** (-3.618)	
东道国营商环境*企业属性			-0.202** (-2.412)			0.202** (2.412)
国家控制变量	Yes	Yes	Yes	Yes	Yes	Yes
制造业控制变量	Yes	Yes	Yes	Yes	Yes	Yes
样本量	237 226	237 226	237 226	237 226	237 226	237 226
Pseudo R²	0.096	0.096	0.095	0.096	0.096	0.095

东盟区域

变量	国有企业			非国有企业		
	模型(14)	模型(15)	模型(16)	模型(17)	模型(18)	模型(19)
东道国贸易连通性*企业属性	-4.669** (-2.367)			4.669** (2.367)		
东道国与我国双边贸易成本*企业属性		4.713*** (4.634)			-4.713*** (-4.634)	
东道国营商环境*企业属性			-0.189 (-1.624)			0.189 (1.624)
国家控制变量	Yes	Yes	Yes	Yes	Yes	Yes
制造业控制变量	Yes	Yes	Yes	Yes	Yes	Yes
样本量	22 748	22 748	22 748	22 748	22 748	22 748
Pseudo R²	0.067	0.075	0.066	0.067	0.075	0.066

续表

非东盟区域

变量	国有企业			非国有企业		
	模型(20)	模型(21)	模型(22)	模型(23)	模型(24)	模型(25)
东道国贸易连通性*企业属性	−1.882*** (−2.736)			1.882*** (2.736)		
东道国与我国双边贸易成本*企业属性		1.472 (1.178)			−1.472 (−1.178)	
东道国营商环境*企业属性			−0.184 (−1.616)			0.184 (1.616)
国家控制变量	Yes	Yes	Yes	Yes	Yes	Yes
制造业控制变量	Yes	Yes	Yes	Yes	Yes	Yes
样本量	106 515	106 515	106 515	106 515	106 515	106 515
Pseudo R^2	0.130	0.128	0.128	0.130	0.128	0.128

注：***、**和*分别代表在1%、5%和10%水平下显著，括号内为t值。

附录4 **多项Logit模型估计**

东盟区域

变量	国有企业			非国有企业		
东道国贸易连通性*企业属性	−1.375* (−1.801)			1.375* (1.801)		
东道国与我国双边贸易成本*企业属性		2.176*** (3.060)			−2.176*** (−3.060)	
东道国营商环境*企业属性			−0.236 (−1.571)			0.236 (1.571)
国家控制变量	Yes	Yes	Yes	Yes	Yes	Yes
制造业控制变量	Yes	Yes	Yes	Yes	Yes	Yes
样本量	317 261	317 261	317 261	317 261	317 261	317 261
Pseudo R^2	0.155	0.155	0.154	0.155	0.155	0.154

续表

	非东盟区域					
变量	国有企业			非国有企业		
东道国贸易连通性*企业属性	-2.240*** (-2.917)			2.240*** (2.917)		
东道国与我国双边贸易成本*企业属性		1.179 (1.459)			-1.179 (-1.459)	
东道国营商环境*企业属性			-0.178 (-1.626)			0.178 (1.626)
国家控制变量	Yes	Yes	Yes	Yes	Yes	Yes
制造业控制变量	Yes	Yes	Yes	Yes	Yes	Yes
样本量	317 261	317 261	317 261	317 261	317 261	317 261
Pseudo R^2	0.155	0.155	0.154	0.155	0.155	0.154

注：***、**和*分别代表在1%、5%和10%水平下显著，括号内为t值。

附录5　　　　　　　**多项Logit的Hausman（IIA）检验**

Omitted	Chi2	Prob>Chi2	Evidence
东盟区域投资	0.023	1.000	For H0
非东盟区域投资	0.095	1.000	For H0

索引